CILADAS DA DIFERENÇA

OBRAS COEDITADAS PELO PROGRAMA DE PÓS-GRADUAÇÃO EM SOCIOLOGIA DA FFLCH-USP:

Antônio Flávio Pierucci e Reginaldo Prandi, *A realidade social das religiões no Brasil* (Hucitec, 1996)

Brasilio Sallum Jr., *Labirintos: dos generais à Nova República* (Hucitec, 1996)

Reginaldo Prandi, *Herdeiras do axé* (Hucitec, 1996)

Irene Cardoso e Paulo Silveira (orgs.), *Utopia e mal-estar na cultura* (Hucitec, 1997)

Antonio Sérgio Alfredo Guimarães, *Um sonho de classe* (Hucitec, 1998)

Antônio Flávio Pierucci, *Ciladas da diferença* (Editora 34, 1999)

Mário A. Eufrasio, *Estrutura urbana e ecologia humana* (Editora 34, 1999)

Leopoldo Waizbort, *As aventuras de Georg Simmel* (Editora 34, 2000)

Irene Cardoso, *Para uma crítica do presente* (Editora 34, 2001)

Vera da Silva Telles, *Pobreza e cidadania* (Editora 34, 2001)

Paulo Menezes, *À meia-luz: cinema e sexualidade nos anos 70* (Editora 34, 2001)

Sylvia Gemignani Garcia, *Destino ímpar: sobre a formação de Florestan Fernandes* (Editora 34, 2002)

Antônio Flávio Pierucci, *O desencantamento do mundo* (Editora 34, 2003)

Nadya Araujo Guimarães, *Caminhos cruzados* (Editora 34, 2004)

Leonardo Mello e Silva, *Trabalho em grupo e sociabilidade privada* (Editora 34, 2004)

Antonio Sérgio Alfredo Guimarães, *Preconceito e discriminação* (Editora 34, 2004)

Vera da Silva Telles e Robert Cabanes (orgs.), *Nas tramas da cidade* (Humanitas, 2006)

Glauco Arbix, *Inovar ou inovar: a indústria brasileira entre o passado e o futuro* (Papagaio, 2007)

Zil Miranda, *O voo da Embraer: a competitividade brasileira na indústria de alta tecnologia* (Papagaio, 2007)

Alexandre Braga Massella, Fernando Pinheiro Filho, Maria Helena Oliva Augusto e Raquel Weiss, *Durkheim: 150 anos* (Argvmentvm, 2008)

Eva Alterman Blay, *Assassinato de mulheres e Direitos Humanos* (Editora 34, 2008)

Nadya Araujo Guimarães, *Desemprego, uma construção social: São Paulo, Paris e Tóquio* (Argvmentvm, 2009)

Vera da Silva Telles, *A cidade nas fronteiras do legal e ilegal* (Argvmentvm, 2010)

Heloisa Helena T. de Souza Martins e Patricia Alejandra Collado (orgs.), *Trabalho e sindicalismo no Brasil e na Argentina* (Hucitec, 2012)

Christian Azaïs, Gabriel Kessler e Vera da Silva Telles (orgs.), *Ilegalismos, cidade e política* (Fino Traço, 2012)

Ruy Braga, *A política do precariado* (Boitempo, 2012)

OBRAS APOIADAS PELO PROGRAMA DE PÓS-GRADUAÇÃO EM SOCIOLOGIA DA FFLCH-USP:

Ruy Braga e Michael Burawoy, *Por uma sociologia pública* (Alameda, 2009)

Fraya Frehse, *Ô da rua! O transeunte e o advento da modernidade em São Paulo* (Edusp, 2011)

Antônio Flávio Pierucci

CILADAS DA DIFERENÇA

FFLCH - USP

CAPES

Universidade de São Paulo
Faculdade de Filosofia, Letras e Ciências Humanas
Programa de Pós-Graduação em Sociologia

editora 34

EDITORA 34

Editora 34 Ltda.
Rua Hungria, 592 Jardim Europa CEP 01455-000
São Paulo - SP Brasil Tel/Fax (11) 3811-6777 www.editora34.com.br

Universidade de São Paulo
Faculdade de Filosofia, Letras e Ciências Humanas
Programa de Pós-Graduação em Sociologia
Av. Prof. Luciano Gualberto, 315 Cid. Universitária CEP 05508-900
São Paulo - SP Brasil Tel. (11) 3091-3724 Fax (11) 3091-4505

Copyright © Editora 34 Ltda., 1999
Ciladas da diferença © Antônio Flávio Pierucci, 1999

A FOTOCÓPIA DE QUALQUER FOLHA DESTE LIVRO É ILEGAL E CONFIGURA UMA
APROPRIAÇÃO INDEVIDA DOS DIREITOS INTELECTUAIS E PATRIMONIAIS DO AUTOR.

Edição conforme o Acordo Ortográfico da Língua Portuguesa.

Capa, projeto gráfico e editoração eletrônica:
Bracher & Malta Produção Gráfica

Revisão:
Alexandre Barbosa de Souza, Nina Schipper

1ª Edição - 1999, 2ª Edição - 2000 (1 Reimpressão),
3ª Edição - 2013

Catalogação na Fonte do Departamento Nacional do Livro
(Fundação Biblioteca Nacional, RJ, Brasil)

P624c
Pierucci, Antônio Flávio, 1945-2012
Ciladas da diferença / Antônio Flávio Pierucci. —
São Paulo: Programa de Pós-Graduação em Sociologia
da FFLCH-USP/Editora 34, 2013 (3ª Edição).
224 p.

ISBN 978-85-7326-134-9

Inclui bibliografia.

1. Diferenciação (Sociologia). 2. Diferença
(Filosofia). I. Universidade de São Paulo. Programa
de Pós-Graduação em Sociologia. II. Título.

CDD - 306

CILADAS DA DIFERENÇA

Apresentação	7
Entradas	11

Parte I
A DIREITA E A DIFERENÇA: O DADO EMPÍRICO

1. Ciladas da diferença	14
A diferença vem da direita	15
A abstrata nudez do apenas homem	19
A diferença é o sensível	25
O direito à diferença	31
A desforra da diferença: o caso Sears	35
Insistir nas diferenças?	43
A direita e o direito à diferença	50
Diferença, direita, coerência	54
2. As bases sociais da direita: seus medos, seu dedo	58
Religiosos, mas anticlericais	60
O elogio das diferenças	62
Os discursos da insegurança	67
Bandeiras que se deslocam	70
Direita: um nome que não se diz	72
A direita múltipla	76
Moralismo para ancorar	82
Nova direita *versus* nova esquerda	83
3. Linguagens autoritárias, voto popular: um exercício de método	87

Parte II
AMANHÃ, A DIFERENÇA?

4. Problemas com a igualdade	104
5. A diferença faz diferença, ou: A produtividade social da diferença	119
A diferença feminina: diferença de gênero	122
A proliferação da diferença: a diferença é produtiva	129
Mulheres negras: esse mix de raça/gênero	135
Diferenças dentro, embaixo, entre	141

6. Amanhã, a diferença 150
   Fantasmas de homogeneidade 150
   O fascínio da diferença 155
   Pós-colonialidade e geometria de poder 164
   A "*tiers-mondisation*" do Ocidente 169
   Conclusão 175

7. Fundamentalismo e integrismo:
   os nomes e a coisa 177
   Tradicionalismo? 184
   Integrismo? 187
   Fundamentalismo? 193
   Conclusão 199

Bibliografia 202
Fontes dos capítulos 222

APRESENTAÇÃO

Somos todos iguais ou somos todos diferentes? Queremos ser iguais ou queremos ser diferentes? Houve um tempo em que a resposta se abrigava, segura de si, no primeiro termo da disjuntiva. Já faz um quarto de século, porém, que a resposta se deslocou. A começar da segunda metade dos anos 70, passamos a nos ver envoltos numa atmosfera cultural e ideológica inteiramente nova, na qual parece generalizar-se em ritmo acelerado e perturbador a consciência de que nós, os humanos, somos diferentes *de fato*, porquanto temos cores diferentes na pele e nos olhos, temos sexo e gênero diferentes além de preferências sexuais diferentes, somos diferentes na origem familiar e regional, nas tradições e nas lealdades, temos deuses diferentes, diferentes hábitos e gostos, diferentes estilos ou falta de estilo; em suma, somos portadores de pertenças culturais diferentes. Mas somos também diferentes *de direito*. É o chamado "direito à diferença", o direito à diferença cultural, o direito de ser, sendo diferente. *The right to be different!*, é como se diz em inglês o direito à diferença. Não queremos mais a igualdade, parece. Ou a queremos menos. Motiva-nos muito mais, em nossas demandas, em nossa conduta, em nossas expectativas de futuro e projetos de vida compartilhada, o direito de sermos pessoal e coletivamente diferentes uns dos outros.

É difícil discutir diferença e diferenças em abstrato, desvinculando-se o analista de um contexto específico e de um projeto político definido. Por isso vou começar minha discussão situando-a no contexto de um ponto de vista particular, o da direita política, que hoje se pretende uma direita cultural. Este livro reúne trabalhos que resultaram de algumas pesquisas que fiz e coordenei sobre o voto conservador e as bases eleitorais da direita em São Paulo, nos anos 80 e 90. Foi em meio a essas pesquisas que surgiu perante mim, vinda da direita, a questão em tudo e por tudo contemporânea da atenção à diferença. Impôs-se-me desde então o imperativo de dedicar-me a uma reflexão mais detida e à especulação teórica sobre essa crescente valorização que as diferenças coletivamente experimentadas vêm afirmativamente recebendo nos dias de hoje, tanto dos movimentos sociais e de atores individuais politicamente mobilizados, quanto da própria teoria social.

Cinco dos sete capítulos são versões atualizadas e ampliadas, às vezes bastante ampliadas, de artigos que publiquei entre 1987 e 1995 em revistas de ciências sociais de circulação nacional, como *Novos Estudos Cebrap*, *Revista USP* e *Tempo Social*. Os outros dois são ensaios inéditos, cujos embriões se formaram como conferências que mais tarde pude desenvolver com mais tempo e fôlego: os capítulos "Amanhã, a diferença" e "A diferença faz diferença".

As pesquisas que deram origem aos ensaios aqui reunidos foram financiadas pelo CNPq, Conselho Nacional de Desenvolvimento Científico e Tecnológico, e pela Fapesp, Fundação de Amparo à Pesquisa do Estado de São Paulo. Sem este apoio não teria sido possível concluir o levantamento empírico nem avançar na pesquisa teórica. Devo-lhes especial gratidão.

Ciladas da diferença deve tanto a tantos amigos e colegas, que não serei capaz de agradecer a todos eles aqui. Nas diversas etapas da pesquisa contei com a colaboração de estudantes de graduação do Curso de Ciências Sociais da Faculdade de Filosofia da USP, bolsistas de iniciação científica sob minha orientação, aos quais não posso deixar de agradecer do fundo do coração, com sincero reconhecimento, pela companhia animada e nada burocrática que me fizeram numa trajetória que, de início, não sabíamos bem onde iria dar. Obrigado a vocês, Florencia Ferrari, Dafne de Souza Sampaio, Fábio Minematsu, Heitor Schulz Macedo, Henrique Zoqui Martins Parra, Milton Tamarosi Salvador, Pedro

Paulo Martins de Oliveira e Rodrigo Arêas Ribeiro de Castro. Boas cabeças, amáveis companhias. Este livro é mais uma demonstração de que a diferença é produtiva. Faz diferença.

Finalmente, quero agradecer aos meus amigos Eurico Gonzales Cursino dos Santos, da UnB, e Reginaldo Prandi, da USP. Em diferentes momentos nos últimos meses e por diferentes razões, mas confluindo no resultado, eles me encorajaram a fazer este livro. Além de me fazerem viver e pensar, *of(f) course*, foram eles no fim das contas que me levaram a querer publicar o que estou sempre começando a pensar. Muito obrigado, meus caros.

Mit Affekt,

Antônio Flávio Pierucci
São Paulo, fevereiro de 1999

ENTRADAS

São quase três da tarde em São Paulo. Trânsito pesado. Derek Walcott, Prêmio Nobel de Literatura de 1992, em visita a São Paulo para participar, em maio de 1995, do evento "Banco Nacional de Ideias", concorda em falar dentro de um táxi à jornalista Lúcia Cristina de Barros da *Folha de S. Paulo*. Ela pergunta se ele não acha que um dos grandes desafios da modernidade é a coexistência das diferenças:

"Eu penso que um dos grandes desafios da modernidade é responder a perguntas profundas no banco de trás de um táxi."

(*Revista da Folha*, 11/6/1995)

"Como você vê a Itália hoje?"
Citti: "Para mim, não existe a Itália, mas o mundo inteiro. Sou um anarquista. Não existem fronteiras, não existe um sueco, um negro. O que existe é o gênero humano. Eu penso assim."

(Franco Citti, cineasta italiano,
O Estado de S. Paulo, 20/1/1997)

"O quê?", exclamei curioso.
"Quem? é o que deverias perguntar!", assim falou Dioniso. Em seguida calou-se do modo que lhe é peculiar, ou seja, de modo sedutor.

(F. Nietzsche, *O viajante e sua sombra*,
projeto de prefácio, §10)

Parte I
A DIREITA E A DIFERENÇA: O DADO EMPÍRICO

1.
CILADAS DA DIFERENÇA

> "A sabedoria popular nos ensina, enfim, que uma coisa pode ser verdadeira mesmo que não seja nem bela nem santa nem boa."
>
> (Max Weber, *A ciência como vocação*)

Conservadores costumam ter as seguintes convicções:

As pessoas não brancas são inferiores.
A miscigenação deve ser desencorajada.
As mulheres não são iguais aos homens em inteligência.
Nem todos os seres humanos nascem com as mesmas potencialidades.
Não há razão para se instituir a igualdade salarial.
Só as pessoas com um determinado nível de inteligência e educação deveriam poder votar.
Pessoas com graves defeitos hereditários deveriam ser compulsoriamente esterilizadas.
As leis atualmente vigentes não favorecem os ricos.
A propriedade privada não pode ser abolida.
A estatização leva à ineficiência.
A guerra é inerente à natureza humana.
O tratamento que estamos dando aos criminosos não é rigoroso o bastante.
A pena de morte não é uma coisa de bárbaros.
Os crimes violentos deveriam ser punidos com o açoite.
Os japoneses são um povo cruel por natureza.

Os judeus não são tão respeitáveis, tão honestos e tão bons cidadãos quanto os outros grupos.
Não é uma conduta antiquada observar o preceito dominical.
As leis contra o aborto não devem ser abolidas.
As leis do divórcio não deveriam ser alteradas no sentido de torná-lo mais fácil.
Uniões conjugais consensuais não são desejáveis.
Não se deve proibir os experimentos científicos com animais vivos.
A liberdade irrestrita de discussão não é desejável.
Deveria haver menos polêmicas e discussões políticas no rádio e na TV.
Os objetores de consciência são traidores.
Somente com o retorno à religião pode a civilização ter esperança de sobreviver.
A educação religiosa deveria ser obrigatória.
A educação sexual não deve ser dada a todos, meninos e meninas.
Não é errado que aos homens seja permitida maior liberdade sexual que às mulheres.
Nossas dificuldades presentes se devem antes a causas morais que econômicas.
A "vara de marmelo" é um bom princípio educativo.

A DIFERENÇA VEM DA DIREITA

Com este rol de enunciados daria para descrever quase com perfeição a mentalidade de direita encontradiça na maior metrópole brasileira nas décadas finais do século XX. Em minhas pesquisas com gravador em 1986 e 1987 pelos bairros de classe média baixa de São Paulo encontrei muita gente assim, que reage, sente e pensa tal e qual. É típico. São pessoas que, para surpresa minha no início, dizem alto ao pesquisador, alto e sem maiores rodeios, o que eles próprios pensam e sentem (e que tantos outros pensam e sentem, mas não dizem) a respeito da convivência ou da mera proximidade, é bem verdade que às vezes epidérmica, com indivíduos de certas categorias ou camadas sociais, certos grupos de origem que eles *sabem distinguir* muito bem numa cidade tão populosa quanto São Paulo.

Na verdade, porém, estas frases que na abertura deste ensaio cismei em reproduzir *ipsis litteris* (com exceção da referência à TV) compõem o retrato do conservador inglês da segunda metade dos anos 40, tal como revelado por uma pesquisa amostral realizada por Hans J. Eysenck mediante questionário aplicado individualmente a 250 conservadores, 250 liberais e 250 socialistas, todos eles de classe média, adultos, urbanos e brancos. Apesar da enorme distância sociocultural entre as populações urbanas pesquisadas da Inglaterra e do Brasil, do fosso que separa a história dos dois países, do lapso de quatro importantes décadas a afastar as duas pesquisas, as coincidências nem um pouco superficiais e nada casuais que se pode observar nesses dois universos mentais falam, sim, de uma similitude profunda e de uma permanência impressionante.

Quando peguei o artigo de Hans Eysenck, "Social Attitude and Social Class", publicado no número de lançamento de uma das mais importantes e influentes revistas de Sociologia, o *British Journal of Sociology*, ano I, nº 1, março de 1950, e aí encontrei as crenças de direita assim enunciadas e elencadas, empiricamente coletadas, fiquei boquiaberto em face de tamanha e tão nítida semelhança entre os conservadores britânicos do final dos anos 1940 e os ativistas eleitorais de direita por mim pesquisados na São Paulo da segunda metade dos anos 80. Quis me parecer, apesar do amarelecido da revista que eu folheava entre curioso e espantado, que o tempo não havia passado, que aquele pequeno artigo não falava de um outro lugar nem de outra gente. Claro, há nessa lista pequenos detalhes que impedem que a coincidência seja perfeita. Mas de modo algum empanam a similitude nem relaxam o parentesco que linha por linha, quase que palavra por palavra, se constata neste rol de atitudes de direita, lá e aqui, que são de lá mas que poderiam muito bem ser daqui, d'agora, saltando todos os fossos históricos, cumulando todos os hiatos culturais, cruzando fronteiras nacionais, embaralhando os tempos e atravessando os espaços, todas as especificidades e diferenças históricas e culturais percorridas por *uma idêntica obsessão de afirmar e sublinhar as diferenças* entre grupos de humanos dotados (é o que se diz) de especificidades irredutíveis. Ironia da pesquisa sociológica ou ironia da História, para desespero de Paul Veyne, nada mais parecido com um conservador inglês de 1940 e poucos, tirante talvez o estilo, quando há estilo, do que um paulistano de direita de 1980 e poucos.

Chamo a atenção para um outro aspecto coincidente: a pesquisa de Eysenck selecionou os entrevistados primeiro por sua classificação política (assim como a minha, que primeiro perguntava em quem a pessoa tinha votado na última eleição). Pois bem, a análise fatorial das intercorrelações entre as respostas ao questionário de Eysenck revelou a existência de um fator geral de conservadorismo-radicalismo percorrendo de ponta a ponta todo o conjunto das questões. Isto quer dizer, para bom entendedor, que os conservadores diferem dos socialistas e dos liberais "numa ampla variedade de itens, muitos dos quais parecem ter bem pouca relação com a política" (Eysenck, 1950: 61). É que um objeto de investigação como este acaba se impondo como aquilo que realmente é, e que, por sinal, lhe conserva e garante uma sempre renovada atualidade, um sempre rejuvenescido apelo. A saber: mais que uma fórmula de governo, o pensamento, a mentalidade e a sensibilidade de direita articulam uma concepção global de sociedade a um modo de sociabilidade. Isto foi assim desde o começo, desde que a ultradireita contrarrevolucionária, anti-1789, achou de prescrever uma restauração da ordem tradicional: "uma restauração social mais ainda do que política", lembra René Rémond, o mais importante historiador das direitas na França, que vê nesta demanda de preservação, de retomada ou de reinvenção de uma forma de sociabilidade "a significação profunda da Restauração e a aspiração fundamental do pensamento contrarrevolucionário" (Rémond, 1982: 58), o qual, por isso mesmo, por essa carga regressiva com pretensão holística, conseguiu manter sempre em forma seus atrativos e bem aguçado seu mordente, mesmo quando, mais tarde, já se haviam desvanecido todas as esperanças de restauração efetiva do governo monárquico. Muito mais do que de conservação política, o programa historicamente fundante da direita inseriu em seu núcleo mais resistente a pretensão de conservação **social**: o conservantismo é antes de mais nada uma proposta de sociabilidade, um projeto de sociabilidade antagonista do projeto da modernidade ilustrada. Uma "contrautopia", no dizer de Karl Mannheim (Mannheim, 1968: 253). E, na medida em que é uma combinação não apenas de ideias mas de práticas (práticas de ataque e autodefesa, de distinção e hierarquização, desprezo e humilhação, intolerância e agressão, profilaxia e higienização, discriminação e segregação), de discursos espontâneos e discursos doutrinários abrangendo a esfera pública e a vida privada, de soluções políticas e econômicas mas também de demandas de restauração moral e correção comportamental, princípios e estereótipos, fantasmas e preconceitos, girando em torno ou nascendo em raio de uma obsessão identitária, isto é, de uma necessidade sempre autorreferida de preservação *à outrance* de um "eu" ou um "nós" ameaçado, na medida em que ele é esta combinação toda, o "direitismo" (se este nome existir) é um verdadeiro "fenômeno social total" (Balibar e Wallerstein, 1988: 28). Noutras palavras, mais do que no campo político *stricto sensu*, as direitas se constituem e se difundem no campo metapolítico das relações sociais cotidianas, dos modos e estilos de vida e da luta cultural. Daí seu fôlego de gato dois séculos depois e seu charme que se revigora por toda parte neste fim de milênio, enquanto tudo o que é sólido continua desmanchando no ar.

Mesmo sabendo que a semelhança entre os achados empíricos de Eysenck e os meus levanta um problema interessantíssimo — a saber, se há uma universalidade ou transculturalidade das atitudes e opiniões, posições e disposições de direita, se há uma estrutura invariante, e tudo leva a crer que sim —, não é por aí que vou conduzir este ensaio. Abri-lo deste modo, entretanto, fornece-me o atalho de que preciso para ir mais diretamente ao ponto que me interessa e que o título anuncia. A saber: a certeza de que os seres humanos não são iguais porque não nascem iguais e portanto não podem ser tratados como iguais, quem primeiro a professou e apregoou nos tempos modernos foi a direita. Para ser historiograficamente mais exato, foi a ultradireita do final do século XVIII e primeiras décadas do XIX, aliás a primeira direita a surgir na História, em reação à Revolução Francesa, ao ideal republicano de igualdade e fraternidade e a tudo quanto de universalismo e igualitarismo havia no movimento das ideias filosóficas do século XVIII (Rémond, 1982: 46-71). Dito de outro modo: o pavilhão da *defesa das diferenças*, hoje empunhado à esquerda com ares de recém-chegada inocência pelos "novos" movimentos sociais (o das mulheres, o dos negros, o dos índios, o dos homossexuais, os das minorias étnicas ou linguísticas ou regionais etc.), foi na origem — e permanece fundamentalmente — o grande signo/desígnio das direitas, velhas ou novas, extremas ou moderadas. Pois, funcionando no registro da evidência, as diferenças explicam as desigualdades de fato e reclamam a desigualdade (legítima) de direito. *Différence oblige, chacun à sa place.*

A ABSTRATA NUDEZ DO APENAS HOMEM

Há em Hannah Arendt uma expressão que não esqueço. Há muitas, aliás, na escrita desta pensadora que é também admirável escritora. Uma delas instalou-se definitivamente em meu estoque de metáforas logo que a li. Refere-se ao homem universal e está no livro sobre as origens do totalitarismo: **abstrata nudez**.

"A abstrata nudez de ser apenas homem, nada mais."

É forte a ideia. E é conservadora, no sentido mais isento da palavra. Tal expressivo sintagma (ou devo dizer impressivo, já que tanto me impressionou?) aparece pelo menos três vezes no capítulo sobre "O declínio do Estado-Nação e o fim dos Direitos do Homem" (Arendt, 1978: 347-88). Aparece a primeira vez no contexto imediato de uma discussão acerca da condição dos escravos, os quais o grande Aristóteles não incluiu entre os seres humanos, condição portanto de destituição radical que entretanto a autora rediscute — "à luz de eventos recentes" — para afirmar que "mesmo os escravos ainda pertenciam a algum tipo de comunidade humana, (porquanto) o seu trabalho era necessário, usado e explorado, e isto mantinha-os dentro do âmbito da humanidade". Logo em seguida vem a frase em cujo meio aparece o homem nu: "Ser um escravo significava, afinal, ter uma *qualidade diferente*, mas sempre com um lugar na sociedade, portanto, algo mais do que a *abstrata nudez* de ser unicamente humano e nada mais" (Arendt, 1978: 382, grifos meus). As outras duas passagens vêm poucas páginas adiante. Hannah Arendt ainda está discutindo o paradoxo dos direitos humanos quando, a certa altura, levada talvez pela lógica interna de suas premissas "comunitaristas" a respeito da condição humana, de seus pressupostos "appartenancistas", recorre ao pensamento de ninguém menos que o próprio ícone do conservadorismo inglês anti-Luzes — Edmund Burke.

Arendt retorna a Burke não para discordar, mas para lhe dar razão. Como quem pragmaticamente dá a mão à palmatória?, pergunto. "Estes fatos e reflexões", escreve Hannah Arendt, "constituem o que parece uma confirmação irônica, amarga e tardia dos famosos argumentos com que Edmund Burke se opôs à Declaração dos Direitos do Homem feita pela Revolução Francesa. Parecem dar alento à sua afirmação de que os direitos humanos eram uma '*abstração*'..." (Arendt, 1978: 384, grifo meu). Eis a passagem-chave: "A validade pragmática do conceito de Burke parece estar fora de dúvida, à luz das nossas muitas experiências. (...) O conceito de direitos humanos, baseado na suposta existência de um ser humano em si, desmoronou no mesmo instante em que aqueles que diziam acreditar nele se confrontaram pela primeira vez com pessoas que realmente haviam perdido todas as outras *qualidades e relações específicas* — exceto que ainda eram humanos. O mundo não viu nada de sagrado na *abstrata nudez* de ser unicamente humano" (*ibid.*: 385).

E finalmente a terceira vez, como um eco da mesma visada comunitarista, flexionando apenas no tom: "Os sobreviventes dos campos de extermínio, os internados nos campos de concentração e de refugiados, e até os relativamente afortunados apátridas, puderam ver, mesmo sem os argumentos de Burke, que a *nudez abstrata* de serem unicamente humanos era o maior risco que corriam" (*ibid.*: 385). Sem exagero no paralelismo: para falar sobre as *ciladas da diferença*, é fundamental revisitar certos autores que, como Hannah Arendt, estiveram sempre de olho nas *ciladas da igualdade*, atentos ao enorme risco que representa — "o maior risco", diz ela — o universalismo igualitário, a igualdade universal. O homem universal é o resultado histórico de um desnudamento: ele surge historicamente quando despojado do valor de suas diferenças culturais. Quando desvalorizado *em sua diferença*. O prelúdio dessa privação de "relações específicas" e "qualidades diferentes" foi identificado pelos "liberais conservadores" (Hume, Burke, Constant, Tocqueville e bem mais tarde Raymond Aron) no jacobinismo racionalista-construtivista em ato na Revolução Francesa; Hannah Arendt irá localizar seu acabamento lógico nos totalitarismos do século XX.

Deixemos de lado a recusa inconfessada de Hannah Arendt a encarar de frente *a diferença judaica*, dito de outro modo, a diferença da condição judaica, como tendo sido, ela sim, a razão alucinada e o alvo da perseguição e da vontade de extermínio. Fica difícil acompanhar a filósofa nesse verdadeiro *tour de force* de projetar o motivo da barbárie que desabou sobre os judeus *na generalidade de sua abstrata condição de homens em si*. Ao que se sabe, e a historiografia recente sobre os totalitarismos europeus do século XX tem ido nesta direção, os judeus não foram tratados daquela inconcebível forma pelo fato de serem considerados *iguais* a todos os seres humanos, abstraídos de "todas as outras qualidades e relações específicas". Ao contrário. Foi precisamente pelo ódio à sua especificidade de "judeus" — *à sua diferença*.

Ciladas da diferença   21

Foi por **heterofobia,** por fobia à sua alteridade irredutível. E uma vez reconhecido o fato bruto da alteridade, da diferença incomensurável, foi por desvalorização da diferença reconhecida, cuja existência neste mesmo ato é reafirmada para ser negada, expelida, exterminada. E não, como quer Hannah Arendt, por abolição das particularidades culturais no moderno despojamento que leva à abstrata nudez. Deixemos de lado, por ora, os excessos cometidos pelo "comunitarismo" de Hannah Arendt e acompanhemos rapidamente suas incursões pelas fontes do pensamento contrarrevolucionário do século XVIII onde se encontra — e se aprende — um elucidativo modo de contrapor *diferença* a *abstração.* Voltemos a 1789.

De 1789 é a Revolução Francesa e de 1789 é o livro de Edmund Burke, *Reflexões sobre a Revolução de França,* de longe a obra que maior atração e influência exerceu sobre as correntes contrarrevolucionárias no mundo todo. Por contrarrevolucionárias neste contexto entenda-se, obviamente: contrárias às demandas modernas de liberdade, igualdade e fraternidade; contra, portanto, as formulações políticas tributárias do *espírito de abstração.* Eis o binômio que traveja o principal da argumentação de Burke: a rejeição dos Direitos do Homem como metafísica abstrata, geométrica, e a recusa a aceitar e mesmo a conceber, em cima de tais inseguras bases, uma nova sociedade civil desde logo reduzida a não ser senão... uma *tabula rasa,* uma *carte blanche* (Burke, 1989: 264).

Burke enxerga contradição na pretensão revolucionária de erigir os Direitos do Homem em princípios da constituição política de um povo que não é geral, é singular. "O governo dos homens não é estabelecido em virtude de direitos naturais que podem existir e de fato existem em total independência dele. E existem em muito maior clareza, e num grau muito maior de *perfeição abstrata*: mas esta abstrata perfeição é seu defeito prático" (*ibid.*: 76). Por natureza, são direitos subjetivos, individuais; a-sociais, portanto, e apolíticos, anteriores que são a toda convenção. Direitos do Homem? Mas o Homem, enquanto abstração, não existe para Burke, que declara ter sob sua contemplação o homem-social-civil, e não outro: *the civil social man, and no other* (Burke, *apud* Scruton, 1991: 34). Ora, a definição dos Direitos do Homem é feita *a priori*. São direitos teóricos, abstratos, indiferentes a toda consideração de ordem prática e a todo conteúdo histórico único. São pura ficção metafísica, "*these metaphysic rights*"... Mais sensato, então, do que confiar "em princípios abstratos como os Direitos do Homem", seria o apoiar-se na "herança vinculada" daqueles direitos que um homem, não o Homem, transmite a seus filhos do mesmo modo que lhes transmite a própria vida e, assim apoiado, descobrir que suas salvaguardas são "os direitos dos ingleses" (*the rights of Englishmen*), esse "patrimônio herdado dos seus antepassados" (*ibid.*: 30), emanação que vem "de dentro da nação" (cf. Arendt, 1978: 384). Daí que para Burke as constituições dos diferentes povos não podem ser senão diferentes umas das outras. "Elas não podem ser fixadas sobre uma *regra abstrata*, e nada é tão tolo quanto discuti-las com base neste princípio" (*ibid.*: 77, grifo meu).

A ficção especulativa dos direitos do homem — *these metaphysic rights* — ignora em sua simplicidade fácil a complexidade do ser humano e dos mecanismos da vida social. "A natureza do homem é intrincada, os fins da sociedade são do mais alto grau de complexidade possível; consequentemente, nenhuma disposição ou organização *simples* do poder pode convir, nem à natureza do homem, nem à qualidade de seus negócios" (Burke, 1989: 78). A concepção simplificadora e redutora da natureza humana, da vida social e da ordem política, tal como encontrada na doutrina dos *Droits de l'Homme* e nas novas constituições políticas modernas, descompromete o homem em relação à sua comunidade de origem, à qual deve sua diferença histórica, arranca-lhe as raízes, das quais depende sua vida pessoal, que é social e é civil. A violência revolucionária, legitimada pela teoria, é a consequência lógica de uma filosofia abstrata que tira do coração do homem os sentimentos mais elementares de compaixão, os laços identitários, as raízes comunitárias, a parceria "não só com os que estão vivos, mas entre os que estão vivos, os que morreram e os que vão nascer", parceria que, além de intergeneracional, "conecta o mundo visível com o mundo invisível" (*apud* Scruton, 1991: 39). Não é à toa que no texto de Burke, num relance, a construção abstrata do mundo, preconizada pela Assembleia revolucionária, aparece diabolizada como "o espírito do mal", a própria figura da negação em ato — um poder destruidor das sociedades e dos costumes estabelecidos pela História: "Como o espírito do mal, o poder de que (a Assembleia) goza é feito para revirar e destruir; já que poder para construir ela não tem nenhum, a não ser os engenhos necessários a outras convulsões e a novas destruições" (*ibid*.: 87).

Em Burke se associam harmoniosamente conservadorismo e empirismo. É conservador e empirista, ou melhor: porque empirista. Sua filosofia política é, ela mesma, um empirismo, uma filosofia da experiência. Seu conservadorismo sociopolítico trabalha no registro da evidência imediata. A *démarche* se apresenta antes pragmática que teórica, mais próxima da sociologia política do que da especulação filosófica, interessada antes nas realidades concretas de uma vida social realmente existente do que nalguma ideia abstrata de liberdade humana, nalguma ideia metafísica de emancipação do indivíduo como ser humano "em si", privado de sua *true community*. Os princípios gerais de sua filosofia política estão de ponta a ponta atravessados por aquela artéria empirista que, contra as pretensões da Razão cartesiana, defende desde David Hume a herança do passado e da tradição, o cabedal das épocas passadas. Para Burke, as qualidades específicas das comunidades humanas estão entre os *dados sensíveis* que corrigem a Razão, a razão nua, *the naked reason* (cf. Scruton, 1991: 38). Onde Burke vem falar de "razão nua", Hannah Arendt vai falar de "abstrata nudez". Dá para perceber que, quando se trata de enfatizar a desconfiança em relação à Razão revolucionária, iluminista, equalizadora, um recurso imagético muito expressivo para uso do pensamento conservador é justamente a nudez, o que não deixa de ser altamente sintomático.

A DIFERENÇA É O SENSÍVEL

Meu propósito neste ensaio é entrar numa discussão. Com todos aqueles que, sustentando posições de esquerda hoje no Brasil, procuram fazer da diferença uma boa causa pela qual lutar, uma boa ideia a ser defendida, difundida e ensinada. O que vai ser dito aqui, fruto de minhas indagações e minhas leituras, bem como da sempre renovada surpresa com o teor das entrevistas feitas por mim e minha equipe na cidade de São Paulo, não irá seguramente tão fundo, nem sairá tão ordenado quanto eu gostaria. Não pretendo originalidade. Só quero entrar no debate, por escrito.

Mas eu ia dizendo que o retrato-tipo do cidadão conservador revelado por Eysenck me fornece o atalho para ir diretamente ao que me interessa discutir aqui. É que a listagem de atitudes de direita que reproduzo na abertura deste ensaio inclui boa dose de afirmações racistas, sexistas e moralistas. Deixemos o moralismo para outra ocasião e o sexismo para mais adiante. Comecemos por onde começa a lista de Eysenck: pelo racismo.

Existe por aí, nos meios letrados e mais bem-informados, uma espécie de evidência primeira, hegemônica e, talvez por isso mesmo, um tanto irrefletida, quase uma "ideia recebida", que associa as ideologias, mentalidades e sensibilidades de direita, conservadoras, aristocráticas, autoritárias, colonialistas, elitistas, o que seja, com os racismos e chauvinismos de todos os tipos e níveis. Até aí, tudo bem, não há nada de errado com isto, pelo contrário. Mas existe também — e estas minhas reflexões pretendem mexer com o estado espontâneo das artes neste ponto em nosso país — uma outra "ideia recebida", que pensa como suficiente, e por si só todo-esclarecedora, a definição do(s) racismo(s) e chauvinismo(s) como sendo, em sua essência, *rejeição da diferença*. O racismo é interpretado apenas como recusa, incapacidade ou impossibilidade de aceitar o outro, o diferente, o não semelhante, o não idêntico. Deste ponto de vista, pelo qual se expressa também a interpretação antirracista hegemônica no senso comum intelectualizado, o racismo acaba limitado *a priori* por uma definição simplificadora, ou pelo menos pouco sofisticada (sobretudo para os dias que correm), que o circunscreve nos marcos da **heterofobia**, "... esta estranha recusa da diferença, na qual o racismo vem um dia se enxertar" (Delacampagne, 1977: 145), esta "recusa de outrem em nome de não importa qual diferença" (Memmi, 1982: 118). "O racismo é essencialmente heterofobia" (Gabel, 1983: 432). É? Esta evidência definicional do racismo como rejeição fóbica da diferença, convicção generalizada mormente depois do genocídio nazi, certeza *prima facie* compartilhada pelos círculos mais esclarecidos e as mentes mais democráticas, evidência imediata que no entanto não diz toda a verdade, apenas meia, igualzinho a qualquer outra verdade de vulgata, é claro que facilita muitíssimo o abraçar a causa da diferença como algo inovador, progressista, emancipatório, humanitário, já que, reza a vulgata antirracista, quem recusa a diferença é a direita racista, obscurantista, atrasada, fascista.

Ora bem, isto impede de atinar com tudo aquilo que nos racismos e chauvinismos existe e procede da *atenção à diferença*. Noutras palavras, isto nos impede de ver os racismos e chauvinismos de todos os tipos e graus como celebração da *certeza das diferenças* e, daí sim, como prescrição da urgência de sublinhar as diferenças para manter as distâncias (cf. De Rudder, 1985). O racista vê o mundo dos humanos sob a ótica privilegiada da diferença, melhor dizendo, pondo em foco a diferença. A *démarche* racista começa por aí, pela focalização da diferença. O racismo não é primeiro rejeição da diferença, mas obsessão com a diferença, seja ela constatável, ou apenas suposta, imaginada, atribuída. Estas linhas, que nascem do trato constante com as falas de cidadãos paulistanos que fazem da certeza da diferença uma razão para militar politicamente em favor de candidatos e propostas de direita, e direita autoritária, ousam sugerir um pouco mais de circunspecção no trato desta questão.

O funcionamento retórico da linguagem ordinária dos ativistas entrevistados, o seu modo de argumentação (que visa à persuasão, é claro, quando não supõe já de saída o consentimento espontâneo com o seu ponto de vista, posto que todo conservador, mesmo aquele não muito elaborado intelectualmente, tem quase sempre a boa consciência de estar expressando a opinião de todos, instalado desde logo na convicção de que a opinião pública está com ele) oscila o tempo todo entre a celebração (autorreferida) da diferença e a repulsa aos diferentes, entre a afirmação e a negação, entre a constatação inescapável do fato, da existência efetiva das diferenças, e a recusa (mais ou menos agressiva, mais ou menos violenta) de conviver com elas. Afirmação e negação, celebração e repulsa convertem-se indefinidamente um no outro em suas falas, que uma mesma obsessão (hétero-referida) percorre: "eles são diferentes". Depois de algum tempo de familiaridade com as falas dos entrevistados, de decantação desta ambiguidade funcional da linguagem não intelectualizada de direita acerca da diferença (não intelectualizada mas militante, convém não esquecer), concluí que não é ocioso insistir em explicitar os dois momentos, os dois atos mentais envolvidos no racismo espontâneo e dispô-los segundo sua ordem, a saber: *a rejeição da diferença vem depois da afirmação enfática da diferença.*

Para a direita, portanto, o discurso que afirma as diferenças — negro é diferente de branco, a mulher é diferente do homem, nordestino é diferente de paulista e assim por diante — é o discurso inaugural, a enunciação fundante, a evidência primeira, a verdade imediata e inconteste. Empírica. (Ilusão do sensível?) Os mecanismos que se seguem a esta "constatação do bom senso" acerca do "fato concreto" das diferenças (focalizar, sublinhar, fixar, absolutizar, naturalizar, biologizar, perenizar...) é que vão transformá-la numa tomada de posição racista propriamente dita, excludente e destrutiva da(s) diferença(s) selecionada(s) como alvo, numa convicção de segundo grau legitimadora de práticas de violência no mínimo verbal. A particularidade do racismo clássico, lembra Colette Guillaumin, definido "como uma biologização do pensamento social", reside na tentativa de, por este viés, absolutizar a diferença observada ou imaginada (Guillaumin, 1972: 4). Entre a afirmação da diferença (constatada ou inventada) e sua rejeição (que é onde o racismo se consuma), medeia uma série de procedimentos discursivos tendentes a aumentar a distância entre os signos, a exacerbar a diferença, *a fazer funcionar a diferença*, radicalizando-a no ato mesmo de enraizá-la no dado biológico (racismo clássico) ou no dado cultural dito "irredutível" (neorracismo) (cf. Taguieff, 1990). Mas o importante é que o passo inicial é dado toda vez que a diferença é dita enfaticamente, toda vez que os discursos sobre a sociedade, os imaginários sociais, são "recentrados" sobre a certeza das diferenças, agora enunciadas.

Se assim é, o que dizer de quando a diferença passa a ser alardeada e procurada, que é o que anda acontecendo em alguns dos "novos movimentos sociais", em certas ONGs e em certos círculos acadêmicos? Eu tendo a concordar com aqueles que veem na focalização da diferença o critério para diagnosticar o processo (sutil desde logo, e nesta sutileza reside muito da força dos neorracismos) de racialização dos imaginários sociais. E não só. Na medida em que isto passa a ocorrer no campo de cá, no campo ideológico das esquerdas, a indistinção dos significantes só faz aumentar a precariedade da sinalização das diferenças ideológicas, que, estas então, embaralhadas, confundidas, deixam de poder ser ditas com nitidez. Efeito perverso por excelência do enfoque na diferença (de gênero, de cultura, de raízes, de modos de vida etc.) como bandeira de luta dos movimentos de esquerda é, na minha opinião, o embaçamento do foco ou um obscurecimento ainda maior das diferenças definidoras dos campos adversários na guerra ideológica. Que venha o movimento das mulheres frisar para o *uomo qualunque* que a mulher é diferente do homem, *quid novi*? Que venha o movimento negro em suas falas e em seus escritos bradar para uma sociedade como a nossa, que nasceu escravocrata e assim permaneceu durante séculos, e preconizar no cotidiano agressivo desta metrópole que "negro é diferente", *quid novi*? Isto é o que todo mundo já sabe desde sempre, não choca ouvido algum, apenas confirma o já sabido e, pior ainda, legitima que a diferença seja enfocada e as distâncias, alargadas. Daí que essa atmosfera pós-moderna que hoje muitos de nós respiramos nos ambientes de esquerda, essa onda de celebração neobarroca das diferenças, de apego às singularidades culturais, de apologia da irredutibilidade das particularidades e especificidades culturais, sociais e contextuais, tudo isso assusta muito pouco as cabeças de direita, também elas perpassadas de "fundamentalismo cultural" (ver Stolcke, 1993). Trata-se de um discurso absolutamente palatável, familiar mesmo, à direita popular.

Para um indivíduo dessa direita, o discurso não palatável, aquele que mais do que qualquer outro desencadeia sua violência verbal, lhe arranca imprecações, injúrias e acusações não raro ferozes, aquele que provoca sua ojeriza e lhe causa urticária é, ainda hoje, duzentos anos depois, o discurso dos Direitos Humanos,[1] o discurso revolucionário da igualdade, seja a igualdade diante da lei, seja a igualdade de condições econômicas (a conquistar como direito), seja a igualdade primeira de pertencermos todos à mesma condição, a igualdade ao nascer. Vale dizer que em nosso país o discurso não palatável e imediatamente odioso ainda é, cento e poucos anos depois da abolição da escravatura, o *discurso abolicionista* das desigualdades e subordinações, discriminações e humilhações, segregações e exclusões. Se há que procurar uma estrutura invariante e permanente das várias formações históricas de direita através desses dois últimos séculos da modernidade, tal estrutura se encontra nisto: na denegação do direito (Balibar, 1988: 29).

Entre a igualdade e a diferença apresentadas como uma disjuntiva, e já o simples fato de assim pôr os conceitos pode ter implicações conservadoras duradouras, a direita já escolheu, desde sempre, a diferença. E ela o fez logo, já de saída, no nascedouro. Já a primeira formação direitista que a História conheceu, a direita tradicionalista e contrarrevolucionária, constituiu-se, de um lado, rejeitando a noção de igualdade como radicalmente incompatível com sua concepção da vida em sociedade, com seu amor a um passado de ordens e privilégios, com as "lições da história"

---

[1] Ver, a esse respeito, o capítulo 2 deste livro.

mais remota e com seus interesses políticos imediatos; de outro, assumindo como um dado incontornável da natureza — ah, as "lições da natureza!" —, que todo organismo vivo é diferente e diferenciado, acoplagem de diferença e hierarquia na mesma proposta, o antiuniversalismo com o anti-igualitarismo. Do seu ponto de vista, que se apresenta referido à ordem do ser, e não do dever ser, daquilo que realmente é e não daquilo que alguns gostariam que fosse (e é assim que meus entrevistados falam), os ensinamentos tanto da história quanto da natureza somente fazem confirmar o que todo mundo vê e experimenta: que as cores são diferentes, os narizes são diferentes, os olhos são diferentes, as raças são diferentes, os sangues são diferentes, as famílias são diferentes, as tribos são diferentes, as nações são diferentes, as etnias são diferentes, os gêneros são diferentes, as sexualidades são diferentes, os temperamentos são diferentes, as idades são diferentes, as ordens são diferentes, as classes são diferentes, as sociedades são diferentes, os povos são diferentes, as religiões são diferentes, os deuses são diferentes, as culturas são diferentes... "Oxalá não é Jeová!" E, disse-o de uma vez por todas a primeira direita a se formar na História, as histórias de cada um desses referentes também são diferentes. E isto sela de modo definitivo o valor das particularidades que resultam de toda experiência viva de longa duração. Por isso a abstração revolucionária é uma aberração. Por isso as constituições dos países devem ser diferentes. Por isso os povos ou países diferentes, cujas diferenças são justamente o resultado empírico, nada abstrato, de histórias diferentes, não podem ter instituições semelhantes, ensinava Burke e assim o ecoavam na França todas as grandes cabeças "ultracistas", vale dizer, a direita tradicionalista (Rémond, 1982: 55). A igualdade é uma pretensão jacobina de fazer *tabula rasa* do trabalho empírico do tempo passado e do dado sensível hereditário na produção/reprodução da diversidade humana — eis, em poucas palavras, a afinidade eletiva originária da direita com a diferença.

O DIREITO À DIFERENÇA

Recentemente, a "nova esquerda" dos novos movimentos sociais, dos movimentos das minorias sobretudo, passou a investir no léxico da diferença e a tematizar o "direito à diferença". Com base na convicção da "legitimidade das diferenças", mais até, do "valor das diferenças", passou-se a propor como novos imperativos categóricos para a esquerda o "respeito às diferenças", o "convívio com as diferenças", a "defesa das identidades coletivas", a "preservação das particularidades culturais", o "respeito das mentalidades específicas", a "irredutibilidade da experiência de gênero", a "experiência peculiar das mulheres como mulheres" e assim por diante. São divisas novas para a esquerda, vêm da esquerda, não da direita. Isto significa que, além do diferencialismo de direita, existe hoje um diferencialismo de esquerda ou, se quiserem, uma esquerda diferencialista e seu mote é a defesa do "direito à diferença".

Ora muito bem, estas novas divisas de esquerda que giram em torno do "direito à diferença" trazem consigo um ardil, instalado justamente nesta sua ambiguidade, uma debilidade hereditária: o fato de ter sido o amor da diferença alimentado no campo (ultra)conservador duzentos anos a fio, e só mui recentemente ter sido incorporado nalgumas faixas ou zonas do campo de esquerda. Este fato torna o atual clamor pelo "direito à diferença" dificilmente distinguível da defesa das diferenças própria do estoque de certezas do senso comum conservador e do pensamento de direita.

Acresce ainda que a posição do indivíduo de esquerda que adere ao charme da diferença não é nada simples, é muito complicada, posto que *para a esquerda não pode haver escolha entre a igualdade e a diferença*, como escolha há e sempre houve para a direita. Se é para alguém de esquerda abraçar a diferença, que o faça sem abrir mão da igualdade. A tarefa é mais complexa, o trabalho com os conceitos precisa ser mais cuidadoso, mais refinado e matizado, mais atento e mais crítico, o que, convenhamos, intelectualiza em excesso a opção diferencialista de esquerda, sobrecarregando-a de um outro *handicap* — a elitização. À direita, a certeza das diferenças recebe muito de sua coerência — e de seu poder de interpelação e persuasão — do repúdio à igualdade como pressuposto ou como utopia. A convicção anti-igualitária, eixo que confere ao campo ideológico das direitas sua unidade de fundo, confere por sua vez ao postulado da diferença a consistência interna que lhe permite avançar em sua lógica própria *até o fim*. À esquerda, quando alguém embarca no "direito à diferença", cabe-lhe de quebra o ônus de ter que ressalvar a todo momento, em face dos mais impertinentes perquiridores, que "diferença não é desigualdade, como você bem sabe", jogando sobre estes o ônus de não terem a necessária acuidade intelectual para perceber as finuras desta nova causa emancipatória. "Diferentes, mas iguais" — já ouvi muitas vezes de muitos colegas. — "A afirmação das diferenças, tratada assim no registro da isonomia..." — Os indivíduos de esquerda, sobretudo intelectuais, que hoje em dia desfraldam tal bandeira não podem deixar de repetir o tempo todo que "a diferença não tem nada a ver com a desigualdade". "É uma questão de pluralismo cultural!"... "A verdadeira igualdade repousa nas diferenças"... Como se vê, tudo parece muito simples, tudo parece muito claro: "os seres humanos são *diferentes, mas iguais*". Neste jogo de linguagem, tudo se passa inocentemente como se não fosse também um jogo de palavras. "Defender a diferença não quer dizer defender a hierarquização", me dizem, te dizem, sem se darem conta de que "a igualdade na diferença" não passa de um *wishful thinking* de esquerda, uma prescrição ilusória, uma tentação de onipotência nominalista, porquanto em choque frontal com o axioma linguístico neokantiano — inescapável? — segundo o qual não se pode afirmar uma diferença sem afirmar ao mesmo tempo uma diferença de valor (Taguieff, 1987: 329-30). O antropólogo francês Louis Dumont chegou a trabalhar esta impossibilidade, a impossibilidade de desimplicar uma da outra a diferença e a hierarquia: nos quadros culturais de qualquer sociedade humana, sejam as sociedades tradicionais holísticas, sejam as sociedades modernas individualistas, não existe diferença cultural que não se interprete ao mesmo tempo como diferença de valor, portanto, como hierarquia, explícita ou implícita (Dumont, 1983: 260; ver tb. Dumont, 1979; Duarte, 1986; Heilborn, 1993).

Mesmo se admitindo que nem todas as diferenças são hierarquizantes, a maioria delas continua sendo, sobretudo quando se trata de diferenças definidoras de coletividades, de categorias sociais, de grupos de *appartenance* vivendo em relações de força em sociedades altamente diferenciadas. A diversidade é algo vivido, experimentado e percebido, gozado ou sofrido na vida cotidiana: na imediatez do dado sensível ao mesmo tempo que mediante códigos de diferenciação que implicam classificações, organizam avaliações, secretam hierarquizações, desencadeiam subordinações. A tal ponto, que querer defender as diferenças sobre uma base igualitária acaba sendo tarefa dificílima em termos práticos, ainda que aparentemente menos difícil em termos teóricos. É sobretudo na hora da divulgação que esta ideia tropeça neste seu jeito indisfarçável de quadratura do círculo. "Iguais?!", reagiu espantada a uma pergunta do entrevistador Dona Mariauta, 58 anos, escriturária aposentada residente na Penha, bairro de classe média baixa de São Paulo. Trecho de entrevista (gravada) que vale a pena reproduzir neste momento:

Iguais?! Que que há, está me estranhando? Fazer o quê?, a vida é assim, azar! Tratar como nosso irmão?! Eu trabalhei quarenta anos, não posso ser irmã de vagabundo. O que é isso, está me confundindo por quê, agora? Porque negro é isso... Todo mundo sabe que há racismo, sempre houve e vai haver até o fim da morte, amém. Negro é negro, branco é branco, azul é azul, vermelho é vermelho. E preto é preto. Não vem que não tem. Essas demagogias é bom é em época de eleição. Isso é demagogia, isso é falsidade, isso é falta de religião católica apostólica romana. (Dona Mariauta, 58 anos, escriturária aposentada residente na Penha, São Paulo, SP)

Basta-me este trecho de entrevista para ilustrar a dificuldade inerente a uma *démarche* que se propõe, em face do senso comum conservador e chauvinista, em face da direita espontânea e racista, louvar de um lado a diversidade e estimular as diferenças e, de outro, tentar mostrar que estas diferenças são contingentes, não necessárias; são transitórias, não permanentes; são fruto do meio, não da natureza; são adquiridas, não inatas, posto que os seres humanos são todos iguais. Este pedaço de entrevista condensa uma reação típica do homem comum de direita: as evidências todas da experiência viva e do dado sensível comprovam que os seres humanos são "diferentes, sim... e desiguais", "diferentes e, por isto, desiguais". A ilusão do sensível encaixa a construção do inteligível. Eis o realismo das direitas: "eu não sou racista, mas realista" (Bensaïd, 1984-85: 256-60).

Mas não é só o senso comum; também o pensamento de direita, especialmente da Nova Direita, não se convence da consistência lógica e prática desta recente adesão de algumas esquerdas ao valor da diferença. *"Différents, mais inégaux"* é o título bem sacado e provocador de um artigo de Alain de Benoist, um dos mais importantes e prolíficos pensadores da *Nouvelle Droite* na França atual. Não o convence a adesão das esquerdas ao "direito à diferença" porque, diz ele, não vai *até o fim,* não pode ir. "Frações cada vez mais amplas da opinião pública se pronunciam hoje em favor de um 'direito à diferença'. Nós só temos com o que nos congratular. Mas não basta exprimir uma opinião. É necessário ainda que a isto se siga uma *prática.* Defender o direito à diferença é, por exemplo, lutar contra o princípio da escola única, contra a robotização social, contra o universalismo político e filosófico, contra a perda das identidades coletivas e a mistura dos povos ou das culturas. Veremos, na hora do vamos ver, quem realizará este programa e quem o deixará ao abandono" (Benoist, 1979: 94).

A enorme dificuldade de seguir *até o fim* a lógica do postulado da diferença (grupal) sem reforçar práticas discriminatórias ficou bastante evidenciada no famigerado **caso Sears**, nos Estados Unidos da América.

A DESFORRA DA DIFERENÇA: O CASO SEARS

É sabido que já no fim dos anos 70 e no decorrer dos 80 difundiu-se entre as feministas de todos os países uma discussão vivíssima e intelectualmente muito sofisticada, que se tornou conhecida como o debate da "igualdade-versus-diferença", com um notável avanço (e até mesmo um certo arrojo) na reflexão teórica e nas bandeiras de luta tematizando positivamente a diferença. Tema originariamente da direita conservadora, a diferença passava agora a frequentar, com foros de recuperada legitimidade e inauditas pretensões emancipatórias, os círculos feministas mais intelectualizados e de esquerda. Processava-se com isto um duplo deslocamento ideológico: deslocamento de um campo político-doutrinário a outro, possível de se dar porque um outro deslocamento estava em curso (nas hostes da própria direita e agora reforçado por esta ida para a esquerda), a saber, o deslocamento dos fundamentos da diferença, que de naturais e biológicos passavam agora a ser **culturais**. E aí estava a novidade nas fileiras feministas. Foi quando se passou a falar de "diferença cultural", "cultura feminina", "cultura das mulheres", "experiência feminina", "reconhecimento da diversidade cultural de gênero" e assim por diante. Acontecia assim uma inflexão das mais importantes no movimento das mulheres, produto da ação coletiva e cotidiana de longa data e da reflexão sempre irrequieta, autoexigente e inovadora sobre a condição feminina e a natureza do feminismo como ator coletivo. Inflexão que significou concretamente a abertura de novas fronteiras de luta feminina e feminista, a descoberta de novos terrenos de solidariedade ativa e mobilização, mas sobretudo o nascimento de novas formas de autoconsciência em face da necessidade de acertar as contas com a especificidade nodal da condição feminina, a maternidade (diferença natural ou cultural? destino ou escolha?). "Depois dos anos da **igualdade** a todo custo em nome da luta comum contra o inimigo externo, o movimento assume a forma de um percurso de muitos caminhos e a própria reflexão sobre a condição de mulher concentra-se sobre o tema das **diferenças**. (...) Por isso é importante seguir as pistas de caminhos que se abrem à insígnia da diferença. Esta palavra-chave atravessa hoje o campo inteiro do feminismo, em todas as direções" (Melucci, 1982: 177, grifos meus). Alberto Melucci escreveu isto em 1982, o que significa que no início da década o fenômeno já podia ser percebido como algo mais sério que uma onda passageira.

Acontece, porém, lastima-se a historiadora Joan W. Scott, que o par de conceitos igualdade/diferença acabou se cristalizando nos termos de uma disjuntiva "ou... ou...", como se as feministas tivessem que escolher das duas, uma: ou bem a busca da igualdade ou bem a busca da diferença, "sua suposta antítese" (Scott, 1988: 38). De um lado as feministas clássicas, defendendo a estratégia da igualdade, a conquista ainda não consumada da paridade, convictas de que a diferença sexual não deve ser focalizada quando se trata de ganhar terreno num mundo ainda muito masculino, nos empregos mais bem remunerados, na administração dos negócios, nas universidades, na pesquisa científica, nos tribunais, nas câmaras legislativas, nos governos etc. Do outro, as partidárias da estratégia da diferença a defenderem o ponto de vista de que a luta em prol e em nome das mulheres só se pode empreender nos termos das necessidades, interesses e características comuns às mulheres enquanto um grupo social específico, ou seja, em nome da irredutibilidade da cultura das mulheres. A opção diferencialista difundiu-se e se firmou a tal ponto nos últimos anos, que alguns chegaram a sugerir tratar-se de algo como uma espécie de etapa superior do feminismo (Melucci, 1982: 176-84).

Dos embates com os adversários externos e das aporias do debate teórico interno quando este se viu, no meio da última década, confrontado com efeitos concretos imprevistos — o **caso Sears** é apenas o exemplo mais famoso —, surgiu um outro contendor, um *tertius*, representado por aquelas que, como Joan W. Scott, põem toda a sua energia intelectual na demonstração teórica, de impostação declaradamente desconstrucionista à Derrida, de que "na verdade, a própria antítese (igualdade-versus-diferença) oculta a interdependência dos dois termos, porquanto a igualdade não é a eliminação da diferença, e a diferença não obsta a igualdade" (Scott, 1988). Esta última posição é, sem dúvida, a mais difícil de se traduzir em ideias claras e distintas e, pelas sutilezas que implica e pela complexidade intelectual que exige de quem a abraça, mais difícil ainda de ser vivida e passada adiante, no cotidiano ou em contextos institucionais e políticos mais imediatamente conflitivos. É uma ideia de difícil tradução na linguagem ordinária e na prática do dia a dia, porquanto qualquer ligeira traição de suas acuradas distinções e sofisticadas nuances, qualquer deslize significa, fatalmente, sua completa desfiguração. Noutras palavras, não há vulgata possível de uma teorização toda feita em filigrana, de uma proposta de saída pela qual só se pode andar pisando sobre ovos. E sem vulgata não há ativismo que se mantenha minimamente nutrido.

O caso Sears é emblemático. Mostra que são reais, não simplesmente teóricos, os riscos de enredar-se o feminismo diferencialista no sexismo prático, os perigos de enroscarem-se as refinadas distinções racionais e racionalizadoras do neofeminismo teórico e acadêmico nas discriminações efetivas e implacáveis do sexismo espontâneo, de intrincar-se o "feminismo cultural", autorreferencial mas de boa vontade, nas malhas do sexismo institucionalizado e de má-fé. Para contar o que foi o caso Sears, o que foi que aconteceu e que muita gente precisa saber, valho-me fartamente dos artigos de Ruth Milkman, *Women's History and the Sears Case* (Milkman, 1986) e Joan W. Scott, *Deconstructing Equality-versus-Difference: Or the Uses of Poststructuralist Theory for Feminism* (Scott, 1988).

Em 1979, a *Equal Employment Opportunities Commission* (EEOC) do governo dos Estados Unidos moveu contra a Sears, Roebuck and Company, a maior empresa varejista e o maior empregador de mulheres dos Estados Unidos (fora do setor público), um processo criminal por discriminação sexual em sua política de contratação de mão de obra para as seções mais bem remuneradas, a saber, as seções de vendas por comissão. O processo foi a julgamento no decorrer de 1984 e 1985 na Corte Distrital de Chicago, Illinois.

Peças chaves do processo, que teve enorme repercussão na mídia impressa e eletrônica e mereceu a atenção de um grande público, foram as duas historiadoras feministas, Alice Kessler-Harris (acusação) e Rosalind Rosenberg (defesa), convocadas como testemunhas por seus conhecimentos da história da divisão sexual do trabalho nos EUA. As "provas históricas" apresentadas por ambas na sala do tribunal foram conflitantes: como era de esperar, a defesa primeiro buscou provar a inexistência de interesses **iguais** entre homens e mulheres quanto a postos de trabalho e tipos de emprego, e a acusação revidou com alguns exemplos históricos para demonstrar que, quando os empregadores lhes dão oportunidade, as mulheres costumam assumir empregos tradicionalmente não femininos. Mas o que a EEOC e sua *expert* não podiam esperar é que a defesa da Sears, em sua contrarréplica, invocasse os pontos de vista manifestados pela testemunha de acusação em sua obra publicada anos antes, na qual a historiadora havia registrado **diferenças** entre trabalhadores e trabalhadoras no modo de encarar o trabalho e o emprego, tendo chegado a escrever que as mulheres são mais domesticamente orientadas e menos individualistas que os homens.

Durante o julgamento, no entanto, Alice Kessler-Harris afirmou que "o que aparece como escolhas das mulheres e o que vem caracterizado como interesses das mulheres são, de fato, pesadamente influenciados pelas oportunidades de emprego que lhes são oferecidas pelos empregadores". Com base em suas pesquisas ela podia testemunhar que "onde existiram oportunidades, as mulheres jamais deixaram de pegar os empregos oferecidos. (...) Assim, a ausência de mulheres nos empregos chamados não tradicionais só pode ser interpretada como uma consequência das atitudes e preferências dos empregadores, fenômeno este que é a essência da discriminação". Seu testemunho tentava assim fundamentar a acusação da EEOC de que a Sears negava às mulheres oportunidades nas seções de vendas por comissão e, com isto, refutar o testemunho de Rosenberg.

O testemunho de Rosalind Rosenberg a favor da Sears, a primeira a falar, havia desfiado uma série de provas tiradas da literatura historiográfica para pôr em xeque a "suposição" de que mulheres e homens têm os mesmos interesses e aspirações em relação ao trabalho. Ao contrário, "homens e mulheres diferem em suas expectativas de trabalho, em seus interesses quanto aos empregos que preferem e aos tipos de produtos que preferem vender". Por conseguinte, "é ingenuidade acreditar que o que é efeito natural dessas diferenças seja prova de discriminação pela Sears".

Foi portanto a defesa que, numa estratégia consequente desde o início, assumiu o ponto de vista da **diferença** e recortou como campo do adversário a "suposição" da **igualdade**. Citando a obra de diversos pesquisadores na área (inclusive da própria Kessler-Harris), Rosenberg procurou persuadir o júri de que "muitos trabalhadores, especialmente mulheres, têm objetivos e valores outros que simplesmente realizar o ganho econômico máximo", característica sabidamente masculina. E, percorrendo diversos momentos da história da divisão sexual do trabalho nos EUA, mostrava que "muitas mulheres escolhem empregos que complementam sua obrigação familiar e não empregos que poderiam aumentar seus ganhos potenciais". Segundo Rosenberg, as acusações e provas estatísticas apresentadas pela EEOC contra a Sears "presumem que, se forem dadas oportunidades iguais, as mulheres irão fazer as mesmas escolhas que um homem poderia fazer. Além do que, tal suposição está baseada em um modelo tradicionalmente masculino de como as pessoas se comportam no universo, a saber, a coisa mais importante é a maximização econômica". A defesa da Sears esteve pois desde o início ancorada e escorada na evidência empírica da **diferença cultural** entre homens e mulheres. As mulheres e os homens são na verdade *quite different*, argumentava Rosenberg, que arrematou: "e diferença não significa sempre discriminação".

Se a defesa da Sears batia na tecla da diferença, estava claro que a estratégia da acusação, em se tratando de provar a ocorrência de discriminação, teria que sustentar a pretensão de igualdade. De início a réplica de Alice Kessler-Harris procurou trazer uma interpretação alternativa do registro histórico, apontando para a falta de igualdade de oportunidades. "A História não sustenta a noção de que as mulheres, no passado, *escolheram* (grifo no original) não assumir empregos não tradicionais", redarguiu Kessler-Harris, citando exemplos. Assim sendo, "o argumento segundo o qual as mulheres estão interessadas somente em certos tipos de trabalho reflete, isto sim, as percepções que elas têm das oportunidades disponíveis para elas, oportunidades que, por sua vez, são produtos dos pressupostos e preconceitos dos empregadores quanto aos papéis das mulheres". Nisto residia o componente central da réplica de Kessler-Harris: o testemunho da defesa deixava de lado o papel dos empregadores na formação dos padrões de emprego feminino. Na sequência de sua argumentação, porém, ela acabou desguarnecendo o flanco. Admitiu que, desde que se mantenha este dado, "há lugar para o debate (*sic*) a respeito de como e em que medida *as mulheres são diferentes dos homens em termos de sua cultura, treinamento e assim por diante*". Emergiam assim, neste gol contra, suas verdadeiras convicções de historiadora feminista ligada à linha da *women's culture*, abrindo numa frase enorme flanco para o lado adversário. Que, por sinal, soube aproveitar muito bem a brecha e voltou à carga numa tréplica em que passou a atacar, além dos argumentos, a pessoa, a coerência e as convicções políticas de Alice Kessler-Harris. Rosalind Rosenberg conseguiu ser fulminante.

Rosenberg aproveitou a oportunidade da tréplica para mostrar ao juiz que os pontos de vista defendidos pela testemunha de acusação, na sala do tribunal, não eram consistentes com os pontos de vista expressos em seus escritos de historiadora, fora do tribunal: "Kessler-Harris, a historiadora, escreveu uma porção de coisas que conflitam com seu testemunho neste processo". Deu exemplos. Não disse, mas sugeriu que Kessler-Harris estava sendo desonesta em seu papel de testemunha. "Como ela sabe muito bem, simplesmente não é verdade que as mulheres sempre aproveitaram as oportunidades de trabalhar em bons empregos", uma vez que ela própria havia se referido a "coerções ideológicas" no capítulo sobre a Depressão, em seu livro *Out to Work*, de 1982. Rosenberg chegou a insinuar falso testemunho: "o testemunho de Kessler-Harris no julgamento, referente à experiência das mulheres durante a II Guerra Mundial, é *desorientador*... e entra em choque diretamente com seu próprio trabalho publicado sobre o assunto". E, não contente com isto, anexou à sua tréplica um apêndice de doze páginas, em espaço simples, no qual elencava lado a lado as "Afirmações de Kessler-Harris neste processo" e as "Afirmações contraditórias de Kessler-Harris em sua obra publicada". No tribunal, denunciou Rosenberg, a testemunha de acusação dava um peso muito menor àquilo que em seus trabalhos de historiadora saltava aos olhos, a saber, as diferenças culturais entre mulheres e homens.

Tinha razão ela neste ponto. Mas podia ser de outro modo? Mesmo convencida da existência de diferenças culturais irredutíveis entre homens e mulheres, mais que isto, interessada justamente nisto como pesquisadora em História, Kessler-Harris não podia seguir por este caminho. Seu depoimento de *expert*, percebe-se claramente, esteve prejudicado de ponta a ponta por uma certa *peur des mots*. Já Rosenberg não tinha por que ter medo de falar alto e insistir na diferença. Com Kessler-Harris, no entanto, tudo se passou como se a diferença, dita com todas as letras fora do tribunal do júri, mas ali silenciada, tivesse se vingado desta quase-dissimulação. Por que o medo? Talvez no fundo os diferencialistas de esquerda saibam, ou ao menos pressintam, que não se enfoca a diferença impunemente. Usada como arma ideológica ou como divisa, é feito feitiço que pode virar contra o feiticeiro. Quando menos se espera, a diferença afirmada joga do outro lado. Faz gol contra.

A EEOC e sua testemunha historiadora jamais disseram que homens e mulheres têm interesses iguais. Não pisaram fundo na questão da igualdade. Não se alinharam sem mais sob a divisa da igualdade, terreno em que teriam podido argumentar sem tanta ambiguidade. Visavam à ampliação dos espaços de igualdade no mundo do trabalho, mas vacilaram em abrir mão da diferença. Nestas águas, porém, quem nada melhor são as forças conservadoras, confortáveis em seu caldo de cultura onde basta tomar o partido exclusivo "daquilo que é" — o concreto empírico das diferenças macho/fêmea — contra "o que não é, mas apenas se diz que deveria ser" — o abstrato da pretensão de igualdade.

A estratégia da defesa da Sears acabou dando certo. Seus argumentos foram considerados "convincentes" pelo juiz. A saber: as distribuições estatísticas por sexo no pessoal empregado pela empresa podiam perfeitamente ser explicadas pelas diferenças reais entre homens e mulheres. Não havia pois nenhuma prova que incriminasse o réu. Em fevereiro de 1986 a Corte Distrital em Chicago decidiu favoravelmente à Sears. Ao justificar sua decisão, o juiz federal John A. Nordberg descreveu Rosenberg como uma "testemunha bem-informada, que emitiu opiniões razoáveis e bem fundamentadas" e deu "um testemunho de alta credibilidade", ao passo que o testemunho de Kessler-Harris, baseado em exemplos isolados, "não esteve apoiado por provas convincentes, mas contraditórias ou então inaplicáveis". No fim das contas, e apesar de todo o cuidado de Kessler-Harris em seu testemunho, o juiz entendeu que havia na acusação da Sears pela EEOC a pressuposição de interesses iguais entre homens e mulheres: ora, "a pressuposição de interesses iguais é infundada e solapa fatalmente toda a sua análise estatística", concluiu o juiz.

Há muitas ironias da vida em todo esse episódio, muitas consequências não desejadas, muitos efeitos perversos. "Ironicamente — escreve Milkman — Rosenberg não se considera uma defensora do conceito de 'cultura feminina' tal como desenvolvido na literatura sobre a história das mulheres", e se diz "céptica quanto à utilidade de conceber homens e mulheres vivendo em mundos culturais separados" (Milkman, 1986: 394). E no entanto, sua participação no caso Sears trouxe muita água para o moinho das "irredutíveis" diferenças culturais de gênero. Alice Kessler--Harris, por sua vez, sempre foi simpática à noção de 'cultura feminina' e continua investigando em seus trabalhos a influência da diferença cultural nas lutas das mulheres trabalhadoras. Ironicamente, contudo, suas convicções e seu verdadeiro interesse intelectual não podiam ajudá-la na hora de testemunhar. Acabariam (como de fato ocorreu, quando, à sua revelia, compareceram à cena do tribunal trazidos pela astúcia de sua adversária) postos a serviço de uma causa que, declarou ela numa entrevista, é politicamente destrutiva para o movimento das mulheres.

Pior: a discriminação sexual, numa demonstração inequívoca de que o jogo político é também uma guerra semântica, acabou sendo redefinida como, nada mais nada menos, o mero reconhecimento de uma diferença real. No caso, diferença cultural. Mas que diferença faz, me pergunto, dizer que é cultural e não natural, que é historicamente produzida e não biológica uma diferença que é afirmada, pelo mesmo discurso que nega a sua naturalidade, como algo permanente e irredutível? O que se quer dizer com irredutível? Não seria este um modo de naturalizar dissimuladamente, ou quem sabe apenas inadvertidamente? Neste modo de operar e de dizer do neofeminismo culturalista não estaria aninhada, sempre já, a serpente de um neossexismo diferencialista? Não é isto que o caso Sears quer dizer, que basta uma escorregadela para que a diferença de natureza cultural se mude em "diferença natural de cultura"? (De Rudder, 1985: 45).

INSISTIR NAS DIFERENÇAS?

O caso Sears, reconhecem-no muitas autoras feministas, foi uma lição. Para Joan W. Scott, ele representou "um cair na real (*a sobering lesson*) de como opera um campo discursivo, que é um campo político" (Scott, 1988: 43). Ruth Milkman vê a lição de um outro ângulo. Para ela, foi um exemplo de como pode ser irrefletida a posição que privilegia o enfoque das diferenças culturais entre homens e mulheres e deixa em segundo plano os argumentos igualitaristas. Diz ela: "Se as intelectuais feministas podem aprender do caso Sears alguma coisa, é que nós ignoramos as dimensões políticas do debate igualdade-versus-diferença para nosso risco, especialmente num período de ressurgimento conservador como o atual". Seu artigo termina com palavras de alerta: "Na medida em que é este o contexto político em que nos encontramos, as intelectuais feministas devem estar conscientes do perigo real de que os argumentos acerca da 'diferença' ou da 'cultura feminina' sejam postos em usos outros que aqueles para os quais originalmente foram desenvolvidos. Isto não significa que nós devamos abandonar esses argumentos ou o terreno intelectual que eles desbastaram; mas significa que nós devemos ser autoconscientes em nossas formulações, mantendo firmemente diante dos olhos os modos em que nosso trabalho pode ser politicamente explorado" (Milkman, 1986: 394-5). Alertar para o contexto mais geral de refluxo das esquerdas e de avanço das direitas em todas as frentes, inclusive na esfera cultural-comportamental (cf. Faludi, 1992), introduz a meu ver na reflexão sobre a questão da diferença um elemento mais que oportuno de contextualização, cujo mérito reside justamente no apontar para o entrecruzamento de dois processos ideológicos — a apropriação esquerdista do argumento da diferença num momento em que as direitas redescobrem a força mobilizadora desta ideia.

Na discussão do caso Sears, Milkman e Scott chamam ainda a atenção para as peculiaridades do contexto institucional em que este embate se deu — o tribunal —, pouco favorável às sutilezas e complexidades das racionalizações diferencialistas, coisa que não acontece com as discussões intelectuais no contexto da academia e da pesquisa científica (no caso, historiográfica). Milkman lembra que "tanto Kessler-Harris quanto Rosenberg testemunharam sob os peculiares cerceamentos da sala do tribunal, que exigiam respostas 'sim' ou 'não' a questões complexas e proibiam, a qualquer perito chamado a testemunhar, de reconhecer divergências ou controvérsia dentro de seu campo sem perder sua legitimidade como perito". De certo, as condições eram limitadoras para ambas. Mas a defesa não se sentiu cerceada nem constrangida ao argumentar com a diferença real entre homens e mulheres. Já da acusação não se pode dizer com nitidez que ponto de vista tomou, pois, como bem observou Milkman, a controvérsia mais ampla em que seus argumentos acabaram entrando "é uma controvérsia que não pode ser facilmente resolvida" (Milkman, 1986: 394). Joan W. Scott também discute o papel da prova histórica num julgamento como este, em que o testemunho das historiadoras só poderia ser feito, quando muito, sob a forma de inferências. "Cada uma delas procurou explicar pequenas disparidades estatísticas por referência a generalizações grosseiras sobre a história inteira das mulheres trabalhadoras; além do mais, nenhuma delas tinha muita informação sobre o que efetivamente havia acontecido na Sears. Foram entretanto forçadas a jurar pela verdade ou falsidade de generalizações interpretativas desenvolvidas para outros propósitos que não o litígio legal, foram forçadas a tratar suas premissas interpretativas como fatos reais" (Scott, 1988: 41). Mas o que mais intrigou a Scott foi a situação em que se viu enredada a historiadora-testemunha de acusação, Kessler-Harris. "Cada uma de suas explanações cuidadosamente matizadas sobre a história do trabalho feminino foi forçada a caber numa assertiva simples e redutora, por causa da insistência dos advogados da Sears de que ela respondesse as questões dizendo apenas 'sim' ou 'não'" (*ibid.*).

O caso Sears foi mesmo uma *sobering lesson*. Agora já não se pode desconhecer que argumentos sobre a especificidade irredutível da experiência feminina ou sobre a diferença cultural de uma coletividade xis, construídos para não ser grosseiros nem rombudos em seu habitat acadêmico, fora da academia podem não só perder o gume heurístico, como ainda adquirir um outro gume, de imprevisto poder ofensivo contra seus (incautos) portadores.

Que alternativa teria então uma historiadora feminista, partidária da *diferença* como conceito orientador de suas pesquisas acadêmicas, numa situação em que se tratava de defender oportunidades *iguais* de emprego para ambos os sexos e incriminar uma grande empresa por *discriminação*? Ruth Milkman, em seu alerta quanto ao "perigo real" dos argumentos diferencialistas nesses tempos conservadores, sugere (ainda que não ouse afirmar abertamente) que o caminho mais seguro para o movimento das mulheres ainda é o da *igualdade*. Eu, pelo menos por enquanto, tendo sinceramente a concordar com este ponto de vista: o melhor argumento público ainda é o da igualdade. Joan Scott discorda disto. Ela preconiza que se *desconstrua* a oposição binária igualdade/diferença como a única via possível, convencida de que não se pode abrir mão da perspectiva da diferença no trabalho teórico, na pesquisa empírica e na militância política. Uma vez descontruída a antítese igualdade-versus-diferença, será possível não só dizer que os seres humanos nascem "iguais, mas diferentes", como também sustentar que "a igualdade reside na diferença" (cf. Scott, 1988: 48).

Como operar a desconstrução? Chamando a atenção para o constante trabalho da *diferença dentro da diferença*, responde Joan Scott. Pode a diferença homens/mulheres levar a equívocos e armar ciladas, como aconteceu com Kessler-Harris? Claro, responde Joan Scott, pois é uma oposição binária simples que, como qualquer outra oposição binária simples, não faz sentido manter. "Quando a oposição homens/mulheres é invocada, como foi no caso Sears, ela passa a referir uma questão específica (a discrepância estatística entre mulheres e homens contratados para as seções de vendas por comissão) a um princípio geral (as diferenças 'fundamentais' entre mulheres e homens). As *diferenças dentro de cada grupo* que poderiam ser aplicadas a esta situação particular — o fato, por exemplo, de que algumas mulheres pudessem escolher ocupações 'agressivas' e 'de risco' ou que algumas mulheres preferissem posições de altos salários a posições de menor remuneração — estavam excluídas por definição na antítese entre os grupos. (...) Uma boa argumentação no caso exigiria um ataque direto ao pensamento categórico a respeito de gênero. Pois a oposição das categorias macho/fêmea serve para obscurecer *as diferenças entre as mulheres*, no comportamento, no caráter, no desejo, na subjetividade, na sexualidade, na identificação de gênero e na experiência histórica" (Scott, 1988: 45, grifos meus). A formulação mais bem acabada dessa terceira via proposta por Joan Scott diz o seguinte: "Não é a mesmidade (*sameness*) ou identidade entre mulheres e homens que queremos afirmar, mas uma diversidade mais complicada e historicamente variável do que aquela que a oposição masculino/feminino permite, uma diversidade que é também diferentemente expressa para diferentes propósitos em diferentes contextos. Com efeito, a dualidade que esta oposição cria traça uma única linha de diferença, investe-a de explicações biológicas e, então, trata cada lado da oposição como um fenômeno unitário. Tudo em cada categoria (macho/fêmea) se presume então que seja o mesmo; daí, as *diferenças dentro de cada categoria* são supressas. Em contraste, nosso objetivo é ver não só as diferenças entre os sexos, mas inclusive o modo como estas operam para reprimir as *diferenças dentro dos grupos de gênero*. A 'mesmidade' construída em cada lado da oposição binária oculta o múltiplo jogo das diferenças e mantém sua irrelevância e invisibilidade. (...) *A única alternativa, me parece, é recusar-se a opor a igualdade à diferença e insistir continuamente nas diferenças*: diferenças como a condição das identidades individuais e coletivas, diferenças como o desafio constante à fixação dessas identidades, a história como ilustração repetida do jogo das diferenças, diferenças como o verdadeiro sentido da própria igualdade" (Scott, 1988: 45-6, grifos meus).

Meu argumento aqui é que a focalização da diferença acaba roubando perigosamente a cena da igualdade, posta sempre já como antítese daquela no senso comum conservador, reativado nos tempos que correm por toda sorte de interpelações autorreferenciais e social-darwinistas presentes nos discursos recentes das direitas identitárias. A defesa da diferença, assim, não importa se hoje é feita à esquerda e de olhos fitos na igualdade ainda a ser conquistada, ou bem acarreta *em sua divulgação e sua prática* a fixação em certas diferenças grupais, em certas identidades coletivas de origem (raciais, étnicas, sexuais, estamentais, regionais, culturais, nacionais), ou então, para não se embaralhar e aprisionar nestes laços distintivos (irredutíveis?), não tem outra saída senão deixar-se levar pela necessidade lógica da postulação de partida e avançar sempre mais no reconhecimento de um número cada vez maior de *diferenças dentro das diferenças*.[2] A diferença binária cederia lugar à diferença múltipla. Esta é a proposta de Joan W. Scott como único modo de evitar as arapucas contidas na oposição binária igualdade-versus-diferença e em qualquer oposição simples. Se, entretanto, tal pensamento quiser ser consequente e ir *até o fim* em sua lógica — já que fica impossível estacionar em qualquer desses patamares de categorizações coletivas sem ser arbitrário ou decisionista, de um lado, e sem ser racista ou sexista ou elitista ou chauvinista ou tribalista, de outro — ele só pode ir parar na mônada, no átomo. Isto é, na afirmação de que todo indivíduo é único e diferente. A diferença é individual. O que, convenhamos, retoma por uma outra ponta o universalismo igualitarista da "ideologia moderna" que se pretendia superar ao jogar o foco sobre a diferença coletiva. Aliás, é o que acontece com os geneticistas antirracistas. Não podendo — por imposição do próprio ofício que se pratica no trato com o trabalho dos genes na inesgotável produção de seres diferentes — evitar a evidência acachapante das variações genéticas, tendo portanto que encarar de frente o dado incortonável de que os homens **não** nascem iguais, os geneticistas humanitários e irenistas, para não cair no racismo biologizante, acabam, volta e meia, prisioneiros do individualismo monádico e universalista (ver Jacquard, 1978: 206-9). Há outra saída? Este ponto mereceria reflexão mais detida, impossível no espaço deste ensaio. As formulações binárias, segundo Scott, pelo fato de terminarem em antíteses excludentes ou disjuntivas, é que armam ciladas. Forçando a escolha, funcionam como verdadeiras armadilhas intelectuais. Acontece, porém, que seu objetivo de desconstruir a

---

[2] Para um tratamento mais detido desse aspecto, ver o capítulo 5 deste livro.

oposição binária igualdade/diferença pela atenção dirigida para o trabalho da diferença dentro da diferença, "*it is surely not easy...*", ela acaba reconhecendo.

Mas é exatamente aí que reside o problema, quando se trata de sair do espaço da academia. Se no campo das esquerdas os partidários da diferença como uma causa emancipatória — o que implica militância, e militância requer fórmulas ágeis e descomplicadas, catequéticas, querigmáticas — não conseguem elaborar senão racionalizações sofisticadíssimas, cheias de sutilezas, nuances, esfumaturas, o risco das más interpretações e dos mal-entendidos permanece, como permanece aberto o campo para todo tipo de torções e retorsões do argumento. Para sua reapropriação pelos grupos em posição de força. Para o "retorno do criminoso à cena do crime". No fundo, tudo se passa no campo das esquerdas como se aqueles que defendem a diferença e a celebram soubessem que transportam uma carga explosiva que, mal usada, pode detonar um potencial destrutivo cujos alvos serão, com toda a certeza, os indivíduos e os grupos mais frágeis, subordinados, oprimidos, discriminados e estigmatizados que de saída se queria defender, promover, resgatar, libertar e assim por diante. Na prática política cotidiana ou em outros contextos que não as academias e as publicações especializadas, as sutilezas desconstrucionistas não têm muitas chances de emplacar, assim como não tem melhor caminho a oferecer a inocência de superfície dos que se contentam em dizer: "diferentes, mas iguais". O revés sofrido pela testemunha de acusação contra a Sears ilustra bem os efeitos perversos, não apenas da disjuntiva igualdade ou diferença, como quer o desconstrucionismo de Joan Scott, mas também da ambiguidade própria de quem, num determinado contexto, apurando o foco e exercitando o rigor intelectual, pode insistir na diferença sem maiores riscos práticos, mas que numa outra situação menos elitizada não pode senão balbuciar suas convicções, quando não tiver que sobre elas silenciar por completo, para não oferecer a própria arma ao assaltante.

A DIREITA E O DIREITO À DIFERENÇA

Entregar a própria arma ao assaltante. Este efeito de "aprendiz de feiticeiro" que o movimento das mulheres nos EUA experimentou de modo tão concentrado e patente no caso Sears, tão recortado no tempo e no espaço de um tribunal e por isso mesmo tão público, é um fenômeno muito mais generalizado do que os artigos de Milkman e Scott deixam supor. Tem-se manifestado nas últimas décadas sob formas muito menos circunscritas do que esta, no âmbito dos mais diversos movimentos sociais de esquerda, no plano da prática política e no campo da produção intelectual e científica, sobretudo no primeiro mundo, mas também aqui entre nós. É um fenômeno que ultrapassa o nível das relações de gênero, espraiado que está pelas lutas e fricções nos níveis das relações entre etnias, entre origens regionais, entre etnonacionalidades no interior das fronteiras de Estados nacionais, entre grupos religiosos, entre tradições culturais. Não é à toa que as duas autoras relacionam o revertério sofrido no caso Sears ao ressurgimento do conservadorismo estilo Reagan, pois é também de social-darwinismo revigorado que se trata agora. A luta pela sobrevivência, hoje, mais do que nunca voltou a se fazer em nome de identidades coletivas, real ou supostamente ameaçadas. Os relatos e as interpretações que as duas autoras fazem da revanche sexista (e da inocência feminista) no caso Sears ajudam a compor o esforço analítico que outros autores vêm fazendo, na Europa ocidental principalmente, a partir do revertério racista por sobre a boa consciência antirracista dos preconizadores esquerdistas do charme da diferença cultural.

Fatos não faltam, a essa altura, para declarar irresponsável qualquer alegação de inocência intelectual. Não há mais lugar para vestais depois desses acontecimentos dramáticos. Eles permitem ver com clareza meridiana o efeito bumerangue desta apropriação pela esquerda de uma velha temática da direita, da qual a nova direita voltou a se apropriar, num processo de re-ideologização neorracista (e paleo-sexista) do alegre anúncio da mensagem neoesquerdista do "direito à diferença". Este re-deslocamento para a direita é um retorno, só que num outro patamar, uma vez que a diferença exibe um novo *appeal* após haver estagiado na esquerda. Estágio importante, fez dela um **direito**. Um direito das minorias que se fez desde logo, nos anos 80, um direito das maiorias a se defenderem da "miscigenação cultural". Um direito dos fracos transmudado em direito maior dos grupos em posição de força, que agora se querem diferentes a qualquer preço. Um direito dos povos, que se desdobra entretanto no imperativo de autopreservação e de recusa fóbica da mistura: autorracização + mixofobia (Taguieff, 1986a). Este é o outro fenômeno de revertério para o qual quero chamar a atenção, menos episódico que o caso Sears, mas que mantém com ele estreita analogia e intrigante homologia.

O cenário agora é a França dos anos 80. O drama é a expansão da "direita identitária" em face da imigração, encarada como fator de desagregação da cultura francesa. Pois bem. As análises do fenômeno feitas por Pierre-André Taguieff a partir dos discursos produzidos à esquerda e à direita (Taguieff, 1984, 1986a, 1986b) revelam que grande parte dos argumentos utilizados pela oposição direitista de orientação nacionalista, argumentos usados contra a esquerda, provém da própria esquerda. Trata-se, observa ele, de uma exitosa estratégia das mais recentes formações da direita francesa, todas elas neorracistas. Centrado no complexo da imigração, o racismo francês atual é na verdade um "racismo sem raças", um racismo cujo tema dominante não é a hereditariedade biológica, mas a irredutibilidade das diferenças culturais, um racismo que, por isso mesmo, postula a incompatibilidade dos modos de vida e das tradições. É um racismo culturalista (Balibar e Wallerstein, 1988: 33; Guillaumin, 1984-85). O campo semântico da "diferença cultural", portanto, de onde a esquerda pensou poder atacar por tempo indeterminado todo tipo de biologização das diferenças característica do racismo clássico, passou agora a ser, também ele, um campo minado.

Um racismo de novo tipo com uma eficiente estratégia cultural de recuperação das palavras e temas do adversário. Neste fenômeno Taguieff vai identificar o que ele denomina "efeito de retorsão": um contendor se coloca no terreno discursivo e ideológico do adversário e o combate com as armas deste, as quais, pelo fato de serem usadas com sucesso contra ele, deixam de pertencer-lhe pois que agora jogam pelo adversário. A retorsão opera assim, de uma só vez, uma retomada, uma revirada e uma apropriação-despossessão de argumentos: ela tem por objetivo impedir ao adversário o uso de seus argumentos mais eficazes, pelo fato mesmo de utilizá-los contra ele (Taguieff, 1986b; também Angenot, 1982). Entre as palavras, os *slogans* e os conjuntos argumentativos submetidos à retorsão, o "direito à diferença" aparece como um dos mais facilmente "retorcíveis" e um dos mais vantajosos para a direita (nacionalista ou europeísta), cujo espaço passa agora a ser frequentado de modo espetacular pela demanda diferencialista. É que, ao retornar para o campo da direita, o direito à diferença se reinsere em seu velho contexto discursivo de matriz anti-igualitarista, recarregando a temática da diferença de demandas sociais e soluções políticas abertamente excludentes e segregacionistas.

O tema da diferença, assim, depois de uma estada decisiva de recuperação de imagem nos movimentos regionalistas e "minoritaristas" de esquerda com o epíteto de "direito à diferença", voltou (já desde meados dos anos 70 no discurso erudito da *Nouvelle Droite* e no decorrer dos 80 no discurso nacional-catastrofista de Le Pen) a acampar à direita. É portanto com os ares de legitimidade ganhos à esquerda que a bandeira da diferença está hoje hasteada bem no centro deste fenômeno difuso e quase onipresente que muitos chamam de neorracismo (Barker, 1982; Balibar, 1988; Taguieff, 1990). O qual retorce o "direito à diferença" em "direito de um povo de permanecer como é, em sua terra natal e sem misturas". Certos paulistas não me deixam mentir. "Translação de um operador de prestígio, de um catalisador de sublime — a saber, a palavra "direito" — do lugar universalista dos direitos iguais do homem para o lugar nacionalista dos direitos preferenciais dos povos", resume com maestria P.-A. Taguieff (1986b: 98).

Esta passagem à direita é, sublinho eu, um retorno. No Brasil, desafortunadamente, esta reapropriação "majoritária" de um argumento dos movimentos das "minorias" tem sido notada por poucos observadores. Aqueles dentre nós que se deixaram motivar pelo desafio positivo que o enfoque no "direito à diferença" pudesse representar para a causa socialista e as lutas da esquerda parecem não estar atentos à simultaneidade dessa estratégia direitista de reapropriação de um de seus temas mais tradicionais e sedutores. "Tudo se joga em torno da noção de diferença", dizia já em 1979 Jacques Attali, um dos cérebros mais perspicazes do Partido Socialista francês, o *one-man-think-tank* do presidente Miterrand, referindo-se à nova direita. "Do ponto de vista estritamente formal, a direita encontrou uma nova vitalidade, traduzindo em seu campo ideias que cintilam e que são belas, como a ideia de diferença", disse ele numa entrevista, atento ao charme do argumento diferencialista (Attali, 1979: 204).

No decorrer dos anos 80, com efeito, a direita procedeu a uma verdadeira ocupação do terreno ideológico adversário, apropriando-se deste argumento e destas palavras — o "direito à diferença" —, revirando contra a esquerda um jogo de linguagem que esta, por sua vez, havia tentado expropriar daquela mediante as formas discursivas de autoexpressão dos movimentos sociais das minorias e das mulheres. O campo semântico da diferença, como se vê, mostra-se particularmente vulnerável a estratégias de retorsão de ambos os lados da luta ideológica. A argumentação diferencialista parece que retira sua eficiência e seu sucesso atuais do fato de não ter mais lugar político fixo. Com isto, o que acontece é que a luta ideológica se embaralha ainda mais, as fronteiras se borram, os campos se tornam indistintos. O que só faz aumentar a probabilidade de ocorrência de efeitos perversos na ação pessoal e na ação coletiva daqueles que, à esquerda, se perfilarem sob a divisa do "direito à diferença", uma divisa que deixou de ser sinal divisório, distintivo. Nas relações entre etnias, raças, gêneros, nacionalidades, tradições culturais etc., a via da afirmação da diferença comporta agora, mais do que nunca, o risco de o feitiço virar contra o feiticeiro. E, na medida em que tais relações, assimétricas que de fato são, se tornam conflitivas, há sempre a máxima probabilidade de partir-se a corda do lado mais fraco. Quem pode garantir que, em meio a essa pós-moderna celebração das diferenças, as pulsões de rejeição e de agressão não venham a se sentir autorizadas a aflorar, crispadas de vontade de exclusão e profilaxia?

Enquanto escrevia este ensaio sobre ciladas da diferença, pensando sempre na recorrente vulnerabilidade do lado mais fraco, várias vezes me lembrei de uma observação de Leszek Kolakowski a propósito dos *Black Muslims* [muçulmanos negros] escrita nos idos de 1972, em plenos anos dourados da *New Left*: "Se se definissem como racistas as opiniões que proclamam a superioridade de certas raças sobre as outras e reclamam privilégios especiais para as raças superiores em detrimento das raças inferiores, o valor de uma proibição legal de tais ideias seria derrisório, pois é raro que as formas de racismo realmente importantes nas sociedades que conhecem conflitos raciais sejam formuladas desta maneira. Nos Estados Unidos, a primeira e a menos contestável vítima de uma lei como esta seria o movimento dos *Black Muslims*" (Kolakowski, 1972: 125).

DIFERENÇA, DIREITA, COERÊNCIA

Quem leu o famoso estudo de Karl Mannheim sobre "O pensamento conservador" — e todo cientista social deve tê-lo feito um dia, mais cedo ou mais tarde — lembra-se facilmente da sofisticação com que o autor observa e descreve a morfologia desse "estilo de pensamento", que é também, diz ele, um "modo de vida", modo de viver e pensar e falar característico do "moderno mundo social e intelectual", sendo embora antimoderno em sua "intenção básica" (*Grundintention*). E há de se lembrar, também sem dificuldade, da ênfase posta numa das características mais essenciais (*sic*) desse modo de vida e pensamento, qual seja: "a forma como ele se apega ao imediato, ao real, ao *concreto*" (Mannheim, 1981: 111, grifo original).

No uso que os conservadores clássicos dele faziam, ao termo *concreto* ficavam conferidas, com sinal positivo, conotações políticas e implicações cognitivas contrarrevolucionárias, anti-iluministas, antijacobinas, uma vez que de bom senso e baseado na experiência, estando o pensamento revolucionário dos *philosophes* desqualificado como *abstrato*. Nesse universo semântico politicamente marcado e discursivamente demarcado pela atribuição de um novo e particular significado ao significante "conservador", também a palavra "concreto" incorporava um novo significado: "conhecer e pensar 'concretamente' doravante passava a significar o desejo de restringir o alcance da própria atividade às redondezas imediatas onde se está localizado e de abjurar rigidamente tudo aquilo que possa cheirar a especulação ou hipótese" (*ibid.*: 111-2). Brilhante a sucinta definição de Mannheim: *concreto* = *enraizado*. E estar enraizado é uma coisa boa, segundo os conservadores. A modernidade desenraíza, a razão desenraíza, a vida intelectual desenraíza, a igualdade desenraíza, a abstração é desenraizamento e desenraizamento, já se sabe, é privação. O pensamento conservador é um dispositivo antiuniversalista de enraizamento dos humanos; portanto, um dispositivo diferencialista.

Mas o leitor bissexto de Mannheim talvez não se lembre, ou quem sabe se lembre com menos presteza, de que o *desenraizado* sociólogo (húngaro? alemão? inglês?) não deixou de levar em conta dois pontos que têm tudo a ver com o *tema da diferença* e que eu tive a chance de "descobrir" empiricamente que são de fato imprescindíveis a um tratamento teórico desta questão nestes nossos tempos pós-modernos: (1) o uso explícito e recorrente, no ensaio de 1919, do nome "direita" para referir-se à *recusa do pensamento abstrato*, o que não deixa de ser uma percepção muito aguçada do que foi a atitude epistemológica inaugural e fundante da "direita" enquanto recusa da modernidade cultural; e (2) a importância que Mannheim confere, na análise dos estilos de pensamento em geral e do pensamento conservador em especial, àquelas configurações nas quais às premissas é permitido seguir sua lógica *jusqu'au bout*. Até às últimas consequências.

"*Nous ne voulons pas la contre-révolution, mais le contraire de la révolution*", escreveu o contrarrevolucionário Joseph de Maistre, fazendo uma frase que ficaria. E se tornaria uma das marcas autorreflexivas do tradicionalismo francês. Mannheim comenta a frase no meio de um argumento seu a respeito da coerência interna assumida pelo pensamento conservador no romantismo alemão: "Assim como o centro de gravidade do idealismo alemão era sua filosofia, a contrarrevolução alemã, ou o 'contrário da revolução' (para usar um termo tradicional francês) se desenvolveu em desafio ao pensamento revolucionário-liberal *nas suas implicações lógicas e filosóficas, de forma mais completa* do que em qualquer outro país. Se a França teve o papel de reconstrutora radical de todos os elementos iluministas e racionalistas da consciência e assim se tornou a portadora reconhecida do *pensamento 'abstrato'*, é também possível dizer que a Alemanha teve um papel complementar na medida em que transformou numa arma o pensamento conservador, orgânico e histórico, dando-lhe ao mesmo tempo *uma consistência interna e uma lógica própria*" (*ibid.*: 84, grifos meus). Mais adiante: "Sob a pressão ideológica da Revolução Francesa desenvolveu-se na Alemanha um contramovimento intelectual que reteve seu caráter puramente intelectual por um longo período e assim foi capaz de *desenvolver suas premissas lógicas da forma mais extensa possível*. Ele foi '*pensado até às suas últimas consequências*'. A contrarrevolução não se originou na Alemanha, mas foi na Alemanha que seus lemas foram *pensados da forma mais completa e levados às suas conclusões lógicas*. (...) A Alemanha contribuiu para esse processo de '*pensar (Burke) até às últimas consequências*'. (...) Noutras palavras, a Alemanha atingiu na ideologia do conservadorismo o mesmo que fez a França com o iluminismo — ela *explorou suas conclusões lógicas até às últimas consequências*" (*ibid.*: 87, grifos meus).

Convém ficar atento a isto, à consistência lógica das formações ideológicas.

O longo ensaio mannheimiano é uma insistência só, de ponta a ponta, na tecla da radicalidade lógica de uma forma histórica de pensamento como critério para privilegiá-la como objeto de escolha da interpretação sociológica. É como o esforço de construir um tipo-ideal muito próximo de uma individualidade histórica real, um tipo-ideal "real". Assim é a direita quando se rende ao *fato concreto da diferença*.

Quem pode pensar *até o fim* a ideia da diferença coletiva, senão a direita? Quem é que pode levar até às últimas consequências, *jusqu'au bout*, o pressuposto de que a humanidade não é una, são muitas, diferentes entre si e, porque diferentes, desiguais? A direita. Quem se permite puxar *zum Ende* a lógica disruptiva e às vezes explosiva do enraizamento grupal, local, comunal, comunitário dos indivíduos para sempre pessoas? A direita. Quem é que se compraz, também intectualmente, na fria e em certos lances sombria necessidade lógica de enfrentar racionalmente as conclusões e implicações não ditas, caladas, inibidas, recalcadas, interditas no discurso dos que postulam loquaz e alegremente a irredutibilidade das diferenças culturais, dos que advogam o direito à diferença coletiva? A direita. Quem é que assume sem má consciência que a afirmação de uma diferença é a afirmação de uma diferença de valor e, portanto, de hierarquia entre os diferentes? A direita. Quem, portanto, consegue nadar melhor do que ninguém nas águas da diferença? A direita. Quem tem medo da diferença? Não a direita, ela não. Ela tem medo é dos diferentes.

Foi o que neste ensaio quisemos demonstrar.

2.
AS BASES SOCIAIS DA DIREITA: SEUS MEDOS, SEU DEDO

Seu tique mais evidente é sentirem-se ameaçados pelos outros. Pelos delinquentes e criminosos, pelas crianças abandonadas, pelos migrantes mais recentes, em especial os nordestinos (às vezes, dependendo do bairro, por certos imigrados asiáticos também recentes, caso dos coreanos), pelas mulheres liberadas, pelos homossexuais (particularmente os travestis), pela droga, pela indústria da pornografia mas também pela permissividade "geral", pelos jovens, cujo comportamento e estilo de pôr-se não estão suficientemente contidos nas convenções nem são conformes com o seu lugar na hierarquia das idades, pela legião de subproletários e mendigos que, tal como a revolução socialista no imaginário de tempos idos, enfrenta-se a eles em cada esquina da metrópole, e assim vai. Eles têm medo. Abandonados e desorientados em meio a uma crise complexa, geral, persistente, que além de econômica e política é cultural, eles se crispam sobre o que resta de sua identidade moral em perdição, e tudo se passa como se tivessem decidido jogar todos os trunfos na autodefesa. "Legítima defesa" poderia muito bem ser um termo-chave do seu vocabulário. A autodefesa, que é *prima facie* a proteção de suas vidas, de suas casas e bens, da vida e da honra de seus filhos (suas filhas!), sua família, é também a defesa dos *seus* valores enquanto defesa de si diante da inversão dos valores em curso. (Mas isto é ser de direita?)

Eles não apenas votam nas candidaturas de direita nas eleições realizadas no município de São Paulo; eles costumam trabalhar por essas candidaturas. São *ativistas* da direita. Não necessariamente militantes partidários, mas ativistas voluntários em favor de candidaturas como as de Jânio Quadros e de Paulo Maluf.[3] Não se trata de simples eleitores, nem chegam a ser militantes partidários propriamente ditos. O nome ativistas sazonais, ou ativistas de campanha, denota com mais precisão o grau de envolvimento político-eleitoral dos entrevistados, assim como seu baixo nível de informação política e de estruturação ideológica. (Mas que direita é esta, cabe perguntar, uma vez que as direitas são várias e diferentes entre si?)

O medo e a agressividade em relação aos *outgroup*, como se sabe, não têm nada de novo como ingredientes de síndromes de extrema direita. Não têm nada de novo, é verdade, mas por outro lado conseguem orientar com segurança o diagnóstico do pesquisador quando aponta na direção da extremidade direita do leque político: estamos às voltas com indivíduos arregimentáveis para causas anti-igualitárias radicais e soluções autoritárias de direita. Estranhamente, porém, são favoráveis às greves dos trabalhadores e ao direito de greve, embora não façam greve e tenham cisma de que as greves degenerem em bagunça. Defendem a reforma agrária e, deste modo, estão bem longe da bancada ruralista no Congresso Nacional; reprovam, claro, as invasões de terras e a ousadia do MST. Querem gastos públicos com a mesma veemência com que exigem as penas mais severas para o crime. Segurança policial e seguridade social são consideradas direitos urgentes de todos os cidadãos decentes e homens de bem: querem mais efetivos policiais, mais equipamentos e mais modernos, para o combate ao crime, maiores salários para os policiais; querem sempre e sobretudo a ROTA, emblema das decisões de polícia tornadas decisões de justiça.

Mas querem, também, serviços públicos de saúde, mais escolas, creches, orfanatos, reformatórios, internatos, às vezes

---

[3] O critério essencial para o cidadão ser entrevistado nesta pesquisa era que fosse ativamente janista ou malufista, se malufista e janista, tanto melhor. Foram ao todo 150 entrevistas gravadas, com a duração média de uma hora cada.

campos de concentração com trabalhos forçados, transporte coletivo estatizado, seguro desemprego e aposentadoria condigna, tudo isto e muito mais eles querem do Estado. A cantilena neoliberal anti-*welfare* compõe o ideário de uma outra direita, não é com eles.

Do comunismo como fantasma assustador, velho pânico das direitas de um modo geral, do sobressalto ante a revolução socialista ali ao dobrar da esquina, nem sombra. Anticomunismo, quando há, é dos chefes, não das bases, assim como o pouco que se encontrou de neoliberalismo econômico provou-se minguante quanto mais longe das cúpulas das máquinas eleitorais ou partidárias se achava o entrevistado. De um lado, pois, o comunismo como um bicho-papão evanescente, que não mais atemoriza; do outro, o *welfare state*, que não convence como fantasma e alvo de ataque: nova direita sem neoliberalismo? O fascínio que o neoliberalismo exerce sobre os representantes e chefes partidários da direita política, por enquanto, não reverbera nos ativistas de base de suas campanhas.

RELIGIOSOS, MAS ANTICLERICAIS

Querer vê-los tendo arrepios, é pronunciar as palavras *direitos humanos*. "O que o senhor ou a senhora acha dos direitos humanos? É uma política com a qual o senhor ou a senhora concorda?" Diante de uma pergunta dessas, eles e elas se inflamam, se abespinham, se enfurecem. É interessante e ao mesmo tempo decepcionante que a associação primeira do sintagma direitos humanos seja com a ideia de "inversão de valores", cuja expressão concreta ainda que imaginária está na acusação de "mordomia para os presos", imediatamente reconhecida como uma proposta (absurda) da igreja católica, do cardeal de São Paulo, de padres e bispos católicos e, num segundo momento, como política que começou no primeiro governo do PMDB no Estado de São Paulo (1983-86).

Por isto, e não porque a igreja católica defenda a reforma agrária, mas porque apregoa direitos humanos para os presos, eles são majoritariamente anticlericais. Anticlericalismo que, por sinal, parece ser um cromossomo novo na determinação deste novo rebento da direita antidemocrática às voltas com o jogo eleitoral. Não são antirreligiosos, entenda-se bem, muito pelo contrário. Acham que ateu não existe, é papo, é exibicionismo, é "aplicação". São bastante religiosos, desses de ir declarando a religião antes de ser perguntados; e a grande maioria é, obrigatoriamente, de católicos, mas católicos que professam, o que não os impede de ser anticlericais explícitos.

O pior de tudo é que houve uma inversão de valores. Quer dizer, o bandido, ele é muito mais importante do que o civil, do que o coitado do cidadão que trabalha. O bandido, hoje em dia, ele é endeusado, é um coitado que está expiando, pagando por alguma coisa que eventualmente não teria cometido, embora seja assassino, seja estuprador, seja o diabo. Então ele precisa tomar o banhozinho de sol, a comida dele não está muito boa?, precisa de uma champanha francesa, precisa de mulher, essas coisas todas, dentro do presídio. Quer dizer, efetivamente ele não está sendo punido. Ele está vivendo às nossas custas. Então, houve assim uma inversão de valores muito grande. Inclusive a palavra de um bandido é muito mais importante que a da polícia. Você verifica que o policial é massacrado quando acontece alguma coisa, entende? Se ele dá um tiro por acaso, ele é massacrado, já o bandido, não, ele é exaltado. Eles fazem exaltação do banditismo. A grande maioria das pessoas hoje em dia nem quer saber de trabalhar, vai roubar. Por quê? Porque sabe que vai ficar impune. É isto. Essa inversão de valores, eu digo que ela foi introduzida pela Igreja (católica). Direitos humanos? Direitos humanos dos bandidos! Isso é uma coisa que é realmente lamentável. Se você tem uma pessoa na sua família, o bandido mata essa pessoa da sua família, então você vê muito isso no jornal, a família do criminoso ela vai ser paparicada, eles vão lá, vão levar víveres, vão levar não sei o quê. Agora, a família daquele que morreu fica a ver navios. Pode?! É um absurdo o que está acontecendo! É uma inversão de valores muito grande! (Geórgia, 40 anos, advogada, residente na Mooca)

O ELOGIO DAS DIFERENÇAS

Os que têm o discurso mais impregnadamente religioso mostram-se menos favoráveis à pena de morte do que os mais secularizados, embora igualmente severos ante os ataques e o desrespeito às normas convencionais. No geral, mostram-se abundantemente preconceituosos, convictos de que as diferenças entre as pessoas são diferenças de fundo, muitas delas incontornáveis.

Iguais?! Quê que há, está me estranhando? Fazer o quê? A vida é assim, azar! Tratar como nosso irmão?! Eu trabalhei quarenta anos, não posso ser irmã de vagabundo. O que é isso, está me confundindo por quê, agora? Porque negro é isso... Todo mundo sabe que há racismo, sempre houve e vai haver até o fim da morte, amém. Negro é negro, branco é branco, azul é azul, vermelho é vermelho. E preto é preto. Não vem que não tem. Essas demagogias é bom é em época de eleição. Isso é demagogia, isso é falsidade, isso é falta de religião católica apostólica romana. (Mariauta, 58 anos, escriturária aposentada, residente na Penha)

O crime que mais os impressiona e abala é o estupro, principalmente violação de crianças; em seguida vem o sequestro, também o de crianças sendo considerado o mais terrível, depois o tráfico de drogas, depois a violação de domicílio, o assassinato premeditado... Querem mais autoridade e menos permissividade, tipo *law and order*. A censura moral de espetáculos, principalmente dos programas de TV, é medida fundamental na salvaguarda dos bons costumes, na preservação da família (patriarcal, *por supuesto*), na defesa dos valores tradicionalistas, enfim, no que estou chamando de autodefesa cultural. Criminalidade e pornografia: obsessões maiores desta nova expressão da direita autoritária no Brasil urbano contemporâneo, com grandes chances, aliás, de se alastrar em sentimentos coletivos mobilizáveis, em ondas irregulares e inconstantes mas frequentes, num vasto processo que é de aculturação modernizante e de resistência a ela, do qual não estão afastados períodos espasmódicos, crispações conjunturais de alto risco para todos, mas de altíssimo risco físico para os mal--afortunados bodes expiatórios, uma vez que a fabricação de bodes expiatórios — o *scapegoating* — constitui o dispositivo imprescindível, indefectível no avanço da direita radical. Não tenho dúvidas de que a presença declarada de atitudes e sentimentos discriminatórios contra os imigrantes pobres do Norte e Nordeste na mentalidade de importantes estratos das classes médias paulistanas é, já em si mesma, em tudo e por tudo, um triunfo cultural *avant la lettre* da direita extrema.

Quando o tradicionalismo e o convencionalismo se mesclam de *heterofobia* e agressividade excludente (de *racismo*, para dizer numa palavra, cf. Memmi, 1982), não há como não ver nesse engendrar de mentalidade aquilo que Antonio Gramsci denominou *fenomeni morbosi*. Noutras palavras, quando, diante das agressões ao mesmo tempo difusas e brutais que sofre seu estoque cultural, diante das ameaças de destruição de seu mundo, eles passam a procurar, nas camadas que lhes estão mais próximas no trabalho ou são seus novos vizinhos no bairro, os bodes expiatórios em cima dos quais despejar ódios e ressentimentos, é legítimo temer pela destrutividade contida nessa ânsia de conservação das convenções e aparências. As cruzadas morais envenenam os próprios valores que buscam defender. É que ao discurso da defesa se alterna seguidamente, e se mistura, o discurso da frustração, da impotência, da ambiguidade proveniente da cumplicidade vital com os mecanismos modernizadores estruturais, diluidores dos velhos valores que se quer preservar. As coisas nesse terreno, nessa região do discurso, ficam muito ambíguas. Sobretudo porque se trata de pessoas de razoável poder aquisitivo, imersas de modo ainda muito calouro, muito celebrativo na "sociedade de consumo", mas também mergulhadas na crise econômica, fascinadas com as promessas de hedonismo que o avanço do capitalismo anuncia via consumo, mas decepcionadas com um Estado que não protege mais contra os azares da conjuntura, o aparente progressismo modernizador dessas camadas por vezes se tinge de anticapitalismo. Do mesmo modo que o moralismo desliza para a oposição ao *status quo*. No caso de São Paulo, o descontentamento de janistas e malufistas com o atual estado de coisas no plano da moralidade privada é, além disso, regressivo: existe, na memória dessa gente, um tempo, uma época de ouro (memória?) em que não havia tanto bandido, tanto drogado, tanto sem teto. E existe, em sua imaginação, a identificação desse tempo com a inexistência de migrados nordestinos.

A rejeição aos "baianos" é função direta da amplitude do medo: cresce na medida e no ritmo do crescimento real (mas sobretudo no do aumento imaginário) da insegurança. A percepção de que São Paulo já saturou, que já não há mais lugar, que os que chegam só fazem aumentar as hostes do desemprego e da miséria, e portanto as taxas da delinquência, suscita um tipo de insatisfação neorregionalista que se expressa de várias maneiras, inclusive no protesto contra a ausência de uma política migratória em nível federal, o que só tem feito prejudicar São Paulo. A direita popular paulistana clama por uma nova política migratória:

O Jânio não está tirando as malocas? É assim mesmo. Tira, ele é o dono da casa, manda embora, não presta! Pra que maloca? Volta para a tua terra, porque lá você tem um governo que pode construir casa, não constrói porque não quer. Eu já te falei e vou repetir: eles têm fome, eles vêm aqui, coitados, crentes que vão comer, chega aqui não comem, eles têm que matar e roubar. Visto isto, se eu fosse o governo federal eu ia chamar o governo de Alagoas, "seu-fulano, é o seguinte: lá em São Paulo tem muito alagoano". Chamar o sicrano, vamos supor, do Ceará e: "seu Pinto, lá tem muito cearense, toma conta porque senão nós te tiramos as verbas". Ou estou errada? Sabe, se o dono da porcada não faz, quem vai fazer? Volta para tua terra e vai trabalhar! Você roubou? Roubou porque tinha fome? Vai trabalhar lá na tua terra, vai criar galinha, pinto e porco. Vai prá lá! Já reparou que bandido paulista é muito difícil? Paulista não tem tempo de roubar, paulista quer trabalhar. Você não vê um homem caído no chão que seja paulista, você não vê um paulista metido em confusão. É que a gente não pode falar porque senão vão pensar que a gente é subversiva. (Maria Augusta, 44 anos, dona de instituto de beleza, residente no Belenzinho)

A certeza de que, se São Paulo está se deteriorando, é por causa da imigração incontida dos estados de Norte e Nordeste foi expressa com os requintes da pseudoevidência por um comerciante do Tatuapé: "85% dos presos da Casa de Detenção são nordestinos, 85% das prostitutas são nordestinas, 85% dos travestis são nordestinos", assegurou seu Afrânio, 58 anos, citando a fonte: o delegado Richetti ter-lhe-ia certa vez revelado esses números. "E quem melhor que o delegado Richetti para saber essas coisas?"

Trata-se de um verdadeiro delírio estatístico, como se vê. Mas ele traduz bem o clima cultural predominante nessas camadas urbanas. Por mais que se contrargumente, mostrando-lhes que os números não batem, que se trata de um óbvio exagero, não os convence. É ir contra a famosa "solidez das crenças populares" de que Marx falou uma vez. Nos contextos discursivos sobre criminalidade e violência, que é quando de preferência vem à tona, a heterofobia antinordestina opera tanto no momento da indicação das causas da insegurança (onde a argumentação mais refinada e mais *aggiornata* que encontramos nas entrevistas obedecia aos seguintes passos: imigração = desemprego = miséria = delinquência = insegurança), quanto no momento de prescrição das penas. Não foi um nem dois. Muitos dos janistas e malufistas entrevistados sugeriram como pena a repatriação, isto é, o cumprimento das penas de reclusão no estado de origem do condenado.

> *Eu acho que os estados deveriam ter sua própria lei, porque o que serve para São Paulo não serve para Sergipe, o que serve para Sergipe não serve para São Paulo, então eu acho que os estados deveriam ser independentes na parte da lei criminal. Cada estado tivesse a própria lei. Se cada estado fizesse sua própria Constituição, aí sim. Se muita gente de fora, de outros estados, não estivessem em São Paulo, por exemplo, se você pegar o presídio de São Paulo você vai ver, é o mínimo de paulistas presos. Você pega, vai no presídio, você levanta a descendência (sic) dos presos, você vê que a maior parte, a maior incidência é de nordestino. Gente de fora de São Paulo. Paulista é que não vai ser. Então, teria que ter uma lei para São Paulo independente das outras. Se tivesse uma lei de São Paulo, sei lá, vamos dizer que dentro dessa lei tivesse a pena de morte, banir do estado, deportar, por exemplo, "eu sou pernambucano, matei e estou aqui, então eu vou responder a minha pena lá no meu estado". Então desafogaria São Paulo. Eu não sou contra o resto do Brasil, não é isso não. A questão é a seguinte: vamos supor que eu fiz aqui, matei aqui, fiz um crime aqui, por que que eu vou pagar aqui se minha terra é lá no Pernambuco, é lá nas Alagoas, é lá na Bahia? Então que eu vá pra lá.* (Edécio, 41 anos, comerciante, Alto da Mooca)

Uma receita jurídica que, apoiada no diagnóstico anterior, delirante como se viu, vem inflada do mito regressivo e reacionário de que, fechando as portas e repatriando os bandidos, São Paulo será, afinal, uma cidade livre do pesadelo da insegurança.

OS DISCURSOS DA INSEGURANÇA

A escalada reacionária na mentalidade popular (e aqui a palavra reacionária tem todo o seu peso) tem razões autoevidentes no plano do vivido e do imaginário que não se desmontam facilmente. O sentimento generalizado de insegurança, que é autofágico, vem produzindo em certas camadas sociais o surgimento de discursos sobre os males do mundo que, por um lado, brotam de uma lógica protofascista e, por outro, se dizem baseados nos fatos. São os fatos, experimentados ou *narrados*, que dizem que a insegurança aumenta, é crescente, não para de se concretizar em mais um fato a cada momento. A experiência da violência criminal é inseparável da experiência da narrativa dos fatos de violência. Há uma espécie de jogo entre discursos e práticas, entre os fatos e suas narrativas sucessivas, no qual um lado confirma o outro, generalizando o medo para todos os pontos da cidade e todos os lugares do social. Os relatos de experiência da violência urbana têm alta dose de imaginário. Correm de boca em boca como algo por que todos já passaram. Ou vão passar, mais dia menos dia. Ou então há um filho, uma irmã, um colega, a namorada, sempre uma vítima ou testemunha ocular para narrá-la e dizer da sua onipresença.

Ora bem, o sentimento de insegurança diante do crime, do risco da agressão ou da intrusão, diante da multiplicidade de fontes eventuais de ameaça e de perigo, engendra discursos cognitivos explicativos, vinculando insegurança (nossa) e imigração = intrusão (deles), mas também produz discursos de indignação moral contra a decadência dos costumes. Em ambas as ordens de discurso — e isto é impressionante — a base é sempre o preconceito social. Se isto nada tem de novo como elemento definidor da direita, quer da autoritária quer da aristocrática, não deixa contudo de ser lastimável que na São Paulo dos anos 80 passe a aflorar este mal-estar racista, como fenômeno tão generalizável quanto o mal-estar "securitário". A agressividade contra os mais fracos, que no discurso dos entrevistados tem um outro momento de articulação sob a forma de apoios e aplausos ao modo corajoso e implacável como o prefeito Jânio Quadros pôs em prática sua política de desfavelamento, cria, além da discriminação de fato, um clima diversionista de mobilização do debate político em torno de falsos problemas. Ora, tudo isto só faz aumentar na sociedade brasileira o déficit de politização, as deficiências do jogo político e o desencanto com as soluções esclarecidas.

Os riscos que a manipulação de fantasmas comporta para o sistema imunológico da democracia política são sabidos, mas não menos deletério é seu influxo dissociativo na dimensão horizontal da sociabilidade das classes subalternas. Escusado dizer que o chauvinismo antinordestino não é a única manifestação de racismo da parte dos apoiadores das candidaturas de direita. O preconceito contra os negros é acentuado, como era de esperar. Muito mais à flor da pele, contudo, entregando-se espontânea e fartamente ao entrevistador, é o preconceito contra os mulatos, descritos recorrentemente (e previsivelmente) como degenerescências resultantes de uma mistura de raças particularmente infeliz.

> *Eu acho que quando tem a miscigenação, o mulato é que atrapalha, o mulato. Lógico que não é generalizado o que estou falando. Conheço muito mulato que deu certo na vida, mas geralmente são os mulatos que são bandidos, que não gostam de trabalhar, pois o negro em si ele é mais honesto, ele tem a vida dele mais sossegada, ele gosta mais de trabalhar. A coisa está mas é na mistura de raças, porque tem todo aquele negócio de miscigenação: então, é preto que se miscigenou com nordestino/nordestina, e começaram a sair esses mulatos. Geral, é disso que aumenta a criminalidade. (Zélia, 24 anos, dentista, Alto da Mooca)*

Degenerescência física e moral de um grupo étnico, degenerescência moral e social de um povo. Isto no Brasil não é novo como preconceito excludente lançado contra as classes trabalhadoras. É novo, sim, primeiro naquilo que incorpora de experiências e dados históricos recentes definitivos, tal como a magnitude numérica das migrações internas das últimas décadas; é novo, em segundo lugar, pela atmosfera claustrofóbica de massa em que se insere ("aqui não há mais espaço!"), conferindo um novo patamar de plausibilidade às práticas (e às demandas) de discriminação. O sentimento generalizado de insegurança que toma conta da população das metrópoles brasileiras não pode ser desvinculado dessa experiência epidérmica da massa e, consequentemente, da experiência da saturação dos espaços urbanos todos. Até o metrô de São Paulo há anos atingiu o nível de saturação a partir do qual se precipita a decadência do equipamento. Desse modo, a mudança social e o crescimento econômico passam a ser experimentados como degradação e decomposição, tornando ambíguas as coisas e ambivalentes os discursos sobre as coisas tal como estão se passando, em nível nacional, regional, municipal e de bairro.

Vale chamar a atenção mais uma vez para um traço surpreendente desta síndrome paulistana de direita em nível popular: *a ausência de anticomunismo*. As perguntas sobre comunismo ficavam entre as últimas do roteiro. Todos os entrevistados demonstraram saber do que se tratava, não importa o quão estereotipadamente. O grau de informação entretanto mostrou-se variável, obviamente, em função da renda e da escolaridade ou do nível de organização. Independentemente porém do grau de informação, para todos eles sem exceção é como se o comunismo fosse um cachorro morto. Nem sequer dá sustos. O que, convenhamos, lhes poupa agressividade, que acaba canalizada para adversários "muito mais perigosos" na vida cotidiana. Ora bem, tal ausência de anticomunismo num rebento da direita em nível de base dá o que pensar. Estamos diante de uma formação nova de direita, digamos assim, cromossomaticamente despreocupada com o comunismo? De um lado, o socialismo parece tão ausente da cultura política do povo brasileiro (cf. Oliveira, 1986), que nem mesmo as bases eleitorais de seus adversários mais raivosos sequer dão atenção às assombrações historicamente manipuladas por seus líderes. Se nos últimos anos de sua atividade política em São Paulo Jânio Quadros já gostava de carregar nas tintas ao prestidigitar o fantasma da delinquência juntamente com o do comunismo a fim de arregimentar o velho apoio popular, a primeira campanha malufista ao governo do Estado chegou às raias da hidrofobia, insuflada diariamente em tempos não eleitorais pela direita radiofônica. Contra os bandidos e contra os comunistas. Entre os nossos entrevistados, entretanto, raríssimos, muito raros mesmo aqueles que veem no comunismo um perigo para si ou para o país. É um dado tanto mais espantoso quando se leva em conta que não se trata de meros eleitores, mas de indivíduos politicamente empenhados numa campanha eleitoral. O fluxo ideológico entre lideranças e bases parece interrompido, não passa. Há desinteresse. Há falta.

E a falta de uma referência politicamente tensionada ao adversário de classe, de que é emblema o nome comunismo, facilita enormemente a contaminação (desastrosa sob todos os aspectos) do julgamento político pelos juízos moralizantes. Que predominam.

BANDEIRAS QUE SE DESLOCAM

A dúplice deriva ideológica — racista e moralista — é evidente, é imediata já no nível da retórica, onde a busca dos bodes expiatórios se dá exasperada: uma retórica que se compraz em afirmar a obviedade (*sic*) das diferenças. Em aceitar e relançar a naturalidade das *diferenças*. "Negro é negro, branco é branco, azul é azul, vermelho é vermelho, não vem que não tem", foi o que nos disse dona Mariauta. E, pelo jeito, a primeira evidência da diferença entre os seres humanos já está em seu primeiro tema de ataque: a contribuição dos nordestinos, dos mulatos e dos negros para a escalada da criminalidade. Todos (e aqui sim pode-se encontrar um momento de unanimidade neste imaginário) todos invocam a forte proporção de indivíduos dessas categorias nas taxas crescentes de criminalidade. A autodefesa tem, pois, um outro lado, o qual também não deixa de se explicitar: *a defesa das diferenças*.

Ora, a defesa das diferenças não é, hoje, o último grito de algumas esquerdas, esquerdas intelectuais sobretudo? Ou não seria um velho valor de direita, este sim um valor que desde o início definiu o que é ser de direita, delimitando o campo genérico da direita por contraposição ao campo da esquerda, por sua vez porta-estandarte da noção de igualitarismo, de todos os igualitarismos? Já há algum tempo o ideal igualitário vem sendo declarado por diversas esquerdas, enfaticamente pela nova esquerda, sem validade para a esfera cultural. E a nova causa, a defesa das legítimas diferenças culturais, ironicamente borra as diferenças entre esquerda e direita.

Uma pesquisa que se pretende uma tentativa de decifração da direita hoje defronta-se desde o início com esta dificuldade, a saber, a transferência de temáticas. A contestação do progresso ou pelo menos a desconfiança em relação ao progresso é cada vez mais um indicador muito rombudo para distinguir entre esquerda e direita. Os malufistas entrevistados não são nada conservadores no plano econômico: sua crença no progresso e no futuro está na razão direta de seu entusiasmo com um líder, acima de tudo e mais que todos, realizador. Maluf faz. Não são passadistas, neste aspecto. Mesmo entre os janistas pôde-se ouvir muitos deles referindo-se ao seu líder político como um homem que enxergava na frente. A defesa do passado fica assim restrita (como se isto fosse possível) à defesa da instituição familiar em sua armação sexista-patriarcal e dos valores morais convencionais junto com uma insistente demanda de *law and order*. Não surpreende, portanto, que se sintam impotentes neste *front*, impotentes que são no diagnosticar as causas disso que experimentam como degenerescência e decadência. Daí os efeitos de hipérbole em sua retórica (absolutamente delirante nalguns momentos, torno a insistir). Enquanto isto, algumas esquerdas deslocam para o seu campo semântico o retorno à natureza, o respeito aos modos de vida, a valorização das especificidades de gênero, o regionalismo, a busca das "raízes", as pertenças primordiais, enfim, uma série de temas que sempre fizeram parte do campo ideológico das direitas.

Falando nisto: são nacionalistas os nossos entrevistados? Eu diria que eles até que se predispõem positivamente a esse tipo de entusiasmos coletivos que só o nacionalismo e a religião conseguem motivar e suscitar. Mas não chegam lá. A defesa dos valores tradicionais não se prolonga num mergulho na *nação*. O Brasil aparece a muitos deles como um péssimo parceiro nos negócios, um mau pagador, um caloteiro. "Como se orgulhar disto? Está entendendo o que eu quero dizer?", dizia-me ansioso um jovem malufista dos anos 80, frustrado por não ter algo que amar profundamente. Além do mais, qualquer veleidade nacionalista no discurso deles tem seu percurso atravessado, e não raro impedido, pelo chauvinismo regionalista. Vale dizer, o sentimento nacionalista neste contexto está claramente sobredeterminado pela deterioração das relações entre brasileiros de diferentes regiões. Isto sem falar da dificuldade particular dos malufistas, esse problema não resolvido, reconhecido espontaneamente por muitas das lideranças de base, de terem um líder "com sotaque estrangeiro". A ponto de uma dessas lideranças de base chegar a dizer que "a maior dificuldade para o Dr. Paulo chegar à presidência da República é o fato dele não ser brasileiro" (Miguel, 48 anos, sócio de restaurante, Pari).

DIREITA: UM NOME QUE NÃO SE DIZ

Investigar a direita no Brasil é deparar com um sério problema: não obstante o uso generalizado da dimensão direita/esquerda no linguajar dos estratos politizados da cidadania brasileira, existe aqui uma acentuada assimetria no modo de ambos os lados se autoapresentarem. É que, à esquerda, não lhe incomoda aparecer como tal, antes, lhe agrada; os políticos de direita, por sua vez, têm o reflexo de se esconder como tais. Enquanto a esquerda se exibe como esquerda, sobretudo os da esquerda radical, assumindo com ares às vezes provocativos nome e orientação, os homens de direita que se declaram de direita, que "se assumem", são bem raros. Ficou famoso o caso, quase folclórico, do deputado Amaral Netto, líder do PDS-RJ no Congresso Constituinte, que insistia em representar diante do público o papel da direita-que-se-diz. O presidente da UDR, Ronaldo Caiado, é outro exemplar raro. Quando das discussões da nova Constituição, de vez em quando, nas sessões, aparecia um gato pingado que se confessava "xiita de direita". Mas são casos raríssimos, tal a carga pejorativa e a ressonância desagradável que a designação "direita" passou a ter no país nas últimas décadas: é como se tudo, daquele lado, estivesse marcado de infâmia.

O regime militar foi quem deixou para as direitas esta herança envenenada, esta identidade diabolizada, infamante, envergonhada de si. Se o nome "esquerda" remete imediatamente para os mundos da mudança e da justiça social, da generosidade e do altruísmo, da solidariedade e do igualitarismo, numa palavra, para o lado "do bem", o designativo "direita" alude às paisagens da permanência e do arcaísmo, da conservação do passado e da recusa da mudança, do egoísmo e da injustiça, da manutenção das hierarquias e do compromisso com a desigualdade, ou pura e simplesmente lembra a repressão, a tortura, a guerra suja, a morte.

Às direitas hoje no Brasil repele tanto serem chamadas pelo nome, que até mesmo o questionamento da validade da classificação esquerda-direita passa a figurar como indicador das posições de direita, restituindo assim atualidade à famosa *boutade* do filósofo Alain: "Quando me perguntam se a divisão entre partidos de direita e de esquerda, homens de direita e homens de esquerda, tem ainda um sentido, a primeira ideia que me vem é que o homem que põe esta questão certamente não é um homem de esquerda".

A direita não diz seu nome. Paulo Maluf, ao oficializar no dia 21 de julho de 1986 sua candidatura a governador de São

Paulo pela coligação dos partidos de direita, saiu-se com esta joia: "porque temos os pés no chão e a cabeça no lugar, nossa posição é de centro, um centro equilibrado e moderno" (*Folha de S. Paulo*, 21/7/1986). Por ocasião da Constituinte, a *Folha de S. Paulo* deu uma matéria sobre a adequação do modo de classificar políticos e forças políticas através do gradiente Esquerda/Centro-esquerda/Centro/Centro-direita/Direita, procedimento adotado pelo jornal para identificar politicamente as forças representadas no Congresso Constituinte. A reportagem de 28 de junho de 1986 enfileirava dez breves considerações de personalidades da cena brasileira, oito deles políticos profissionais, um membro do alto clero católico e outro da academia. Mesmo exíguas, essas pinçadas jornalísticas permitiam ver como traço identificador dos homens de direita a recusa em reconhecer qualquer validade ao eixo esquerda-direita. Dentre os entrevistados pelo jornal, aqueles que o próprio jornal classificou como de esquerda ou centro-esquerda aceitavam com naturalidade essa forma de classificação política, fazendo-lhe embora reparos e apontando-lhe insuficiências, mas sempre aceitando-a como bom indicador de tendências e direções. Quem aceitava? Os entrevistados Francisco Weffort, Florestan Fernandes, Fernando Henrique Cardoso, José Serra. Rejeitavam-na: Delfim Netto, Guilherme Afif Domingos, Roberto Campos. Para este, "as expressões direita e esquerda, conforme já dizia Ortega y Gasset, são uma forma de hemiplegia mental. O que para mim existe são os partidários da economia de mercado e os partidários da economia controlada. No plano político, os partidários da economia de mercado são os verdadeiros liberais e os partidários da economia controlada são os falsos liberais, porque não se dão conta de que a liberdade econômica é uma condição necessária, ainda que não suficiente, da liberdade política. Eu sou liberal, privatista e partidário da economia de mercado. Para mim, a diferença é entre os liberais e os xiitas" (*Folha de S. Paulo*, 28/6/1987). As declarações de Delfim Netto e Afif Domingos, por caminhos diferentes, armavam-se no sentido de negar ao gradiente qualquer validade cognitiva ou capacidade discriminante. São homens reconhecidamente de direita, de partidos de direita. Mas a rejeição mais inflamada da classificação esquerda-direita veio deste representante ilustre da direita clerical, a quem qualquer cidadão brasileiro minimamente informado classificaria sem mais como um homem da direita conservadora, o eminentíssimo cardeal do Rio de Janeiro. Assim respondeu dom Eugênio Sales:

> *Trata-se de uma rotulação preconceituosa, que reflete mais a mentalidade de quem escreve. Sou, frequentemente, vítima de rótulos que, se não forem cuidadosamente postos, ofendem a verdade e criam no próprio leitor uma imagem diversa da realidade.* (Folha de S. Paulo, 28/6/1987)

Eis aí uma resposta tipicamente de direita: ofendida com o próprio nome, vítima da infâmia das próprias posições. Esta vergonha de si, esta má consciência da direita, só faz dificultar os trabalhos de decifração e análise ao fazer deslizar a informação.

Leôncio Martins Rodrigues, em importante pesquisa sobre a distribuição das forças políticas na Câmara Federal, constatou que a direita que se esconde mesmo é, em sua classificação, a direita radical (Rodrigues, 1987: 97-9). Poucos deputados se autoidentificaram como ocupando posições extremadas, mas o dado mais interessante do ponto de vista de nosso argumento é que *nenhum* deputado se declarou de extrema direita, e apenas 6% disseram-se de direita moderada ou centro-direita. Padrão semelhante havia sido observado através de uma outra pesquisa da *Folha de S. Paulo* (de 22/3/1987), na qual, tal como na de Leôncio Martins Rodrigues, pedia-se aos constituintes que se autodefinissem politicamente por referência a um gradiente de sete níveis: ninguém se disse de extrema direita, 1% de direita e 5% de centro-direita. "Tal como ocorreu em nossa pesquisa", escreve Leôncio, "quando se trata de se autodefinirem ideologicamente, os parlamentares evitam as posições mais radicais e se situam um pouco mais para a esquerda. No conjunto, a esquerda ('extrema-esquerda', 'esquerda' mais 'centro-esquerda') tem mais da metade da Constituinte, enquanto a direita ('extrema-direita', 'direita' e 'centro-direita') praticamente desaparece, tal como evidenciamos em nossa pesquisa. A julgar pela autodefinição política dos deputados o Brasil seria um país sem direita" (Rodrigues, 1987, *ibid.*). No Brasil da transição democrática, para os políticos que dependem da aprovação das urnas, à luz dos cálculos racionais de custos e benefícios para a própria imagem, certamente não é muito aconselhável confessar-se de direita. Pior ainda de extrema-direita.

Não se trata, no espaço deste ensaio, de discutir mais a fundo o bem fundado destas atribuições de valor que já se tornaram para a direita, especialmente para a direita radical, uma evidente carga negativa em sua imagem de marca. Neste caso, o registro do fato já é um diagnóstico. Quem não se lembra, na campanha de Jânio Quadros em 1985, do curiosíssimo (e comentadíssimo) fenômeno político do "voto envergonhado"? E, em 1986, não foi o candidato da direita política, Paulo Maluf, quem nas semanas finais da campanha passaria a conclamar enfaticamente a seus eleitores que não tivessem vergonha de declarar-se malufistas às pesquisas de intenção de voto? A ocorrência do eleitor *direitista envergonhado* nas primeiras eleições da Nova República é um dado importante: mostra que a vergonha de si não se restringe às elites da direita radical, mas afeta até mesmo suas bases de voto, e que portanto o voto na direita truculenta pode significar, no fundo do "inconsciente coletivo" das camadas populares, um ato de transgressão impublicável. Daí a frequência com que se encontra, de cima abaixo das hostes da direita, o recurso à dissimulação. Além de astúcia, é vergonha.

A DIREITA MÚLTIPLA

Os exemplos dados de transferência de temas, de troca de bandeiras entre direita e esquerda dependendo da época e do contexto, além da compulsão de despistar, fazem ver que a pesquisa sobre as expressões e formações atuais da direita no Brasil urbano é mais complicada do que parece à primeira vista. Além da escorregadia dança de temas, além da perplexidade diante de certas ausências temáticas insuspeitadas (como é o caso do anticomunismo, surpreendentemente ralo e evanescente nas bases janistas e malufistas já nos anos 80), o pesquisador tem que estar o tempo todo atento ainda a dois aspectos do problema: primeiro, ao fato de que as posições direita-esquerda são posições relativas e que, portanto, a direita se define por oposição ou em relação à esquerda e vice-versa; segundo, ao fato de se tratar de posições dispostas num eixo bipolar, que ordena e gradua as posições como num leque ou hemiciclo, e, por conseguinte, as posições de direita admitem variações em função desta disposição em graus. Aqui porém é preciso cautela a fim de não terminar reduzindo a pluralidade das direitas à sua distribuição espacial no lado direito do *continuum* ordenado sob a forma de um gradiente, e que portanto as várias direitas se disporiam como uma sequência de tonalidades, indo da extrema direita ao centro-direita. Isto é correto, mas não basta. Em seu volumoso livro, constantemente reeditado em versões atualizadas, o ilustre historiador René Rémond mostra que direita e esquerda, além de serem marcos dispostos contiguamente num espaço graduado, onde as várias posições de direita e esquerda se constituem mediante permanente referência mútua às próprias posições no eixo, são também universos multidimensionais, nos quais as clivagens e as fronteiras não se demarcam apenas na sucessividade das posições possíveis no gradiente (Rémond, 1982). Ademais, cada posição relativa no eixo pode desdobrar-se e subdividir-se. Assim sendo, é plural mesmo aquela direita que comumente se tem chamado de direita radical ou extrema direita, alvo principal, embora latente, de toda pesquisa sociológica que depois do Holocausto se faz sobre a(s) direita(s).

Diante da pluralidade das direitas (e das extremas direitas) e da diversidade de formatos das formações ideológicas de direita, surgidas ademais em épocas e situações históricas distintas, o esforço de decifração do universo mental das bases da direita exige cuidados redobrados, redobrada sutileza. Além de alas, correntes, tendências, grupelhos, igrejas e capelas, não necessariamente comensuráveis entre si, deve o investigador recorrer à metáfora biológica das famílias e linhagens para poder descrever misturas e combinações genéticas, seguir as genealogias. Deve lançar mão também de metáforas geológicas para poder dar conta da sucessão temporal das camadas, de seus eventuais deslizamentos e cambiantes superposições. O inventário, pois, dos diferentes elementos ideológicos e políticos que convergem na formação do apoio eleitoral da direita política torna-se, deste modo, um verdadeiro jogo de paciência. E mesmo a metáfora geológica de camadas que se depositam e se empilham no decorrer do tempo não esgota todas as sugestões contidas na ideia de superposições. O modo de funcionamento deste universo político-ideológico em sua pluralidade interna é mais complicado do que normalmente se supõe, mais nebuloso. A dinâmica interna do universo ideológico vasculhado nesta pesquisa parece não se deixar capturar por metáforas de adição e nitidez.

Porque se trata disso mesmo, de contornos diluídos, de fronteiras indefinidas, limites incertos. As diferentes posições ou alinhamentos que encontramos nesta zona cultural de expansão da direita extrema não são peças de um quebra-cabeça que pudessem ir-se encaixando como subconjuntos independentes, formando um todo harmonioso e confinado. Elas se interpenetram, reagem uma sobre a outra, se misturam às vezes, se fagocitam sempre, aqui se enriquecem, ali se anulam, aqui aparecem e ali se escondem, feito massas estelares, distintas, mas nem por isso menos nebulosas. Pelo tipo de material empírico que levantamos (entrevistas semidiretivas), é possível acompanhar a formação dessas constelações e ir tentando decifrar quem é quem, a que família pertence, através dos campos semânticos que se estruturam em torno de algumas ideias-chave.

Algumas linhas de distinção podem aparecer com maior insistência, indicando em que direção se processam tendencialmente as clivagens por campos semânticos. Esse procedimento pode dar, além disso, boas indicações sobre a importância ou o tamanho das "famílias", isto é, sobre a extensão da audiência das várias linhagens da direita (identificadas mediante a presença/ausência e a frequência de certos campos semânticos) entre os ativistas de base com os quais a direita política tem podido contar, na cidade de São Paulo, nas campanhas eleitorais.

Primeiro de tudo, o que se observa é que, para além do tipo modal apresentado inicialmente, construído a partir das tendências ideológicas majoritárias entre os entrevistados, há diferenças importantes entre as constelações, que por sua vez têm importâncias diferentes na conformação do universo mais geral. Há clericais e anticlericais, como já se disse, embora seja a forte presença de católicos anticlericais o que mais chama a atenção nesta clivagem. Há conservadores e há modernizadores. Há repressivos em moral e em política, mas há em muito maior escala os que são repressivos em moral porém liberais em política. Permissivos em moral sexual não foram encontrados, diga-se desde logo. Há quem goste dos partidos e há quem queira a abolição dos partidos e da vida partidária. Há estatistas e liberais e, entre os estatistas, há os nacionalistas e os internacionalistas, os bonapartistas, os saudosistas da ditadura militar, os getulistas, os democrata-cristãos, os "welfaristas" etc.

Este dado em particular pode se tornar problemático para as elites neoliberais desta nova direita política que está se estabelecendo a passos largos entre as elites empresariais paulistas: a atual militância das máquinas eleitorais da direita em São Paulo, no modo de conceber o Estado e seu papel na economia e na vida social, é francamente favorável às mais diferentes formas de intervencionismo estatal. Entre os nossos entrevistados, propostas no sentido de fazer recuar o intervencionismo estatal, defesas bem articuladas e convictas da economia de mercado e do "Estado mínimo" apareceram muito poucas vezes, concentrando-se entre as pessoas com escolaridade superior. O campo semântico mais liberal que encontramos não passa nem perto do que se entende por neoliberalismo. Muitos professam claramente uma filosofia individualista de defesa, mas também de responsabilização do indivíduo, exaltam a capacidade empreendedora mais do que se apegam à liberdade de empresa. É o "espírito de empresa" que põe a sociedade em movimento, segundo eles, o que não significa que estejam se referindo apenas à empresa privada. É que, para eles, governar é sinônimo de administrar os negócios públicos com critérios de gestão e eficiência dados pela empresa privada, apenas isto.

Uma constelação de direita com maior probabilidade de se expandir entre as camadas médias metropolitanas é a que dá prioridade não à empresa, mas à família, não ao indivíduo, mas aos grupos orgânicos, propõe justiça social e políticas sociais e se preocupa em reduzir as desigualdades sociais tendo em vista sempre a defesa da instituição familiar. A importância da família: eis uma certeza generalizada, que aflora sempre que o assunto é a vida em São Paulo, e que acaba colocando a defesa da instituição familiar como prioridade número um de qualquer projeto de sociedade que se lhes afigure minimamente decente. É um campo discursivo que soa muito a catolicismo social: "pessoa humana", "família", "grupos intermediários", "responsabilidade", "sentido da vida", "humanismo"... E tudo leva a crer que se trata de um campo semântico que se casa perfeitamente bem com o campo semântico do moralismo exacerbado. Como a referência imediata da conversa é sempre São Paulo, a metrópole, esta "cidade desumana" desperta reações mistas. Misturadas muitas vezes ao chauvinismo mais implacável, lá estão as demandas por valores cristãos de solidariedade, fraternidade e confiança na pessoa humana. A preocupação com "os valores" humanos e cristãos nesta grande constelação "familista" não está necessariamente crispada pela obsessão com a permissividade, mas é conservadora. Alguns exemplos: "para proteger a família deve-se lutar contra o homossexualismo, sem por isso ter que perseguir os homossexuais"; "não perder de vista a dimensão espiritual da resistência ao mal"... É a família a grande fortaleza que é preciso defender contra todas as agressões. A vasta presença desta linhagem "familista", de forte sotaque católico-conservador, meio democrata-cristão, de direita, mas não radical, revela quão grande ainda é no Brasil urbano o peso cultural do catolicismo como fator de permanência e retroalimentação de um eleitorado de direita.

Esta impregnação católica de uma boa parcela do eleitorado, se por um lado acirra suas oposições e fobias em relação ao aborto, ao divórcio, ao amor livre, ao feminismo, à homossexualidade, e nisto engrossa o caldo da "nova direita", por outro lado favorece a emergência de um discurso menos repressivo acerca da criminalidade. O respeito absoluto à vida — bandeira que continua mobilizando padres e católicos brasileiros, agora com renovado empenho identitário do grupo religioso católico enquanto *diferente* dos evangélicos — parece ter, no universo cultural das bases eleitorais da direita, em São Paulo, efeito não só duplo como ambivalente. Na questão da pena de morte, por exemplo. Neste caso, observa-se claramente um efeito atenuante da agressividade exercido pela adesão internalizada e ao mesmo tempo coletiva a uma ética de fraternidade. Mesmo no bloco da direita radical, nem toda direita é destrutiva da vida humana, nem leva a repressão das transgressões e desvios às últimas consequências. Acontece, porém, que esse discurso moderado, de teor humanitário e além disto cristão, se ao que tudo indica tem sólidas razões para persistir e não sucumbir aos assaltos dos discursos da intolerância, desdobramento dos discursos da insegurança, por outro lado parece ter pouco espaço para se expandir nessas camadas da população metropolitana, uma vez que, aqui, a hegemonia parece ser já dos discursos da insegurança.

Os exemplos bastam como demonstração da presença diferencial de algumas das múltiplas linhagens da direita na formação dos ativistas da direita política em São Paulo já nos anos 80. Algumas delas são pujantes até hoje, dominadoras, triunfantes; outras são resistentes, mas minoritárias; algumas, já bastante debilitadas; há umas tantas que não sobrevivem senão em estado de vestígio. São vestígios. E há algumas novidades. Pelo menos, tentativas de inovação, que ainda não chegaram a se enraizar, mas já estão fortemente presentes (ao menos como fórmulas feitas) em certas entrevistas, sem contudo chegarem a estruturar como novo todo um campo semântico.

MORALISMO PARA ANCORAR

Muito maior e mais rápida acolhida tem tido, para azar dos bodes expiatórios, a outra vertente da nova direita internacional, a moralista. É que sua penetração na massa é enormemente facilitada por sua dupla e vantajosa aliança: com a direita truculenta da mídia policial e com a nova direita evangélica, nova no mundo e nova no Brasil, igualmente midiática (linhagens estas com tendências à radicalização moralista e que também se fazem representar expressivamente no parlamento). Isto sem contar seus antigos vasos comunicantes com a ultradireita, tradicionalista e patriarcal. Haja vigor.

No Brasil urbano hoje, que dirá do Brasil metropolitano, há um acúmulo de tensões de toda ordem, extremamente propício à arregimentação de cruzadas moralistas. Eis por que a nova cara da direita popular no Brasil urbano é o que é: despolitizada. Despolitizada a ponto de não lhe restar como via de ancoragem nas massas senão a demagogia do moralismo. E tanto mais despolitizada por insistir na velha astúcia de não dizer-se, ou por não querer reconhecer que a bandeira da intolerância em moral é, na verdade, o último trunfo que lhe resta para conseguir legitimar-se de voto popular numa sociedade periférica em que o liberalismo econômico não tem audiência de massa, não mobiliza o voto, não é bom de palanque. O que dizer então do neoliberalismo, do mito do "Estado mínimo"! Distante demais das questões existenciais da maioria para mobilizar as energias políticas dos ativistas que conferem capilaridade às suas organizações partidárias e máquinas eleitorais.

Continua um problema complicado para a direita congregar majoritariamente os eleitores. Muito mais complicado ainda mobilizá-los com base apenas em suas propostas econômicas e políticas, pouco motivadoras do bloco de suas bases. Porventura a crispação da retórica rigorista das últimas campanhas da direita política em São Paulo a partir de 1985 não esteve, naquilo que se disse, mostrando a mesma coisa? Para além de suas diferenças genealógicas, as bases populares da direita política tendencialmente radical costuram seu consenso ideológico sob a predominância folgada de dois campos semânticos, estruturados em torno de dois motivos antiliberais: a reação antiliberalizante em moral familiar e a demanda antiliberal de maior intervencionismo do Estado na economia.

Sua imagem de marca, porém, é uma só: o moralismo, que culturalmente se (retro)alimenta das preocupações e fobias generalizadas que produzem os discursos da insegurança, da intolerância e da decadência.

Quanto a este aspecto, vale a pena chamar a atenção para um dado de extrema relevância: se os pontos de vista estatistas em economia encontram alguma oposição em *uns poucos* entrevistados, atraídos pelo brilho recente do neoliberalismo, o intervencionismo da legislação em moralidade sexual e familiar é proposto *por todos sem exceção*. É bom registrar que nem todos os entrevistados invocaram, entre as causas da erosão dos valores, o feminismo. Melhor dizendo: o feminismo enquanto movimento social organizado, só alguns o nomearam explicitamente. Mas ao feminismo enquanto movimento social difuso nas práticas concretas de avanço cultural em emancipação feminina, a frequência das alusões é muito maior.

NOVA DIREITA *VERSUS* NOVA ESQUERDA

Num país como o Brasil, mas principalmente numa cidade como São Paulo, onde o que há de tradição é não apenas desgastado ou desvirtuado, mas destruído num ritmo alucinante que varre comunidades, igrejas, famílias, vizinhanças, paróquias, repropor como base de um projeto de sociedade os valores tradicionais é, no mínimo, prometer que certas identidades culturais podem não desaparecer. Basta não querer. "Basta querer se defender!" O amanhã pode não ser tão incerto, tão improvável. A interpelação moralista não se põe — sintomaticamente — como defesa de interesses materiais econômicos; apela para a defesa de identidades. Nos anos iniciais da redemocratização do Brasil, meados dos anos 80, lutas e mobilizações políticas se faziam, à esquerda e à direita, tematizando obliquamente a questão das identidades culturais. Com efeito, quando se põe no centro do discurso e no foco das mobilizações direitistas temas como aborto e pornografia, ou seja, quando o que se projeta como alvo do exercício da ação política é a conservação de valores morais convencionais, e, por conseguinte, de modos de vida e identidades coletivas relativamente arraigados, cabe mais uma vez a pergunta que indaga do paralelismo entre os novos rebentos ideológicos em ambos os lados do espectro político-ideológico: a "nova" esquerda e a "nova" direita. Ambas embaralhando as cartas, fazendo a partilha de causas preservacionistas, que são, queiramos ou não, conservantistas. A "nova" esquerda conferindo-lhes o charme, a "nova" direita relembrando-nos de seu perigo.

Difusas preocupações com a qualidade moral do modo de vida urbano nas metrópoles criam um campo de ressonância certo para mensagens tradicionalistas, sexistas, moralistas, essencialistas, às vezes fundamentalistas. A expansão de um certo tipo de protestantismo no Brasil urbano vem se dando nesta base já há algumas décadas. Sem muito alarde, porém. Hoje, sob a designação de "evangélicos", eles formam um bloco bem barulhento no Congresso Nacional alinhado na defesa intransigente dos pontos de vista mais reacionários em matéria de moralidade sexual individual e familiar. Não deixa de ser mais uma ironia da História que este país da Contrarreforma tivesse que esperar quinhentos anos para começar a ver, na vida pública da nação, o influxo das igrejas cristãs protestantes. E que viesse a vê-las representadas na vocalidade do parlamento e da mídia por uma *(nova) direita cristã*. Eis aí mais um rebento que faz "nova" a direita entre as bases eleitorais do malufismo em São Paulo: a faixa dos pastores evangélicos, que, costurando por cima acordos de interesses com as cúpulas partidárias, controla o televangelismo, verdadeira malha multimídia. Numa época em que a própria igreja católica assiste internamente ao *boom* de movimentos de estilo pentecostal com a chamada *Renovação Carismática Católica* (*RCC*), numa era de igrejas eletrônicas e extrema direita radiofônica, a direita política acaba recebendo das mais diferentes igrejas evangélicas um aporte nada desprezível de votos e, como se pôde ver nesta pesquisa, de ativistas de campanha.

A nova direita prima por diagnosticar a crise geral do mundo contemporâneo como uma crise primeiramente cultural, uma crise de valores, de maneiras, crise moral. Valores que se corrompem na exata medida em que os estilos de vida vão se afrouxando no embalo indulgente da mídia e do consumo de massa, dos ídolos de massa, do *marketing* e da publicidade, da estetização do corpo, do voyeurismo e do exibicionismo, da droga, da diversidade culinária, enfim, do hedonismo consumista das camadas mais ricas e intelectualizadas da sociedade. Ora, não são justamente as (jovens) elites intelectualizadas, esnobes, as portadoras tagarelas e autolaudatórias de estilos de vida que agridem e irritam justamente a "maioria moral" mobilizável pela direita? Não são esses mesmos indivíduos — profissionais da nova classe média assalariada, em especial os chamados "novos intermediários culturais"[4] (Featherstone, 1995: 69-70) — os respeitáveis rebeldes, incentivadores ativos dos "novos" movimentos sociais e, portanto, das

---

[4] Mike Featherstone deu-se o trabalho de apresentar uma lista dos chamados "novos intermediários culturais", também denominados "novos intelectuais" por Pierre Bourdieu (Bourdieu, 1979), a qual inclui as seguintes ocupações: "profissionais de *marketing*, publicitários, relações públicas, produtores e apresentadores de programas de rádio e televisão, jornalistas, comentaristas de moda e profissionais ligados a atividades de caráter assistencial (assistentes sociais, conselheiros matrimoniais, terapeutas sexuais, especialistas em dietética, *play leaders* etc.)" (Featherstone, 1995: 70).

demandas de liberação dos costumes, de descriminalização do aborto e da maconha, de plena liberdade e realização sexual, de emancipação da mulher e do jovem, de ampliação das áreas de expressão legítima da subjetividade? E não seriam, porventura, os chamados "novos" movimentos sociais exatamente o Outro da "nova" direita, o inimigo principal em relação ao qual ela se recorta, e contra o qual se põe em movimento?

3.
LINGUAGENS AUTORITÁRIAS, VOTO POPULAR: UM EXERCÍCIO DE MÉTODO*

Gostaria de agradecer muitíssimo aos organizadores deste simpósio o convite que me fizeram e a oportunidade que me dão de estar aqui, nesta agradável tarde campineira, para falar de uma das pesquisas de que mais gosto dentre as muitas que fiz, a pesquisa sobre o voto conservador em São Paulo. Iniciada em 1985, tem dado desde o início desdobramentos constantes, alguns dos quais inesperados. Um desses achados inesperados foi a presença nada latente, nada dissimulada, nada reprimida — ao contrário, explícita e bem assumida —, do preconceito antinordestinos entre camadas populares, de classe média baixa, na cidade de São Paulo. O preconceito contra os migrantes vindos do Nordeste, gostemos ou não, constitui um traço da cultura popular paulistana, é um atributo popular. Cheguei a dar uma entrevista às páginas amarelas da revista *Veja* sobre este assunto, em fevereiro de 1988.

O que me parecia mais significativo naquela conjuntura (e mais sintomático, pois estávamos reinaugurando a vida democrática neste país) era a relação direta desta vontade de exclusão do "outro" com o voto para prefeito e, portanto, com a ação política propriamente dita, com uma espécie de ação política imediatamente enredada no dia a dia da vida social num determinado espaço urbano, que é ao mesmo tempo bairro e metrópole. Além do mais, ação política visando a alguma eficácia, alguma solução vinda do poder público para problemas que em nível local envol-

---

* Exposição oral feita no IFCH/Unicamp em novembro de 1993.

vem a convivência entre os *diferentes*. Foi este o assunto que, penso, teria motivado o convite para eu vir aqui, e no qual, repito, acabei entrando meio por acaso, uma vez que essa temática não estava prevista em meu projeto original.

Em 1985 eu ainda era um pesquisador do Cebrap. Um pouco como boa parte dos intelectuais de esquerda naquele contexto, pelo menos dos intelectuais paulistas, nós do Cebrap fomos duramente surpreendidos com o fato, que nos deixou frustrados e a muitos outros deixou perplexos, de não ter sido vitoriosa a candidatura de Fernando Henrique Cardoso para a Prefeitura de São Paulo em 1985. Candidatura pela ala esquerda do PMDB, naquelas circunstâncias muito bem-vinda para grande parcela da opinião pública democrática, acabou sendo derrotada na última hora pelos 37,5% de eleitores paulistanos que escolheram Jânio Quadros prefeito de São Paulo. A eleição ainda era de um turno só. Depois de duas longas décadas sem poder eleger o prefeito da capital e em meio a todo aquele clima de uma Nova República possível, depois da dolorida frustração de não termos tido as "diretas já", terminamos pegos de surpresa mais uma vez, desta feita pela vitória da direita nas urnas de São Paulo. As pesquisas de intenção de voto, é bom lembrar, de vez em quando falham, dão pistas falsas; naquele ano os prognósticos dos melhores institutos de pesquisa eleitoral falharam, e na hora H. Daí a sensação de surpresa. Foi uma derrota de fato inesperada.

Isto nos levou, a mim e ao Prof. Paul Singer, economista, nessa época também pesquisador do Cebrap, a propor a algumas fundações e organismos financiadores uma pesquisa que a gente chamou de "pesquisa pós-eleitoral", pretendendo com esta rubrica deixar claro que, a nosso ver, era muito importante para todos os interessados na democracia algum trabalho científico destinado a entender o que estava se passando com o eleitorado da maior e mais desenvolvida cidade brasileira. Só que, movidos pela curiosidade não apenas científica, mas também política, acabamos desenhando um *survey* muito grande, com um questionário muito extenso a ser aplicado a uma amostra estratificada de mais ou menos 2.000 eleitores. Pretendíamos uma pesquisa bastante pormenorizada nas perguntas feitas ao eleitor. Além do interesse em desvendar os motivos do voto paulistano na direita, queríamos saber também as razões do voto no PT. O Partido dos Trabalhadores disputara então sua segunda eleição e seu candidato à Prefeitura de São Paulo, Eduardo Suplicy, tinha sido votado por nada menos que um quinto do eleitorado, mais de 20%, votação muito superior à de Lula para governador de São Paulo em 1982. De um lado e de outro queríamos saber, afinal, quais as razões do voto: quem votou em quem por quê?

O projeto, assim detalhado e grande, acabou ficando muito caro, não conseguimos financiamento. Mas a ideia ficou martelando em minha cabeça. Se a situação de uma derrota eleitoral na reta final era péssima, quanto mais em se tratando de uma derrota para a direita explícita e carrancuda. O momento era mais do que bom para se insistir numa pesquisa pós-eleitoral. E foi assim que, na falta de maiores verbas, acabei desenhando uma pesquisa qualitativa, absolutamente barata, de estilo artesanal e bastante flexível, que consistia no seguinte: depois de observar os mapas eleitorais do município de São Paulo e aí examinar a distribuição geográfico-espacial do voto, localizar os distritos eleitorais em que se havia concentrado o voto em Jânio Quadros e então selecionar aqueles bairros em que pelo menos um terço do eleitorado havia votado em Jânio. Pelo menos um de cada três eleitores. E saí à cata dos bairros.

Só para vocês terem uma ideia, os distritos de maior votação janista em 1985 estavam situados naqueles bairros da Zona Leste mais próximos do Centro de São Paulo; a saber, o Brás, a Mooca, o Belenzinho, puxando um pouco mais ali para cima, o Pari, caindo um pouco mais para o miolo, o Tatuapé, o Alto da Mooca, Vila Matilde, Vila Formosa e, descendo ali para os lados do ABC, toda aquela grande faixa do subdistrito de Vila Prudente composta por bairros como Vila Zelina, Vila Alpina, Vila Califórnia, Parque São Lucas e a própria Vila Prudente. Eram estes, na Zona Leste, os bairros onde se havia concentrado a votação janista. E, na Zona Norte, além dos famosos bairros historicamente janistas, como a Vila Maria e a Vila Guilherme, subindo para Vila Sabrina e chegando até o Tucuruvi, voltando depois para Santana e entrando naquele pedaço ali mais a Oeste, Casa Verde, até mais ou menos o bairro do Limão, aquele pedaço que se comunica do lado de cá com a Lapa de Baixo, região também de altíssima votação da direita explícita. Ficava assim, nitidamente bem recortada no mapa da cidade de São Paulo, uma grande mancha que vinha do Oeste pela Zona Norte e, sem solução de continuidade, se espalhava por toda a parte mais central da Zona Leste, o Leste mais próximo do Centro. Ora, para quem conhece, isto abrange uma região muito grande do município de São Paulo. Trata-se de bairros históricos da antiga periferia, habitados nos anos da pesquisa, os anos 80, pelas volumosas camadas inferiores dos estratos médios da sociedade paulistana, com forte presença de paulistanos natos, muitos deles descendentes de imigrantes europeus, brancos e "quase brancos".

Então nós fomos a esses lugares e começamos o campo. Fomos fazendo as entrevistas assim, dispostos a captar razões e motivos, inteiramente abertos quanto ao número de entrevistas a fazer. Estavam programadas quarenta, mas no final chegamos a gravar nada menos que cento e cinquenta entrevistas semidiretivas, com a duração média de uma hora. A espichada no total de entrevistas foi necessária, porquanto as atividades de campo a um dado momento começaram a coincidir com a campanha eleitoral de 1986 para o governo do Estado e, assim, a par dos janistas passamos a entrevistar também os malufistas. O deflagrador formal da situação de entrevista foi fixado na seguinte pergunta: "Como é que é viver em São Paulo?". Invariavelmente começávamos por perguntar às pessoas como é viver em São Paulo.

Antes porém de dar início à gravação, aplicávamos um filtro-vestibular, que era o seguinte: "o senhor votou?". Se sim, "em quem votou?". No caso de haver votado em Jânio Quadros, perguntávamos se durante a campanha eleitoral havia procurado convencer outras pessoas a fazerem o mesmo. Para nossa pesquisa não bastava simplesmente o voto. Queríamos entrevistar *ativistas* da campanha janista de 1985 e da campanha malufista de 1986. Para efeitos de operacionalização da pesquisa, definiu-se como patamar mínimo de ativismo o ato trivial de tentar convencer algum outro eleitor de que o voto em Jânio Quadros, ou em Paulo Maluf, era o melhor voto que um morador de São Paulo podia dar naquele momento. Bastava esse mínimo de atividade político-eleitoral voluntária para poder considerar-se aquele indivíduo mais que um eleitor, menos que um militante. Um eleitor decidido e minimamente empenhado na eleição do candidato de sua escolha é um ativista político eventual, e, ainda que em escala molecular, um ativista de campanha. Estávamos querendo entrevistar eleitores ativamente janistas e/ou malufistas, este era o filtro.

Aplicado o filtro do ativismo, dávamos início ao roteiro de entrevista, que começava perguntando "como é que é morar em São Paulo, o que o sr. (a sra.) acha do fato de morar em São Paulo, como é que o sr. (a sra.) se sente vivendo aqui nesta cidade e coisa e tal...", e por aí vinha um pequeno roteiro de perguntas, algumas já prontas, muitas delas desencadeadas pelas próprias respostas do entrevistado, um roteiro bem frouxo, bem aberto, e que por isso mesmo exigia do entrevistador muita familiaridade com os objetivos da pesquisa e muita presença de espírito para acertar o foco sem perder em abertura e flexibilidade.

À medida que os entrevistados foram crescendo em número e o material se acumulando, fui começando a perceber que eu, sem me dar conta de antemão, estava pela primeira vez conversando sobre política com um tipo de gente totalmente desconhecido para mim. Não era a primeira vez que eu fazia uma pesquisa de campo junto a pessoas pouco escolarizadas e menos ainda intelectualizadas. O estranhamento não se devia a isto, portanto. Pelo contrário, há muitos anos vinha sistematicamente fazendo pesquisa nas periferias urbanas deste país, tendo entrevistado junto às chamadas classes populares gente de todo tipo e diversa sorte. Mas foi de repente que me dei conta de estar pesquisando um determinado setor das classes populares até então desconhecido para mim: nessa pesquisa as pessoas entrevistadas eram da chamada classe média baixa, *lower middle class*, ou seja, um setor *sui generis* das classes populares: indivíduos de renda média, mas de escolaridade baixa. Pessoas cuja condição econômica *stricto sensu* ocorre ser superior ao seu nível de instrução, pessoas cujo poder aquisitivo, razoavelmente elevado ou "decente", e cujas boas oportunidades econômicas não apresentam a esperada homologia nem com o seu evidente (des)preparo intelectual, nem muito menos com seu ostensivo (e não raro altivo) desinteresse pela cultura letrada e pela informação mais intelectualizada. "Classe média sem classe", daria para dizer, jogando com a polissemia da palavra classe, acenando para sua indefectível presença no núcleo "brega" dos folhetins urbanos da teledramaturgia brasileira.

A pesquisa descortinava assim aos meus olhos um universo bem interessante e, especificamente para mim, muito novo. Diante de todas aquelas fitas gravadas, que passei a ouvir em doses cavalares, era realmente como fazer uma experiência etnológica, estando embora eles na mesma cidade que eu e usufruindo mais ou menos o mesmo nível de vida, mas em mundos vividos realmente muito distantes. Como disse, eu já havia feito diversas pesquisas em bairros populares situados na periferia mais pobre e mais distante, muito longe do centro da cidade. Cheguei a viver durante dois anos num bairro pobre da periferia mais distante, tendo convivido meses a fio com as camadas mais pobres das camadas populares metropolitanas. Mas, agora, na pesquisa sobre o voto conservador, o que eu estava descobrindo era um universo social bem mais próximo do meu econômica e geograficamente, o qual, entretanto, me dava acesso a um universo axiológico totalmente outro, totalmente diferente do meu. E isto de fato me surpreendia.

O mais surpreendente desde o início das entrevistas foi a sem-cerimônia, a naturalidade e a cabeça fria com que os entrevistados enunciavam, a respeito dos migrantes nordestinos, coisas que, se eu me flagrasse pensando, quanto mais dizendo, imediatamente me censuraria. No mínimo, por mau gosto. O caráter explícito e sem censura do preconceito contra os "baianos" foi desde logo a primeira revelação. Com que então, pensava comigo, existe mesmo um setor da população que é portador de uma espécie de preconceito sem culpa! Portadores ativos! Ora, todos sabemos, e eu antes de ir a campo fui reler direitinho a bibliografia de ciências sociais dedicada às técnicas de investigação do preconceito racial e étnico, na qual se ensinam todos aqueles cuidados, todas aquelas ginásticas que você tem que fazer para flagrar o preconceituoso sem que este se reprima, se iniba ou disfarce, testes projetivos quase, e eu estava ali, simplesmente ligando o gravador e as pessoas derramando abertamente todo o seu alentado preconceito. Que vinha misturado com toda uma carga, não só e apenas de ressentimento, mas de sentimento de perda. Uma perda não muito identificável, mas que se fazia reconhecer por eles no mero fato de estarem morando numa cidade "que já foi boa de morar", ou num pedaço da cidade que eles percebem como um lugar decadente, morando em bairros que, do ponto de vista deles, estão entrando em grave degenerescência, num decaimento que é físico, que é moral, eles não sabem bem ao certo, nem sabem ao certo desde quando, mas dizem a você que São Paulo começou a decair com a chegada em massa dos nordestinos. O bairro, que era deles, já não é mais inteiramente seu. Os bairros foram, e continuam sendo, literalmente in-va-di-dos. Daí que as escolas que eles haviam frequentado quando crianças já se tornaram escolas onde eles só colocam seus filhos e netos a contragosto, quando colocam. O sentimento de perda, que reclama da decadência da cidade, desdobra-se então e se reforça neste outro sentimento, de alienação, de alheamento, de forte estranhamento em relação ao bairro onde moram. Em relação à própria igreja que frequentam. Sabem que a pessoa que a toda hora passa por eles ou se ajoelha do seu lado na missa já é um desconhecido, normalmente um "baiano", um nordestino, com toda a certeza alguém socialmente inferior a eles, certamente uma forma inferior de existência que se expande numa forma pior de convivência. — "Antes, eram todos iguais!" — Uma dissipação da velha confiança mútua entre os moradores. A sensação de rebaixamento geral da vida local. Fatalidades desde o início anunciadas na imigração nordestina, essa inestancável invasão.

Existir essa visão das coisas assim, ali, ao vivo, representava para mim uma grande descoberta, repito. Comecei a ficar fascinado com isso. Na medida do possível procurei circunscrever terminologicamente esse modo de ver as coisas e de enfocar a própria vida no território de moradia, valendo-me do sintagma "senso comum conservador". Senso de preservação de uma passado coletivo ainda vivo, supostamente vivido, mas bem imaginado, senso aguçado pela certeza de que o presente é pior. A coisa piorou. Houve uma Queda. E a dissolução dos laços preexistentes é a prova da Queda (ouço-os dizendo assim, quase com maiúscula, quase no estilo dos pensadores tradicionalistas franceses). Tudo isso se oferecia à pesquisa como se, através daquele filtro de ativismo pró-Jânio ou pró-Maluf, ou pró-ambos, tivéssemos selecionado na população justamente as pessoas com coragem de assumir sua rejeição aos "invasores" e explicitar, na maior naturalidade, o que esperar deles: uma piora geral na cidade, seres "inferiores" que são.

É justamente neste passo da fala que o raciocínio se arredonda e então profere o preconceito como discriminação ativa, como vontade de impedir ou expelir os "invasores", de excluí-los: porque são inferiores. A tematização da inferioridade para definir a posição social dos nordestinos em São Paulo aflora no bojo da "constatação", carregada de ansiedade partilhada, de que a qualidade da vida em São Paulo tem-se deteriorado, e isto pelo fato de estar sendo a cidade "tomada" por pessoas de "qualidade inferior", que para aqui vêm e aqui ficam e não param de chegar.

Assim, por pretensioso que possa parecer eu estar dizendo isto, essas pessoas comuns ostensivamente conservadoras alçaram esta pesquisa, naquele momento, a uma posição inesperadamente especial para suscitar questões intrigantes a respeito da sociabilidade no seio das camadas populares numa megalópole do terceiro mundo. Não posso aqui me alongar na descrição dessa população, nem tenho muito tempo para analisar detidamente sua maneira de pensar, que chamei às vezes de "senso comum conservador", às vezes "conservadorismo popular", às vezes "direita popular", procurando com o adjetivo popular dar ênfase à posição desses cidadãos no espaço social, tal como faz a expressão inglesa *conservatism from below*.

Vou agora pinçar alguns elementos centrais, alguns componentes definidores dessa mentalidade na São Paulo dos anos 80. A primeira característica a se mostrar deste ângulo de observação é a absoluta rejeição a qualquer raciocínio que não seja concreto. No trato do preconceito isto fica muito claro. Bate perfeitamente com um dos traços com que Karl Mannheim definiu a estrutura do pensamento conservador. Mannheim observou o quê? Para ser breve, bem breve: que ao pensamento conservador aborrece a abstração. À medida que fui me aprofundando na leitura dos conservadores e sobre os conservadores, acabei encontrando uma passagem muito interessante do Joseph de Maistre, onde este representante do tradicionalismo polemiza com o pensamento das Luzes. Gostaria de que vocês a ouvissem. Diz o seguinte: "Falam-me do homem em geral, mas eu nunca vi o homem em geral; sempre que saio pelas ruas eu encontro franceses, encontro italianos, encontro ingleses, e sei até, através de Montesquieu, que eu poderia ser persa, ser qualquer outra coisa, mas nunca o homem em geral. A este eu desconheço, este, eu nunca encontrei".

Vejam vocês. Formulada sem a mesma sofisticação intelectual, foi exatamente isto que passei a encontrar nas entrevistas, a saber, a ideia de que nós vivemos numa "sociedade de sociedades", numa "comunidade de comunidades", na qual "os indivíduos não são iguais, não senhor!", nós pertencemos antes de mais nada a determinados "grupos de origem", os grupos "naturais" que definem a "origem" de cada um. Nós somos um "bando de bandos" diferentes uns dos outros e essas nossas diferenças são "naturais", "primordiais", "originárias", e, além de tudo, evidentes, saltam aos olhos. E são evidentes porque são concretas. Porquanto o paulista é visivelmente diferente do nordestino. Porquanto o branco é visivelmente, sensivelmente, diferente do negro.

Porquanto o homem é visivelmente, sensivelmente, evidentemente diferente da mulher. Por conseguinte, quem diz que o homem e a mulher são iguais, que o branco e o negro são iguais, é mentiroso, está mentindo. Está faltando com a verdade das coisas, uma vez que você olha e vê que são diferentes. Se por acaso o pesquisador retrucar dizendo que negros e brancos são iguais, que nascemos todos iguais, vai ser acusado de estar mistificando. E mais uma vez a resistência à abstração igualitarista faz desta uma mentira. Aflora imediatamente a acusação de mentira: "Isto é mentira, não é verdade, basta você olhar para ver que preto é preto e branco é branco, e não queira me confundir, que nasce igual coisa nenhuma, dizer que somos irmãos, filhos do mesmo pai, isto não é verdade, é mentira!".

Essas coisas começaram a bater fundo em mim. Que coisa mais insólita essa recusa a pensar a sociedade como composta de indivíduos substancialmente iguais, que embora diferentes na aparência e oriundos de diferentes grupos e lugares tivessem uma identidade que os igualasse a todos, um universal que nos igualasse a todos, fosse como ponto de partida, fosse como ponto de chegada, não importa. Nem o fato mínimo, digamos, de sermos brasileiros consegue ser uma boa interpelação num contexto discursivo como este. Nem o fato mínimo, sei lá, da identidade nacional, o sentimento de pertença a algo comum e geral, a um destino comum, que costuma ter apelo tão forte e tão fundo, nada. Então comecei a atinar com o seguinte: que essa coisa da diferença é de fato algo muito forte quando se trata de inferiorizar o outro. Porque a diferença que define o Outro e o distancia de mim é da ordem dos sentidos, e ela é grupal. A diferença coletiva é um dado imediato da percepção sensorial. É um dado dos sentidos. Para você dar o passo seguinte, para chegar até à igualdade por trás, ou apesar, das diferenças, há que fazer um ato de abstração que à primeira vista não é nada complicado. Não é nem um pouco complicado para nós, mas para as pessoas de mentalidade conservadora acaba parecendo uma distorção de má-fé da evidência mais imediata. A conversa então derrapa, desliza. E imediatamente naquela entrevista irrompe a figura da suspeita e, aí, a própria entrevista se revela como um terreno a mais de luta ideológica, para não dizer de luta social: "Não, se você está dizendo isto é porque você está querendo me enganar", ou "você está querendo alguma coisa comigo que eu não sei exatamente o que é", "aonde você quer chegar?", numa sequência de declarações de desconhecimento, de não reconhecimento, de estranhamento que delimitam campos, atribuem posições e marcam distâncias num diálogo (que virou) de surdos.

Outro aspecto que, apesar do pouco tempo de que disponho, eu não gostaria de deixar de lado, mesmo que ele fique apenas acenado de relance, no qual ando pensando muito ultimamente e que aos meus olhos adquire importância cada vez maior como ingrediente básico na composição do conservadorismo popular é o *tema do corpo*. A mentalidade conservadora popular também secreta uma política do corpo. Não escrevi a respeito disto mais que um parágrafo, mas tenho comigo que quando vários entrevistados começaram a me dizer que as realidades sociais mais importantes para nós seres humanos são nossas pertenças aos grupos "naturais" (sexo, etnia, raça, região, família...), nossas identificações adscritas, laços que são sublinhados pela partilha de determinados traços corporais dados, que são, repito, caracteres sensíveis, não tenho como não associar suas falas com certos discursos pós-modernos. Com efeito. Numa época como a nossa, de lutas culturais e bandeiras políticas pós-modernas, não deixa de ser uma confluência ao mesmo tempo interessante e preocupante encontrar, do lado de lá, na mentalidade conservadora corrente entre as camadas populares politicamente de direita, o quê? O *corpo* — o corpo assim tão fortemente presente nos discursos da insegurança e da intolerância com que a direita popular hoje constrói a realidade social.

Este achado empírico abriu-me os olhos para uma nova percepção desse fato contemporâneo mundial que são os conflitos étnicos e raciais, baseados em movimentos afirmativos de identidades "naturais". Juntamente com as expressões mais progressistas e radicais do movimento feminista e do movimento gay, os movimentos de afirmação étnica e etno-nacional compõem hoje o vasto leque dos novos modos de se fazer a tão aplaudida política do corpo. Passei, desde então, a me alinhar entre aqueles que veem nos conflitos e movimentos étnicos e raciais momentos fortes de irrupção do corpo na cena política, de instalação das peculiaridades corporais grupais e mesmo individuais, ao lado de outras dimensões sensíveis do corpo, no centro mesmo da ação coletiva, visando ou ao reconhecimento, ou à denegação de direitos a indivíduos que partilham situações de mal-estar ou privação, de discriminação e exclusão, ou somente de "diferença". Diferença que se sabe cultural, socialmente construída, pelo menos queremos assim os mais intelectualizados, mas que se encontra inscrita diacriticamente nos corpos dos indivíduos e que os demarca em termos categóricos, ou seja, como pertencentes a uma categoria social. São diferenças sensíveis, repito: a cor da pele, a cor da íris, o contorno dos olhos, o desenho do rosto, a forma do crânio, a textura do cabelo, a lordose, o sexo, o tamanho do sexo, a deficiência física, a idade do corpo... Sobre o corpo, vêm agora enxertar-se reivindicações "progressistas" tanto quanto as mais "reacionárias": de tratamento não igual para os diferentes. Logo que emergem, as demandas e os protestos diferencialistas muitas vezes já se encontram embebidos, contaminados, de sistemas de valores altamente regressivos, quando não agressivos, apesar do rótulo de "alternativos". Tudo muito sensível, muito existencial, muito concreto.

Não custa evocar achados de Mannheim mais uma vez: ao pensamento conservador aborrece a abstração. Para o conservador, eu não sou antes de tudo um indivíduo, eu sou antes de mais nada membro de minha família. Faço parte em primeiro lugar da minha origem, que pode ser a minha etnia, a minha raça, a minha linhagem, a minha família, o meu território, isto é o que importa em primeiro lugar. Ou então, faço parte da minha região, da minha nação. Faço parte. Eu tenho um determinado sexo, entre os únicos dois considerados possíveis, faço parte do gênero masculino;

sou, portanto, superior desde o nascimento a quem faz parte de um outro sexo, de um outro gênero, de um outro grupo qualquer definido com base num dado inscrito em seu corpo. O fato de eu ser branco conta mais na saída que o fato de eu ser o Antônio Flávio Pierucci. Este é um modo de pensar que hoje se generaliza também entre as esquerdas, e com altos teores de legitimidade também, tanto quanto entre as direitas, a saber, a ideia de que devemos valorizar ainda mais nossas pertenças a gênero, a raça, a região etc., essas coisas muito físicas, muito ligadas ao nosso corpo.

Num momento em que todos nós ouvimos dos movimentos sociais que admiramos, do movimento negro, do movimento feminista, do movimento indigenista, enfim, dos movimentos identitários de todos os tipos, uma série de interpelações no sentido de nos empenharmos em *valorizar as diferenças culturais*, valorizar aquilo que nos diferencia do outro e valorizar no outro aquilo que o diferencia de nós, e de construirmos demandas políticas em cima justamente dessas diferenças, não custa lembrar que estamos contribuindo para estabelecer a legitimidade de um discurso permeado de componentes usados igualmente pela direita. Que, atualmente, também é uma *direita identitária*. Le Pen e os franceses anti-imigrantes que o seguem são com razão chamados de *droite identitaire*. O nosso discurso, queremos crer, é um discurso esclarecido, um discurso de boa vontade, um discurso emancipatório dos mais autênticos. Só que ele soa muito parecido com o discurso sexista, o discurso machista, o discurso racista, o discurso neorracista, o discurso chauvinista, o discurso da heterofobia/xenofobia, o discurso antimiscigenante ("mixofobia"). Numa palavra, o discurso do "fundamentalismo cultural", como disse Verena Stolcke (cf. Stolcke, 1993), discursos que nós sabemos portadores de atitudes de má-fé e não necessariamente de boa vontade, sendo, ao contrário, produzidos e difundidos pela vontade de manter privilégios e posições tradicionais de categorias dominantes, sejam quais forem. Discursos, portanto, claramente conservadores e autoritários, carregados de tradicionalismo *fake* e que se assemelham muito, muito, muito, a essas interpelações que estou chamando de pós-modernas e que vêm se condensando emblematicamente na postulação do *direito à diferença*. E isto se dá numa espécie de vácuo que se criou no espaço deixado pela não realização do sonho do Estado Nacional como Estado de Bem-Estar e pela não realização do projeto socialista de uma igualdade social material duradoura que superasse a mera igualdade jurídica, a mera igualdade abstrata, formal, a própria cidadania política no sentido estrito da palavra.

Tudo isso, penso eu, é necessário que consideremos de alguma forma. A questão da defesa das diferenças é complicada. Há sérios riscos contidos nas demandas diferencialistas quando estas se fazem em detrimento das causas igualitárias. Parte do nosso dilema vem do fato de estarmos já sinceramente convencidos de que vale a pena lutar pela diferença, pelo *reconhecimento das diferenças*, pelo direito que todos deveríamos ter de ser diferentes uns dos outros, pelo direito de afirmar, defender e ver reconhecidas nossas diferenças individuais e culturais.

Eu acredito nisto, mas sei que esta é uma causa que enfrenta uma série de armadilhas e, por incrível que pareça, à medida que este nosso século XX vai chegando ao fim, os perigos só parecem aumentar. A Europa está, agora, imersa no ódio étnico, no repúdio ao estrangeiro não europeu, na rejeição aos imigrantes "extracomunitários". Do racismo ao neorracismo (Barker, 1982; Taguieff, 1990), aonde vão dar as demandas diferencialistas? quais os limites delas? quantas ciladas de perversão (e de perversidade) não conterão? São problemas que devem ser enfrentados também teoricamente. E que não podem ser equacionados nos moldes antigos, como se bastasse dizer "Bem, então vamos ficar com a igualdade". Pergunto: vamos ficar do lado da igualdade, que ainda é o lado ("do bem") que aglutina todas as esquerdas, e deixar a diferença para a direita? A bandeira da diferença parece tão interessante, bela, sedutora, e mesmo assim vamos ter que deixá-la para a direita?

O lado da igualdade ainda é o lado que reúne todos os partidários da esquerda. Passei grande parte da minha vida sem me dar inteiramente conta desta verdade, que só se formulou assim tão claramente para mim durante essa pesquisa: ser de esquerda é ter aderido de algum modo ao valor da igualdade, é ser partidário do igualitarismo, seja ele em que campo for, seja ele em que nível for, seja ele em que esfera for. As pessoas que têm a paixão da igualdade, estas são pessoas de esquerda. Se assim é, as pessoas que têm a paixão da desigualdade são de direita. Acontece, porém, que antes dessa pesquisa eu ainda não me havia dado conta de que é muito difícil separar a desigualdade da diferença. São termos que recobrem campos e nomeiam coisas muito difíceis de separar. Cada vez mais difíceis, à proporção que aumentam entre os movimentos sociais de esquerda demandas identitárias de todo tipo. Isto não obstante, continua sendo de esquerda o apego às bandeiras igualitaristas. A defesa do igualitarismo ainda é o marco que delimita o vasto campo da esquerda. Bandeiras anti-igualitárias, sejam elas quais forem, sejam anti-igualitárias no sentido de defesa explícita da desigualdade econômica e social, dos privilégios de classe, raça, território ou gênero, sejam anti-igualitárias no sentido de impensadamente menosprezarem a igualdade em nome da defesa do charme e da beleza das diferenças, são bandeiras, senão explicitamente de direita, pelo menos perigosamente a um fio de navalha de fazerem o jogo pesado das forças da direita autoritária e antidemocrática, da extrema direita.

Por que termino falando isto a vocês? Porque foi depois que comecei a fazer essa pesquisa que também passei a ter a coragem de usar por escrito a palavra "direita" nos títulos dos meus textos, e de chamar a essas pessoas que entrevistei de "direitistas", sem a preocupação de estar a ofendê-los, mas sabendo claramente que, ao fazer isto, estou recortando um campo de mentalidade oposto ao meu, antagônico ao meu, politicamente adversário do meu. E isto naquele momento representava para mim uma baliza muito importante para a condução da própria pesquisa. Era como se ela me garantisse que eu sabia que estava diante de um objeto de pesquisa ideologicamente recortado, vale dizer, diante de sujeitos politicamente definidos. Eu apenas os estava tentando identificar sociologicamente. Hoje eu sei, de modo muito mais bem fundamentado do que outrora, que o campo popular está dividido também por referência às diferenças e que o apego à igualdade continua sendo um bom indicador da divisão ideológica.[5] Em alguns setores esta divisão é muito clara: são setores passíveis de ser recortados sociologicamente, empiricamente. Acabei aprendendo que é possível identificá-los primeiro politicamente e, no mesmo movimento, localizá-los sociologicamente. E descobri, como estratégia de pesquisa facilmente replicável, que partindo do voto é possível até mesmo reconstituir estilos de vida ou, quando menos, estilos de pensamento. Refazendo o trajeto a partir do voto dado, indo em seguida buscar o ativismo eleitoral e aí, no ativismo, ficar atento às suas razões e à sua retórica, às motivações ideológicas que, no presente caso, fincam fundo suas raízes em valores antidemocráticos e em interesses de conservação social, mas que ao mesmo tempo podem ser encontradas à flor da pele (é só perguntar!) e então, só então, ver-me levado a uma sinuosa e paciente reconstituição de uma mentalidade urbana específica, socialmente localizada, quase que geograficamente territorializada — fazendo esse trajeto, acabei por descobrir um universo muito mais interessante. Eu diria, até mesmo, muito mais "antropologicamente carregado" do que a ideia comum e corrente de pesquisa eleitoral pode à primeira vista prometer.

---

[5] Esse ponto seria desenvolvido por Norberto Bobbio em seu *best seller* de 1994, *Destra e sinistra*, editado no Brasil pela Editora da UNESP em 1995 (cf. Bobbio, 1994).

Parte II
AMANHÃ, A DIFERENÇA?

4.
PROBLEMAS COM A IGUALDADE

"O que é portanto a Igualdade senão a negação de toda liberdade, de toda superioridade e da natureza mesma? A Igualdade, ela é a escravidão. Eis por que eu amo a Arte."

(Gustave Flaubert,
À *Louise Colet*, 15-16 de maio de 1852)

"Todos os *slogans* igualitários veiculam uma ideologia totalitária."

(Luce Irigaray,
Le temps de la différence, 1989)

"A igualdade foi inventada porque os humanos não são idênticos. Se fôssemos todos gêmeos, esta noção de igualdade, que releva da moral e da política, não teria nenhum sentido. O que lhe dá seu valor e importância é que os indivíduos são diferentes. É a diferença que faz o sal da vida e a riqueza da humanidade."

(François Jacob,
La diversité, sel de la vie, 1979)

Diferenças coletivas: traços distintivos reais ou inventados, herdados ou adquiridos, genéticos ou ambientais, naturais ou construídos, partilhados vitalícia ou temporariamente por determinados indivíduos com outros determinados indivíduos, desenhando nesta partilha de caracteres comuns, comuns a eles, mas não a todos os humanos, grupos de pertença ao longo de linhas demarcatórias de raça e cor, etnia e procedência, habilidade e deficiência, sexo e gênero, idade e geração, nacionalidade e região, linhas que sempre falam de superioridade e inferioridade, de inclusão e exclusão, algumas delas muito fortes, sublinhadas, outras mais tênues, quem dera invisíveis, atributos que quase sempre se acham fora do controle dos próprios indivíduos por eles identificados, mais ainda, cujo significado positivo ou negativo também escapa do controle individual apesar do eventual empenho em afastar a valoração negativa aderida ao traço coletivamente partilhado, marca sensível, o mais das vezes visível, de uma *diferença significativa*.

Diferenças coletivas ou grupais são componentes inevitáveis das sociedades humanas, resultantes de um processo de estratificação que, segundo Ralph Dahrendorf, é sempre um processo dúplice, de diferenciação e de avaliação (Dahrendorf, 1968; Bourdieu, 1979). Ao se pôr a diferença, no ato mesmo de notá-la ou reconhecê-la, ei-la desde logo valorizada ou desvalorizada, apreciada ou depreciada, prezada ou desprezada. Porquanto não há diferença, nos quadros culturais de qualquer sociedade, que não esteja sendo operada pelo *valor*, como *diferença de valor* (Dumont, 1979; 1983; cf. Heilborn 1993; Duarte, 1986). A diferença socialmente partilhada recebe sempre-já um sinal positivo (a nossa diferença, viva a diferença!) ou negativo (a diferença dos outros, do Outro). Mesmo as sociedades mais simples, pouco diferenciadas, organizam-se em torno de pelo menos duas diferenças coletivas que hieraquizam as pessoas, alocam o poder e dividem o trabalho, as diferenças de sexo/gênero e idade/geração. As características compartilhadas recebem ênfases diferenciais de valor [*Wertakzent*] e, consequentemente, significados distintos a partir de práticas sociais que, ou bem chamam a atenção para "os diferentes", dirigindo o foco para a diferença "deles", ou bem a ignora, negando que ela deva ser levada em consideração na conduta, no caráter, no desempenho, no sucesso ou no fracasso, em suma, no destino de cada indivíduo pertencente àquela categoria cuja diferença no entanto é reconhecida como um dado.

Mostrar ou esconder, eis o "dilema da diferença". Chama a atenção para este dilema a jurista feminista americana, Martha Minow, que o enuncia do seguinte modo: "o estigma da diferença pode se repor, tanto no ignorá-la quanto no enfocá-la" (Minow, 1990: 20). Tratar as pessoas diferentemente e, assim fazendo, enfatizar suas diferenças pode muito bem estigmatizá-las (e então barrá-las em matéria de emprego, educação, benefícios e outras oportunidades na sociedade), do mesmo modo que tratar de modo igual os diferentes pode nos deixar insensíveis às suas diferenças, e isto uma vez mais termina por estigmatizá-los e, do mesmo modo, barrá-los socialmente num mundo que foi feito apenas a favor de certos grupos e não de outros. Ser diferente é um risco de qualquer maneira — é o que pretende nos dizer o dilema da diferença assim formulado. Risco por risco, nesses nossos tempos alegremente pós-modernos, tempos de "música urbana" e "legiões urbanas", tem gente pavimentando cada vez mais generosamente a via que sublinha, nos diferentes, justamente as diferenças. Olhando a coisa do ponto de vista dos movimentos sociais identitários, é como se a cada dia se desrecalcasse um pouco mais a vontade dos próprios diferentes de enfatizarem sua diferença e dela se orgulharem no velho estilo *Black is beautiful* dos anos 60. "Por que não?", perguntam incomodadas e quase ofendidas as belas almas pós-modernas. Com efeito, por que não?

Pretendo com este breve ensaio tocar nalguns pontos para levantar alguns problemas. Nada muito sistemático. Se a igualdade tem problemas, a diferença me parece que os tem muito mais. Hoje, um pouco por toda parte neste globalizado mundo velho de guerra, a "cultura da diferença" bate com novo vigor às portas da política. Com grande força de sedução, e ainda maior facilidade de penetração, sem que se possa honestamente antever as consequências dessa nova onda de elogio às diferenças (Jacquard, 1978; Oliveira, 1991), introduzem-se na prática política conceitos novos, questões novas, novas palavras de ordem, novas reivindicações, novas atitudes sobretudo, outras tantas transgressões do projeto universalista-igualitarista da modernidade (Dumont,

1977; Dupuy, 1987). E isto, de mãos dadas com novas pretensões de correção política e, claro, correção teórica.

O charme das consignas diferencialistas atrai quantidade cada vez maior de entusiastas do peculiar, do específico, do próprio. Do irredutível. Por todos os lados a diferença lampeja, pisca sedutoramente, brilha. "A diferença cintila", disse uma vez Jacques Attali, o *one man think tank* do Partido Socialista francês quando ainda no apogeu, procurando com isto acrescentar um elemento a mais na tentativa de explicação, de um lado, do crescimento da(s) direita(s) identitária(s) na França já no final dos anos 70 e, de outro, do fascínio irreprimível, irrecusável, que os movimentos sociais e partidos de esquerda passaram a sentir pela consigna do "direito à diferença" e, acima dos direitos individuais, pelos "direitos dos povos" (Attali, 1979). A diferença coletiva, compartilhada, grupal, roubando paradoxalmente a cena das diferenças individuais e individualizantes numa cultura cada vez mais individualista, plural e aberta ao mérito individual.

Está cada vez mais difícil negar a importância política que as "diferenças" vêm assumindo ultimamente, tanto nos países avançados quanto no ex-"mundo comunista" do Leste europeu (Comaroff, 1993; Mestrovic, 1994). Também no chamado Terceiro Mundo, na América Latina, no Brasil, no Sul maravilha, a *vontade de diferença* avança progressivamente por todo canto. Em diversos pontos do planeta explodem e acirram-se conflitos étnicos e raciais, antigos e novos. Na mesma medida da intensificação dos contatos interétnicos, multiplicam-se movimentos afirmativos de identidades étnicas e etno-nacionais (Lipset & Jalali, 1993). Um dos meus argumentos neste pequeno ensaio é que esses movimentos, juntamente com as expressões mais radicais do movimento feminista e do movimento gay, abrem ainda mais o já bem vasto leque dos novos modos de fazer a tão aplaudida (e sob muitos ângulos bem-vinda) "política do corpo". Que, entretanto, tem justamente aí, na afirmação das diferenças corporais coletivas, seu lado sombrio. Porque afinal de contas, queiramos ou não do fundo dos nossos mais sinceros sentimentos de fraternidade universal e nossas mais profundas convicções democráticas, se fixamos a atenção no que é natural ou físico, "a natureza só nos apresenta diferenças" (Dupuy, 1987: 14). Desconsiderar a diferença, sacrificá-la no altar da igualdade, diz a frase de Flaubert que escolhi como epígrafe, é negar a natureza ela mesma.

Alinho-me francamente entre aqueles que veem nos conflitos e movimentos étnicos e raciais momentos fortes de irrupção do *corpo* na cena política, de instalação das necessidades e peculiaridades corporais grupais, das diferenças de grupo antes que individuais, no centro mesmo da ação coletiva, visando ao reconhecimento (ou à denegação) de direitos a indivíduos que partilham situações ou características de mal-estar, ambiguidade, exclusão ou, tão só, "de diferença". Diferença que se sabe cultural — pelo menos os cidadãos mais intelectualizados "sabem" disto —, mas que se encontra inscrita diacriticamente, o mais das vezes indelevelmente, *no corpo*. Eis o xis do problema: *diferenças sensíveis*.[6] As diferenças soem ser sensíveis, sensivelmente notáveis: a cor da pele, a cor dos pelos, a cor da íris, o feitio do rosto, a forma do crânio, a textura do cabelo, a língua, o sotaque, os solecismos, o sexo e o tamanho do sexo, a menstruação, a gravidez, a lordose, a altura, a deficiência física, a enfermidade, a velhice, a idade do corpo... Sobre o corpo, portanto, *et pour cause*, vêm hoje enxertar-se reivindicações "progressistas", tanto quanto as mais "reacionárias", de tratamento não igual para os diferentes. Quando emergem, tais demandas e protestos diferencialistas muitas vezes já se acham embebidos de sistemas de valores fortemente regressivos, quando não agressivos, apesar do rótulo de "alternativos". Tudo muito sensível, muito existencial, muito concreto.

Gostaria, modestamente, de chamar a atenção para este aspecto da questão: pode ser que toda essa sedutora densidade vital das novas mobilizações diferencialistas, que hoje se propagam por um mundo cada vez mais globalizado e midiatizado, esteja

---

[6] Ver o capítulo 1 deste livro.

pondo em risco uma das crenças insubstituíveis para a vigência da democracia representativa e para o exercício universal da cidadania: a crença — *que não pode ser senão generalizada* — na necessidade de contarmos todos com elementos racionais-formais de mediação e representação e, por conseguinte, de *abstração* das particularidades e particularismos. Sem isto não só não há cidadania possível, não há *nation building* possível, como não há também possibilidade de normas éticas de validade universal.

É bem verdade que, ao contrário do que previam e esperavam muitos cientistas sociais, marxistas e não marxistas — melhor dizendo, contrariamente às expectativas incutidas pelas "grandes narrativas" teóricas da sociologia —, o processo de modernização veio dar num incremento da consciência de pertença aos grupos "naturais", que são pensados como os mais imediatos e ao mesmo tempo os mais longinquamente "primordiais" (Weber, 1969; Comaroff, 1993). A assimilação das minorias, a subsunção dos particularismos, a diluição das especificidades num grande todo laico nacionalmente integrado estão, ao que parece, deixando de ser, neste final de século pós-moderno e pós-comunista, aqueles inevitáveis futuros prometidos outrora pelas grandes teorias em que muitos de nós, cientistas sociais brasileiros, fomos formados (Lipset & Jalali, 1993; Arendt, 1966). Refiro-me aqui tanto à teoria da construção nacional [*nation building*], que é universalista para dentro das fronteiras nacionais quando não imperialista, quanto ao universalismo radical do internacionalismo operário teorizado pelo marxismo-leninismo.

A rebelião contra as formas abstratas e as regras gerais, ou seja, a rejeição do homem universal, da igualdade humana genérica, da cidadania cosmopolita e global (Kristeva, 1994), aparece hoje como elemento central das tentativas de fundar sobre o corpo enquanto tal uma nova hierarquia de valores. Hierarquia de valores esta que lança mão da natureza para hierarquizar o que a natureza apresenta apenas como diferença, como diversidade não hierarquizável. Os pertencimentos primários e "naturais" (sexo, etnia, raça, idade, pele, região) tornam-se para muitos a base —

física! — sobre a qual se edificam de novo, se reinventam, se recriam e se recreiam celebrativamente comunidades parciais e identidades específicas, as quais não reconhecem nenhuma validade às esferas mais gerais de pertença. O que os sujeitos têm em comum não é mais o domínio abstrato definido pela universalidade efetiva da espécie, ou mesmo pela vontade geral, própria à nação moderna, que inclui os trabalhadores de todas as categorias e confunde sexos e idades (Kristeva, 1994), mas sim aquilo que faz do grupo "natural" o portador de uma diferença significativa — de cor, de sexo, de origem, de sangue...

É possível que, ao insistir sobre esta classe de diferenças, a política venha a entrever novos horizontes de emancipação humana. Isto eu não quero, nem devo, descartar *a priori*. Mas quero crer que na ausência de um projeto político-institucional plausível e minimamente consistente além e acima do Estado nacional, algo como uma ordem jurídica supranacional, o risco considerável, nitidamente visível desde agora, é o de contribuir para aprofundar justamente a crise do "geral" (Gauchet, 1985). É provável que a cultura do fragmento venha a contornar temporariamente, e ilusoriamente, a "perda de sentido" (*Sinnverlust*) que, segundo Weber, caracteriza a modernidade cultural, mas é ainda mais provável que aprofunde e torne ainda mais aguda a "perda de *civiltà*". Pode muito bem resultar dessa "explosão das diferenças" que o espaço político venha a ser recoberto por parcialidades levadas ao absoluto, por localismos estreitos e sem horizonte, por diferenças que recusam toda perspectiva de igualdade (Jenson, 1990). Chegaríamos desse modo a um "estado de natureza" pós-civilização, no qual todo valor geral seria declarado falso, no qual toda pretensão de universalidade efetiva apareceria sem fundamento.

Não me parece efeito do acaso que o alvo principal de ataque de certa teoria da diferença acabe sendo a cultura política moderna, acusada de "laica e igualitária", conforme se pode ler, por exemplo, em algumas feministas radicais. Veja-se por exemplo o que disse e costumava dizer a grande pensadora feminista, Luce Irigaray: "Em suma, esta emocionante *Declaração dos Di-*

reitos do Homem não significa quase nada relativamente à minha realidade cotidiana de mulher. (...) O enunciado de direitos gerais e abstratos definidos mais *contra* do que *a favor*, funciona (na França) como uma espécie de droga asseguradora suscetível de exorcizar todos os perigos. Mas o melhor exorcismo não seria a realidade? E, em particular, a realidade da diferença dos sexos? (...) Todos os *slogans* igualitários veiculam, a nosso ver, uma ideologia totalitária. Desta ideologia, o respeito da diferença entre os sexos pode nos guardar sem repressão nem mutilação de nossa identidade humana" (Irigaray, 1989: 11).

Até pouco tempo atrás muitos de nós, cheios de honestidade revolucionária, brandíamos contra as formas abstratas e igualitárias do Direito moderno, o "direito burguês", a acusação de que a democracia formal escamoteava a desigualdade social e o conflito das classes. Mas isto se fazia, vale lembrar, em nome de uma utopia igualitarista, como exigência de igualdade real em face da mistificação da igualdade formal burguesa. Hoje, porém, vigora e viceja, contra as mesmas formas abstratas e igualitárias, uma outra acusação, intrigantemente simétrica. A saber: acusam-nas de avalizar uma acepção "neutra" da cidadania política com o fim de mascarar a realidade da diferença — e do hiato intransponível — entre os sexos e entre as raças. Só que, agora, a crítica do igualitarismo formal se faz não mais em favor de mais igualdade, e igualdade real, mas sim em nome da preservação das diferenças reais: irredutíveis. Em certos meios de esquerda ou em certos círculos preocupados apenas em ser "politicamente corretos", em ser "totalmente do bem", não se ousa dizer que elas são naturais; diz-se que são diferenças culturais, só que irredutíveis. O que, se não dá no mesmo, dá quase.

É curioso como o pensamento feminista mais recente, quando invoca a "diferença" como algo de que não se pode abstrair, como um traço essencial não "neutralizável", retoma com sinal invertido os mesmos argumentos que o liberalismo elitista utilizava para recusar o sufrágio universal. A propósito, Michele Prospero observa como é fácil encontrar no pensamento liberal clássico, até mesmo em Kant, a teorização de um gênero humano não genérico, composto apenas de *veri homines*, um gênero humano amputado de sua metade feminina e de sua porção criança, a mulher e o menor sendo subsumidos em uma comum "incapacidade jurídica em matéria de questões públicas". As feministas radicais têm toda a razão quando dizem que durante muito tempo a modernidade filosófica pensou o gênero humano pela metade (Pateman, 1993). O universalismo afirmado pelo modelo liberal é muito pobre, não há dúvida, muito restrito e desatento na atribuição e no reconhecimento de uma subjetividade política *para todos* (Prospero, 1990). Acontece, porém, que a operação mental *par excellence* que marca a gênese da modernidade e demarca sua *differentia ultima* em relação à sociedade tradicional e ao Antigo Regime é justamente a abstração que se faz de toda "diferença" na elaboração da noção de "indivíduo universal" (Dumont, 1977). É preciso ser capaz de fazer *"como se"* as diferenças coletivas, sobretudo aquelas inscritas no corpo, não fossem pertinentes. Simples, mas nada palatável, esta operação que tanto incomoda o pensamento diferencialista contemporâneo, desde o princípio incomodou o pensamento conservador contrarrevolucionário do século XVIII (Taguieff, 1994). Foi — e ainda hoje continua sendo — através desse procedimento de fazer abstração de todas as diferenças que os sentidos captam empiricamente, que se tornou possível incluir todo o mundo, todo o mundo mesmo, na figura "neutra", geral, do cidadão, do sujeito abstrato do direito. O grande movimento de modernização política e cultural, todos sabemos, concretizou-se aos poucos no acesso sempre mais expandido à cidadania política, como um grande desígnio de "equalização" político-formal de todos os sujeitos individuais. Isto implicava que todos os corpos e todos os portadores de interesses deveriam participar ativamente, e legitimamente, no processo de criação das obrigações jurídicas e de normas válidas *para todos*.

Vem agora o novo pensamento feminista contestar justamente este espaço paritário no qual se movem "cidadãos concebidos como seres assexuados". Pelo jeito, tudo se passa como se a "diferença feminina" fosse na realidade algo de incompatível com a noção de "indivíduo abstrato", à qual a cultura política moderna nos estaria constrangendo a todos (Hewitt, 1992). Segundo tais autoras, o equívoco desse abstracionismo vazio, dessa "abstrata nudez" (Arendt, 1966) estaria a exigir que se venham a introduzir "características femininas na política" (Jenson, 1990), porque as formas modernas de igualdade foram pensadas por homens para regulamentar conflitos "entre os homens" (Irigaray, 1989; Jenson, 1990). As regras formais, as instituições jurídicas, não passariam de uma *"trouvaille"*, uma invenção destinada a resolver conflitos "entre os homens" (Prospero, 1990). Ora, isto leva a presumir — *quod est absurdum* — que os conflitos "entre mulheres" poderiam fazer abstração dos procedimentos universais da democracia tanto quanto das garantias reservadas pelo Estado de Direito ao indivíduo abstrato, neutro, equivalente, igual. O indivíduo, portanto, não deveria mais valer como sujeito abstrato dos direitos e das demandas, mas apresentar-se como pessoa sexualmente "engendrada". (Dá para perceber que o trocadilho que a palavra inglesa *gender* permite entre os particípios *gendered* e *engendered* não é viável em português, cf. Saffioti, 1995: 160.)[7]

Diante de uma alteridade irredutível como a alteridade sexual, diante da incomensurabilidade da diferença de gênero, a ideia inclusiva de nação e a noção geral de sujeito indiferenciado dos códigos em vigor aparecem aos teóricos do diferencialismo acrítico e essencialista como fórmulas mistificadoras, tal qual a igualdade formal burguesa aparecia aos olhos dogmáticos de certos marxistas. Mas como esquecer que os enunciados abstratos do direito moderno com sua racionalidade formal, desqualificados com tamanha desenvoltura como "neutralizações" e "mistificações",

---

[7] "O gênero participa, portanto, do processo de construção do sujeito (...). O sujeito é, desta forma, *en-gendered*, o que, em português, poderíamos chamar de constituído em gênero, porque engendrado não permite o jogo de palavras feito em inglês" (Saffioti, 1995: 160).

são o fundamento da *lex generalis omnium* e a garantia contra o privilégio e a imprevisibilidade do mando privado, que, por antonomásia, é o mando patriarcal? Quando, a fim de se teorizar um "direito no feminino", recorre-se a um sistema de "discriminações positivas", também chamadas de "discriminações ao inverso", está-se renunciando propriamente ao princípio de igualdade da lei, e de igual acesso às funções públicas. A presença de uma "intransponível contradição de sexo" exigiria, com efeito, formas de "direito desigual", a fim de atingir verdadeiramente um direito de cidadania realizado. O reconhecimento da "dignidade corporal" da mulher entraria então em colisão com o princípio fundamental do reconhecimento do mérito individual como um motivo de distinção que tem precedência sobre a riqueza ou o nascimento. Em última análise, o sistema de "cotas" hoje vigente em países do primeiro mundo, que permite às mulheres, aos negros, aos vietnamitas, aos deficientes físicos etc. estar presentes na sociedade, na política, na ciência e nas artes "enquanto mulheres", "enquanto negros", "enquanto índios", "enquanto deficientes visuais" etc., segundo bem observa Michele Prospero, não passa na verdade de uma disposição naturalista que relega e barateia toda "diferença" de mérito (Prospero, 1990: 115). Levada de roldão no vendaval diferencialista que hoje toma conta do mundo, a *diferença de mérito* arrisca-se a não figurar mais entre as diferenças a serem preservadas pelos defensores afirmativos de (quase) todas as diferenças. Todas, menos as individuais!

Outra decorrência do novo pensamento feminista diferencialista acaba por se explicitar na sua maneira — sexocêntrica — de abordar o problema crucial da representação política. A representação, para ser legítima, acaba tendo que ser a autorrepresentação. Mulher deve votar em mulher, assim como negro deve votar em negro. Quem sabe dos problemas das mulheres são as mulheres. As soluções, portanto, só podem vir das mulheres. E assim por diante. A demanda de cotas de mulheres nos partidos políticos ou nas câmaras legislativas parte, na verdade, de pressupostos como esses. É a lógica da autorrepresentação, segundo a qual toda "diferença" (sexo, etnia, língua, idade, religião) deve valer enquanto tal, sem recurso ao princípio organizador de uma representação geral. Desse modo, o pensamento feminista diferencialista acaba por dar guarida e alento a um tipo de sonho que se pretende pós-moderno, mas é antimoderno, regressivo no que concerne ao mundo da política e da lei. A esfera política seria um mundo no qual a diferença se autorrepresentaria e, neste autorrepresentar-se, contribuiria para fazer desaparecer a necessidade "moderna" de uma representação dos cidadãos concebidos como entidades genéricas e abstratas e, por consequência, como povo ou nação dotada de uma vontade geral.

Acontece porém que a representação geral está longe de ser mera esperteza masculina ou hábil estratagema da dominação masculina (Bourdieu, 1990b). A "abstrata nudez" de que fala Hannah Arendt para se referir criticamente ao homem universal e ao sujeito abstrato dos direitos acaba sendo um referente objetivo ao qual a teoria da representação de cada diferença deve, ela mesma, obedecer. Toda diferença, com efeito, para poder representar-se politicamente, deve também, e sempre, demandar o consentimento e o reconhecimento dos representados, o que pressupõe abstração. Para representar a diferença feminina, mesmo que se fique na chave da autorrepresentação, é preciso representar ao mesmo tempo as mulheres brancas e as negras, as indígenas e as imigrantes, as japonesas, as coreanas e as indianas, as cubanas e as porto-riquenhas, as operárias e as burguesas (Berger, 1992; Brown, 1992; Hewitt, 1992). Ou seja, não há como não fazer abstração da diferença étnica ou racial quando se fala simplesmente em nome da mulher, não há como não fazer abstração da cor da pele ou da textura do cabelo. Do mesmo modo que, quando a interpelação num dado momento for racial, vai ter que deixar de lado ou entre parênteses a identidade de gênero ou de idade etc. Para poder incluir todas as mulheres numa interpelação única, é preciso abstrair da raça e da etnia, mas também da classe social, abstrair do fato de serem, umas, mulheres operárias, outras, camponesas, estas, burguesas, aquelas, de classe média baixa e assim por diante. Em síntese, nenhuma diferença pode ser verdadeiramente interpelada e eficientemente mobilizada sem contribuir para a representação de um todo que necessariamente abstrai de outras diferenças, as quais, por sua vez e em outro momento histórico, também podem vir a pretender ter o direito de se mobilizar e se autocolocar na cena política com sua incomensurável especificidade (Berger, 1992). Das duas uma: ou o diferencialista avança em seu diferencialismo e abre espaço para outras diferenças também experimentadas como coletivas — e isto, nas palavras da historiadora Joan W. Scott, é o trabalho da diferença dentro da diferença — ou dá o braço a torcer ao trabalho da abstração, inevitável quando o que se pretende é a representação na esfera pública.

Na cultura da diferença reverbera, assim, um *Leitmotiv* que a esquerda conhece bem: a crítica das formas que abstraem. O quê, pergunto eu, de menos novo no pensamento atual de muitos dos nossos cientistas sociais do que essa nostalgia pós-comunista de um Sujeito coletivo cuja capacidade emancipatória e de libertação de nós todos estivesse alojada nalgum traço corporal? Ironia da vida, ironia da história: à medida que o conflito social vai-se revelando cada vez mais complexo e cambiante, cada vez mais repleto de intersecções e superposições, começa-se a atribuir a esta ou àquela diferença corporalmente partilhada a missão de funcionar como princípio de autofundação e autoidentificação de um Sujeito coletivo encarregado de instaurar uma nova sociabilidade geral. Eis a ironia: depois do "adeus ao proletariado", a ideia de transformação social radical acaba vinculada à constituição de um Sujeito cuja diferença seria, no fundo, *natural*! Será possível? Enquanto o velho Sujeito da transformação social — a classe operária — se constituía ao se reconhecerem e se unirem "os operários do mundo todo" a partir de uma mesma posição nas relações sociais de dominação e exploração, e sendo a luta entre as classes pensada como um conflito histórico, hoje, ao contrário, apesar de toda uma retórica antiessencialista pós-modernista, tudo parece menos histórico e menos contingente com este Sujeito, que entretanto invoca para si, como sua, a diferença. Desse modo tudo parece mais seguro. Pois o Sujeito da mudança agora "nasce". Transexualismos à parte, mestiçagens à parte, hibridismos culturais à parte, o corpo parece ter-se tornado a fonte legítima dos elementos fixos que definem identidades irredutíveis, subtraídas ao desgaste e às incertezas do tempo histórico. Vale a pena pagar este preço, armar-nos mais esta cilada? Penso que uma política que hoje queira agir sobre as condições de vida reais dos "diferentes" devesse preocupar-se também em reconstruir "o geral" e não se deixar cair presa da essencialização das diferenças com vistas à sua institucionalização e canonização (Rouanet, 1994), que não prometem outra coisa senão pavimentar a avenida e balizar o percurso rumo a um beco sem saída minado de explosivos.

Gostaria de encerrar com chave de ouro esta minha intervenção. Para isto escolhi uma pérola do pensamento ultraconservador. Cito no original, para não perder o sabor da diferença idiomática, uma declaração do contrarrevolucionário francês, Joseph de Maistre, em suas *Considérations sur la France*, publicadas em 1797: "*Il n'y a point d'homme dans le monde. J'ai vu, dans ma vie, des Français, des Italiens, des Russes, etc., je sais même, grâce à Montesquieu, qu'on peut être Persan: mais quant à l'homme, je déclare ne l'avoir rencontré de ma vie; s'il existe, c'est bien à mon insu*" (De Maistre, 1980: 88). "O homem [universal] não existe, não neste mundo. Em minha vida eu vi franceses, italianos, russos etc., e sei, graças a Montesquieu, que alguém pode ser persa. Quanto ao homem, contudo, declaro que nunca em minha vida o encontrei. Se ele existe, é sem que eu saiba."

O apego de Joseph de Maistre à identidade nacional como salvo conduto contra a abstração vazia e sem consistência histórica do homem universal voltou hoje em dia a ficar sob a mira da crítica diferencialista: é que o *nation building* também neutraliza, apaga, abstrai. Quem sabe não poderíamos, hoje, objetar ao ilustre conservador francês, em chave diferencialista consequente, que as pessoas que a gente encontra pelas ruas da França não são simplesmente franceses, no masculino, mas também francesas, no feminino... e gays e lésbicas no masculino-e-feminino... e negros e negras, meninos, meninas, velhos, velhinhas, travestis, *drags*, mulatas "globeleza" seminuas, mulheres supervestidas e cobertas com o véu muçulmano (o "chador"), turcos, árabes e judeus, chineses e japoneses e vietnamitas, deficientes físicos e outros portadores de deficiência, *skinheads*, *junkies*, *punks*, *rappers*, *hooligans* etc. etc. etc., tantas as diferenças quantas, afinal, puder produzir o delírio classificatório-diferencialista das ilusões sensíveis.

5.
A DIFERENÇA FAZ DIFERENÇA, OU:
A PRODUTIVIDADE SOCIAL DA DIFERENÇA

> "A diferença... vai diferindo."
>
> (Gabriel Tarde,
> *La variation universelle*, 1895)

> "Gabriel Tarde assim assinalava o desenvolvimento dialético: a repetição como passagem de um estado das diferenças gerais à diferença singular, das diferenças exteriores à diferença interna — em suma, a repetição como o diferenciador da diferença."
>
> (Gilles Deleuze,
> *Différence et répétition*, 1968)

    Todos nós usamos muito a palavra "diferença". Também com muita frequência todos nós usamos a frase "fazer diferença": tal coisa faz diferença — aquilo não faz a menor diferença — "que diferença faz um dia" na letra daquela canção — que diferença faz um livro? A cultura de consumo em que estamos imersos usa e abusa da palavra diferença nos textos de propaganda e *marketing*. Até o branco da roupa é diferente um do outro. Faz diferença, pois mesmo a diferença infinitamente pequena não deixa de ser uma diferença. Mas, sendo as diferenças culturais entre grupos, entre coletividades e populações, aquelas que nos concernem neste ensaio, isto quer dizer que aqui não vamos nos ocupar das diferenças infinitesimais, superficiais, mas de grandes diferenças, profundas talvez, daquelas que não se pode desprezar no resultado, daquelas que não se suprimem sem mais.

Meu ponto neste trabalho de pesquisa teórica: *a produtividade social da diferença*. Vou deslocar propositalmente o sentido corrente da frase "fazer diferença". Quando digo aqui que a diferença *faz* diferença, quero dizer que a diferença *produz* diferença, que ela provoca, no campo das relações de representação, a emergência de novas diferenças. Ou seja, ela *produz*, social e sociologicamente, outras diferenças além dela, por causa dela, contra ela mesma. Esta, quer me parecer, é a experiência histórica e a experiência política dos movimentos sociais no último quartel deste século que está acabando, experiência que eu modestamente estou aqui tentando destilar teoricamente para ajudar os interessados ou os envolvidos a entenderem um pouco mais as coisas que a partir dos anos 60 e 70 começaram a acontecer um pouco por toda parte, numa cadência que veio se acelerando sensivelmente desde os anos 80, e que têm a ver com a vida que cada um de nós leva ou quer levar ou ainda vai querer levar um dia.

O enunciado tentativo da tese a que cheguei, sujeito ainda a ajustes de todo tamanho, é o seguinte: a diferença coletiva, quando afirmada em sua positividade, quando abraçada discursivamente pelos que se consideram seus portadores [*Träger*], quando posta em discurso com a pretensão de legitimar-se em sua peculiaridade irredutível à indiferença costumeira, é produtora de novas diferenças coletivas. Dizendo de outro modo: quando os diferentes querem se apresentar e, importante isto, se representar com toda a sua diferença, quando eles tomam "para si" sua diferença e nela se reconhecem com benevolência e autoestima, desencadeia-se um processo que é ao mesmo tempo discursivo e material de afirmação de outras diferenças culturais já compartilhadas por indeterminado número de indivíduos, mas que eram, até então, socialmente invisíveis em seu valor (real ou imaginário) e inconcebíveis em sua legitimidade (social ou política). E isto, hão de convir comigo todos os cientistas sociais deste planeta, tem a ver com os movimentos sociais. Não os movimentos sociais reivindicativos de benefícios e melhorias materiais, mas aqueles que, apesar de sua história já longa de muitas décadas, apesar da idade bem avançada de alguns deles, ainda hoje são chamados de "novos movimentos sociais", a saber, os movimentos sociais identitários, expressivos de identidades coletivas experimentadas ou reivindicadas, cujos exemplos mais consistentes e notórios são o movimento feminista e o movimento negro. Há outros, muitos mais, mas isto já faz parte da história que estou começando a contar.

Tudo se passa como se a busca de *reconhecimento* social e/ou político (cf. Taylor, 1992) de uma diferença coletivamente compartilhada — não podendo resultar senão na descoberta de que tal diferença coletiva *é* uma realidade *cultural*, e, porque cultural, é algo que não está dado nem garantido pela natureza, muito menos pela Natureza com N maiúsculo, mas é, sim, uma *commonality* socialmente construída como um todo delimitado através de muita luta, muito empenho e muito trabalho — abrigasse, de quebra, a descoberta de que outras *commonalities* distintivas, novas identidades e diferenças culturais, também pudessem ser politicamente construídas como coletivas através das lutas políticas e com base nas experiências sociais dos interessados ou concernidos por aquela nova diferença. E assim indefinidamente. Tudo se passa como se os diferentes que ousam dizer o nome que eles próprios agora se dão — mulher, negro, latino, gay, lésbica — nomes que eles se dão re-significando pacientemente antigos significantes, re-codificando antigos códigos linguísticos a fim de se re(a)presentarem como não sendo mais os mesmos, para dizer que deixaram de ser "como todo mundo", os mesmos de sempre, e querem parar de ser (des)considerados "como todo mundo", tudo se passa, repito, como se com isso eles estivessem furando um filão inesgotável de novas possibilidades, abrindo para si uma estrada de direção indefinida e sem ponto fixo de chegada, ganhando um infinito de infinitas possibilidades de repetir diferentemente a diferença em infinitas posições, "um infinito de outra espécie" (Deleuze, 1968: 137). Voltando a ler Gabriel Tarde na desconcertante companhia de Gilles Deleuze: a repetição é o processo pelo qual a diferença não aumenta nem diminui, mas "vai diferindo" e "se dá como objetivo a si mesma".[8] A diferença, portanto, como "proliferação" de si na ordem do discurso, diria Michel Foucault, a qual nunca é somente da ordem do discurso, mas também da ordem material.

Mas vamos aos fatos. O objetivo: observar a figura livre e proliferante da diferença, a diferença em ação, no movimento social e no discurso do movimento social. Qual? Neste ensaio vou pôr o foco no movimento das mulheres, o feminismo. Para segui-la em um caso, operando e se engendrando em um caso específico de movimento social com sofisticada prática discursiva de elucubração conceitual. Para no final, depois de feito o percurso, ter conseguido elucidar um pouco, em parte, como se perfaz o trabalho produtivo da diferença coletiva assumida e o que significa dizer que a diferença é socialmente produtiva.

A DIFERENÇA FEMININA: DIFERENÇA DE GÊNERO

As feministas falam muito — e têm muito a dizer — sobre a diferença. Não foi sempre assim. A (re)descoberta da diferença feminina pela "segunda onda" do feminismo veio para se tornar o traço mais marcante e característico daquele renascer do movimento feminista em fins dos 60, início dos 70. Linda Gordon lembra que as feministas da "primeira onda" não usavam a palavra *diferença* (Gordon, 1991), empenhadas que estavam em transformar o sexismo, o discurso *misógino* convencional sobre a diferença entre os sexos, num discurso *andrógino* (cf. Elshtain, 1981; Badinter, 1986a; 1986b) e, dessa forma, conquistar para as mulheres oportunidades, postos e direitos iguais aos dos homens. A *igualdade* entre os sexos em termos legais, civis, políticos, sociais

---

[8] Gabriel Tarde (1895), *Essais et mélanges sociologiques*, apud Deleuze, 1988: 137.

e até mesmo comportamentais foi, por décadas a fio, quase um século, a grande reivindicação do feminismo da "primeira onda". As feministas eram todas imperturbavelmente igualitaristas. Hegemonia total do igualitarismo abolicionista da marginalização da mulher. Isto, até os entornos de 1968, o ano da grande rebelião cultural. Os ventos sopravam a favor.

Num primeiro momento, o uso do termo *diferença* por feministas da "segunda onda" limitava-se a retomar o arquiconhecido e autoevidente argumento sexista de que as mulheres são diferentes dos homens a fim de inverter o sinal negativo, o valor inferiorizante desta crença (Ortner, 1974) e explorar, em favor das mulheres "enquanto mulheres" (*sic*), o dado da diferença sexual com suas impertinentes e até então impensadas implicações, por exemplo: a que se deve tal diferença, à natureza ou à cultura? trata-se de um dado biológico ou cultural? o que significam um e outro? qual dos dois é o mais irredutível? se é verdade que as mulheres e os homens são de fato diferentes entre si, por que as leis e outros tantos aspectos das políticas públicas não tratam as mulheres e os homens de forma diferente?[9]

A "segunda onda" representou para o feminismo um verdadeiro (re)nascimento teórico. Foi nessa travessia, quando acadêmicas feministas fundavam a "história das mulheres", que os círculos intelectuais aprenderam a falar em *diferença de gênero* (Oakley, 1972; Rubin, 1975; Scott, 1988b; Harding, 1993; Nicholson, 1994).[10] "Sexo" passou a ser diferenciado de "gênero", seguin-

---

[9] Nos Estados Unidos, o debate de inspiração rawlsiana sobre o direito dos diferentes a um tratamento diferente tem sido travado com expressiva frequência entre as feministas que se dedicam à teoria política e à teoria do direito. A literatura jurídica de autoria feminista a este respeito já é tão vasta, que é difícil resumi-la. Os interessados podem encontrar boas referências em Minow (1990) e Okin (1991), entre outros.

[10] As duas obras mais usadas como fontes da distinção sexo/gênero são: Oakley (1972) e Rubin (1975). Parece-me que, no Brasil, Gayle Rubin é a mais lembrada como pioneira no esforço de conceituação.

do-se a partir daí um importante e frutífero esforço de fundamentação teórica da grande descoberta: *a distinção sexo/gênero*. Suas implicações foram revolucionárias não só para os projetos, demandas e consignas do movimento das mulheres, mas também para as ciências sociais e o pensamento filosófico praticados fora dos círculos intelectuais feministas. Há quem considere a *distinção sexo/ gênero* o berço esplêndido dos "estudos feministas modernos" (Keller, 1987: 37), um começo de tudo, em tudo e por tudo extraordinário, com notável impacto sobre teoria e prática. Sobre as práticas cotidianas e lutas políticas das mulheres e, ao mesmo tempo, sobre a teorização feminista, que passou a florescer como nunca.

Desse nascimento, é bom lembrar, o anúncio precursor foi feito por Simone de Beauvoir já em 1949, em seu livro *O segundo sexo*, cujo título emblemático punha o dedo na ferida da "secundariedade feminina" (Heilborn, 1993: 52) e trazia em suas páginas, lá pelas tantas, aquela frase também ela emblemática, uma espécie de condensação *avant la lettre* do grande e perturbador achado em torno do qual giraria todo o esforço de elaboração teórica despendido pelas intelectuais feministas no decorrer das três últimas décadas do século XX. A frase precursora: "Ninguém nasce mulher: torna-se mulher" (Beauvoir, 1949).[11] O achado, que viria uns vinte anos depois: "sexo" é um dado biológico e "gênero", um fato cultural.

"Sexo" é o dado biológico de uma classificação cultural doravante chamada "gênero". "Sexo" é o substrato biológico sobre o qual são construídas as práticas socioculturais de "gênero". Ainda noutras palavras, "sexo" é a base biologicamente dada sobre a qual se (im)põe social e culturalmente o "gênero", que é, assim, uma construção social. As palavras "macho" e "fêmea" identificam clinicamente pessoas em termos de suas naturezas biologicamente sexuadas; as palavras "masculino" e "feminino" identificam socialmente pessoas em termos de seus gêneros (Fried-

---

[11] A tradução brasileira é de Sérgio Milliet, vale notar.

man, 1996: 78). De acordo com a distinção sexo/gênero, um corpo sexuado como fêmea é culturalmente percebido e socialmente construído como sendo feminino; um corpo sexuado como macho é culturalmente percebido e socialmente construído como masculino. Mulheres e homens são, portanto, seres complexos cujos corpos sexuados são culturalmente *en-gendered*, ou seja, "constituídos em gênero", conforme uma das tentativas de tradução feita por feministas brasileiras (cf. Saffioti, 1995) de um jogo de palavras em inglês que é intraduzível para o português: *gender, gendering, gendered, engendered*.[12] Gênero é "uma categoria social imposta sobre um corpo sexuado", resumiria no final dos anos 80 a historiadora e feminista Joan Scott, uma das mais prestigiadas autoridades intelectuais praticantes da "história das mulheres" (Scott, 1988b: 32; ver tb. Kofes, 1993).

História das mulheres — *Women's History*. Ou a palavra certa não seria *Herstory*, a "história dela", *her*, não dele, não *his*, não *his-story*, como um dia quiseram etnocentricamente as mais radicais dentre as novas historiadoras anglófonas praticantes da "história das mulheres"? De todo modo, foi inicialmente na *Women's History*, novo ramo da área de história preocupado basicamente em dirigir o foco da pesquisa e da análise históricas para a *especificidade feminina*, a *cultura feminina*, a *irredutibilidade da experiência feminina de gênero* como uma *mesma* experiência compartilhada de sujeição e opressão baseada na diferenciação sexual binária — que o enfoque da diferença acabou mostrando seu valor heurístico como produtor de novos conhecimentos sobre o passado das mulheres, sujeitos até então invisíveis da história, protagonistas emudecidas de suas próprias histórias. Ao reivindicar (e documentar historiograficamente) a importância das mulheres na história e questionar a prioridade dada até então à

---

[12] Ver também a tradução do artigo de Teresa de Lauretis, "A tecnologia do gênero", feita por Heloísa Buarque de Holanda, que faz acompanhar de uma nota de rodapé explicativa seu esforço por encontrar em português correspondências razoáveis para esses termos (De Lauretis, 1994: 206).

"história do homem" em detrimento da "história da mulher" e assim revelar a hierarquia e a discriminação implícitas em muitos relatos históricos (Scott, 1992: 77-8), a história das mulheres acabaria inevitavelmente por se confrontar com o "dilema da diferença", nos termos em que viria a concebê-lo a jurista americana Martha Minow (1984; 1990, ver tb. Di Stefano, 1987).

O feminismo da "segunda onda" é diferencialista. A "diferença" pensada primeiro através da *diferença de gênero*, passando primeiro por ela. Que outra diferença, afinal, poderia ser mais importante do ponto de vista das feministas naqueles idos não tão remotos, situados "em algum momento entre a metade e o final da década de 70" (Scott, 1992: 64)? A avidez com que muitas intelectuais acolheram a demanda por explorar teórica e documentalmente a "diferença" na chave da "diferença de gênero" levaria à criação da figura de uma *womanhood* abstrata por oposição à velha humanidade pensada pelas "grandes narrativas" ocidentais enquanto *manhood, manhood* = humanidade-virilidade. Uma *womanhood* portanto contrastiva emergindo num imaginário feminista que na época andava empolgado por um incontido e sincero desejo de unidade com um confortável senso de parentesco, como (se fosse) uma *sisterhood*, uma "irmandade de mulheres".[13]

---

[13] *Sisterhood*: mais um termo difícil de ser traduzido para as línguas latinas. Os tradutores franceses adotaram o neologismo "*sororité*" (de *soror*, em latim, que significa irmã, distinto de *frater*, irmão). A palavra fraternidade, que nas línguas latinas abrange homens e mulheres, acha-se constitutivamente minada de masculinidade, de valor masculino. Até o momento, os tradutores brasileiros têm resistido à tentação de usar "sororidade", vocábulo que, de fato, soa muito estranho aos nossos ouvidos, soa distante demais do uso comum, e eles e elas têm preferido outras soluções indiretas, tortuosas, não monovocabulares, como, por exemplo, a saída encontrada pela socióloga e tradutora Vera Pereira para dizer *sisterhood* em português: "irmandade de mulheres" (cf. Fox-Genovese, 1992: 32). Há quem não goste, mas qual a solução alternativa? *Womanhood* é outro nó: a tradução informalmente convencionada entre as feministas brasileiras para o nome *womanhood*, me parece, é o sintagma "condição de mulher". Nem sempre funciona.

Procurando concretizar os avanços de uma *scholarship* feminista na academia com a aceitação, a implantação e a consolidação institucional dos chamados *Women's Studies* (basicamente antropologia, história e teoria literária), alguns esforços de teorização vinham embalados pelo desiderato de criação de uma grande teoria, uma "grande narrativa" sobre a "Mulher", sobre "a" diferença feminina. Desbiologizada por um lado, em virtude do conceito de gênero, essencializada por outro.

Elas tinham caído numa das *ciladas da diferença*, a saber: a fixação do olhar na diferença pode terminar em fixação essencializante de uma diferença.[14] O conceito de gênero como diferença sexual passava a "confinar o pensamento crítico feminista no arcabouço conceitual de uma oposição universal de sexo (a mulher como a diferença do homem, ambos universalizados; ou a mulher como diferença pura e simples e, portanto, igualmente universalizada), o que torna muito difícil, se não impossível, articular as diferenças entre "mulheres" e "Mulher", isto é, as diferenças entre as mulheres ou, talvez mais exatamente, as diferenças nas mulheres. [...] A partir desta perspectiva, não haveria absolutamente qualquer diferença e todas as mulheres seriam, ou diferentes personificações de alguma essência arquetípica da Mulher, ou personificações mais ou menos sofisticadas de uma feminilidade metafísico-discursiva" (De Lauretis, 1994: 207).

O novo discurso do saber feminista, basicamente de língua inglesa, vazado numa lexicalidade nova, num vocabulário às vezes inusitado e muitas vezes intraduzível para outras línguas — *gendered, engendered, gendering, womanhood, sisterhood* —, vinha para trans-valorar a diferença feminina, para dizer que a Mulher, agora pensada e às vezes escrita com letra maiúscula, tem características específicas diferentes das do Homem, diferentes,

---

[14] Ver o capítulo 1 deste livro; ver também, a respeito do ato de fixar o olhar numa diferença visível, as agudas observações de Homi K. Bhabha (Bhabha, 1992).

mas não inferiores, quiçá superiores (Gordon, 1991), para proclamar que a Mulher passa por experiências vitais extremamente positivas, fortes e fortalecedoras, que lhes são irredutivelmente específicas, próprias e intransferíveis — a maternidade, por exemplo, com sua tríade incomensuravelmente feminina: a gravidez, o parto e o aleitamento. Tudo somado, isso vai dar na construção de uma "cultura feminina" positivamente diferente da "cultura masculina", que desde os tempos mais remotos foi imposta, até mesmo linguisticamente (daí terem importado o termo gênero da gramática) como padrão universal de humanidade.

Da androginia igualitarista da "primeira onda", cujo espírito *genderless* ecoa até hoje nos escritos de Elizabeth Badinter, tipo *L'un est l'autre* (Badinter, 1986), passava-se à cisão em dois [*Zweiung*]. À di-visão, conforme aprendi a dizer e a grafar em forma hifenizada a fim de sublinhar a bi-partição, o di-morfismo: *manhood* versus *womanhood*. "Gênero", distinguindo o feminino do masculino, ou melhor, construindo o feminino como diferente do masculino, impunha-se desde logo como categoria dicotômica referida ao di-morfismo sexual da espécie humana. O nome "diferença de gênero", naquele momento, parecia não ter outro significado senão o de descontinuidade entre **os dois** gêneros: *gender difference* = *difference* **between** *genders*, masculino e feminino: não mais que dois.

Bastou, pois, que a "segunda onda" do feminismo descobrisse e, num trabalho como de Sísifo, elaborasse teoricamente a noção de gênero (quando não metateoricamente, cf. Harding, 1993; Keller, 1997), para que a animada afirmação da diferença das mulheres como diferença de gênero aí se instalasse com todas as suas vibrações, boas e más, com todo o seu poder de erosão do já-dado, de anúncio e produção do novo, é verdade, mas também com todos os riscos de um retorno ao velho vício ocidental, o *essencialismo*. Só que agora, um essencialismo diferencialista, ou melhor, um diferencialismo essencialista aferrado ao irredutível de uma diferença coletiva que no entanto é cultural. Mas é irredutível, insistem.

A PROLIFERAÇÃO DA DIFERENÇA:
A DIFERENÇA É PRODUTIVA

A diferença é, ela mesma, um fazedor de diferença, um *difference maker*. Duas citações, duas boas ilustrações de como ela não para, não sossega:

A primeira: "Ser negra e ser mulher é ser uma mulher negra, uma mulher cuja identidade é constituída *diferentemente* da identidade da mulher branca" (Benhabib & Cornell, 1987: 13). Trata-se de um adeus à *sisterhood*. Uma despedida a partir da raça.

A segunda: "As diferenças entre mulheres que usam véu,[15] mulheres que 'usam máscara' (nas palavras de Paul Laurence Dunbar, frequentemente citadas por escritoras negras americanas) e mulheres que 'se fantasiam' (a palavra é de Joan Riviere) não podem ser entendidas como diferenças sexuais" (De Lauretis, 1994: 207). Outro adeus à *sisterhood*. Desta feita, do ponto de vista das mulheres de diferentes pertenças étnicas, etno-nacionais, nacionais, religiosas etc. Aqui se invocam diferenças que são alteridades de mundos vitais, de valores culturais e pautas comportamentais, distâncias culturais nem sempre pequenas instaladas no seio da imaginária "irmandade das mulheres" constituída pela diferença de gênero.

O que estas citações ilustram? Que existem diferenças coletivas significativas "entre as mulheres". Que, na vida, relações de amor ou de opressão não acontecem entre "homens simplesmen-

---

[15] Nesta passagem, a frase "mulheres que usam véu" refere-se às mulheres muçulmanas, às seguidoras do islã, que por razões religiosas usam véu sempre que estão em lugares públicos. Em diversos contextos nacionais ocidentais, sobretudo nos países do Primeiro Mundo, o uso do véu [*chador*] pelas mulheres muçulmanas em determinados lugares (na escola pública, por exemplo) tem sido um forte marcador de diferença e de distância cultural. Na Alemanha e na França, o uso do véu ou fular muçulmano chegou a virar um ponto importante, quase um ícone, na discussão dos alegados "direitos culturais" reivindicados em nome do "direito à diferença" (cf. Mandel, 1989; Gaspard & Khosrokhavar, 1994; Moruzzi, 1994; Köker, 1996).

te" e "simplesmente mulheres", duas figuras vazias, espectrais. A propósito, Julia Kristeva tem uma frase que acho perfeita como crítica do essencialismo, uma tirada antiessencialista que se tornaria muito citada e aplaudida pelo crescente contingente de feministas adversárias do feminilidade essencial: "A crença de que 'alguém é mulher' é quase tão absurda e obscurantista quanto a crença de que "alguém é homem" (Kristeva, 1980: 165). As relações de gênero que de fato acontecem na vida são sempre relações "sobredeterminadas" entre subjetividades "complexas". Por exemplo, as relações amorosas entre, digamos, uma mulher negra jovem escrava e um homem livre branco velho e pobre no Rio de Janeiro dos inícios do século XIX, ou então, entre uma mulher branca judia italiana rica e um homem negro pobre emigrado do Senegal na Milão de hoje.

Nem bem começava a década de 1980 e a discussão teórica entre as feministas já se deixava polinizar fartamente pela nova descoberta prático-teórica, a da *multiplicidade feminina* (Epstein, 1988). Mulheres de grande prestígio intelectual começaram a levar a sério a suspeita de que falar *da mulher*, dos problemas e interesses *da mulher* e em especial da "mulher enquanto mulher", da "mulher enquanto tal", era... *essencialismo*.[16] As acusações de essencialismo que então surgiram e, politizadíssimas, logo se avolumaram no decorrer dos anos 80, podem ser resumidas com as pala-

---

[16] Tal como empregado no contexto da teoria feminista, "essencialismo" tem pelo menos dois sentidos principais. Um deles é este: pensar a mulher "enquanto mulher", com um M maiúsculo latente, inconfesso. O outro significado remete à tendência a encarar certas características de inteligência, afetividade e outras qualidades psicológicas, capacidade expressiva e habilidades práticas, como "essencialmente" femininas, no sentido de serem inalteravelmente associadas ao fato de alguém ser mulher. Usado da segunda maneira, o essencialismo, quando não se identifica com o determinismo biológico, fica muito próximo disto. Elizabeth Spelman comparou a expressão "enquanto mulher" [*as a woman*] ao cavalo de Troia. Um presente de grego trazido pelo feminismo essencialista da "segunda onda", que é por isso acusado de etnocêntrico (Spelman, 1988: 13).

vras de Elizabeth Spelman: "o foco sobre as mulheres 'enquanto mulheres' contempla na verdade um único grupo de mulheres, a saber, as mulheres brancas de classe média dos países ocidentais desenvolvidos" (Spelman, 1988: 4). Fazer esta crítica, hoje, é dizer um truísmo, mas na época era uma sensação. Por trás da figura da mulher universal — entendeu-se sempre mais no decorrer de pouco mais de uma década — estavam escondidas as "mulheres brancas, ocidentais, burguesas e heterossexuais" (Harding, 1993: 8), que haviam desde sempre se mostrado insensíveis e indiferentes, não só aos problemas das mulheres de outras raças, culturas e religiões, mas até mesmo à sorte das mulheres brancas de outras classes que não a sua,[17] ou praticantes de uma sexualidade distinta da sua (lesbianismo, fetichismo, sado-masoquismo etc.). Não dava mais para ficar isolando o gênero das outras determinações sociais, das outras variáveis independentes, das outras pertenças coletivas das mulheres. A menos que o gênero fosse qualificado "no contexto"[18] da classe e da raça, seu uso era suspeito. Como escreveu Ângela Arruda recentemente, "a diferença não é mais aquela" (Arruda, 1997).

"Gênero", portanto, que desde o seu *début* nos anos 70 foi uma categoria problemática, ficava ainda mais problemático. O uso sem mais da categoria passou a ser considerado perigoso. Era o mínimo que diziam as feministas opositoras do essencialismo, posição de combate que com o passar do tempo, tudo indica, acabou empalmando a hegemonia teórica nos estudos feministas. Uma nova concepção de objetividade do relato histórico e da teoria

---

[17] Para visões críticas do esquecimento das divisões de classe pelas duas primeiras ondas do feminismo, a igualitarista e a diferencialista-essencialista, ver em especial a coletânea de textos organizada pelas historiadoras Ellen Carol DuBois e Vicki L. Ruiz, *Unequal Sisters* (1990).

[18] "No contexto" é o título de um artigo de Martha Minow e Elizabeth Spelman, escrito a quatro mãos no esforço de deslindar as problemáticas implicações jurídicas do essencialismo "descontextualizado" (Minow & Spelman, 1990).

sociológica emergia, então, vazada nos termos metateóricos de uma nova exigência de validade cognitiva para os estudos feministas. Em cujo círculo, é preciso enfatizar este dado, as intelectuais negras já se faziam representar com certa visibilidade, ainda que muito minoritariamente (cf. Zinn *et al.*, 1986). Muito em função dessas novas personagens em cena, a insatisfação aflorava em meio a palavras hiperpolitizadas de suspeição quando não de rejeição do paradigma de gênero, palavras duras: excludente, repressivo, etnocêntrico, racista. A nova exigência: as análises de gênero não podem ignorar o fato histórico-empírico-existencial de que a experiência (ou a identidade) de gênero está intrinsecamente vinculada com outros aspectos significativos da posição social e da pertença cultural — a *classe* e a *raça*, pelo menos! — sob pena de não dar conta da verdadeira relação de opressão que o próprio sexismo representa. Se não se pode isolar o sexismo de outras formas básicas de subordinação e opressão, o gênero, do mesmo modo, não pode ser isolado dessas outras formas de identificação sociocultural (Hewitt, 1992).

"Entre as mulheres": a mais nova vertente do debate teórico feminista não enfatiza tanto a diferença entre homem e mulher, o di-morfismo masculino/feminino, quanto as diferenças "entre as mulheres". A preposição entre, neste caso, é usada com o sentido de *among* [= entre vários termos] e não mais com o sentido de *between* [= entre dois gêneros] (cf. Gordon, 1991). Um bom exemplo é o livro coletivo "Irmãs desiguais" (DuBois & Ruiz, 1990), uma coletânea de artigos assinados por historiadoras de mulheres a respeito das mais diversas formas de vida das mulheres em diferentes contextos culturais e situações de classe, tendo em mente desmontar, do ponto de vista crítico das relações capitalistas de exploração e de todas as formas de opressão, a ficção da *sisterhood*. O título do livro é sugestivo: tem cabimento falar de irmandade e similitude no meio de tantos conflitos e tamanhas desigualdades socioeconômicas "entre as mulheres"? Não paravam de chegar de toda parte, relatam as autoras, apelos por uma abordagem mais complexa das experiências das mulheres, "uma abordagem que explorasse não só os conflitos entre homens e mulheres, mas também os conflitos *entre as mulheres*" (DuBois & Ruiz, 1990: xi). Nem bem se consolidara de modo satisfatório a descoberta intelectual da diferença de gênero e da comum condição feminina de subordinação ao polo masculino, e já eram crescentes as demandas pelo reconhecimento da "heterogeneidade interna" do mulherio, ao lado das pressões pelo registro historiográfico, etnográfico e sociológico da "conflituosa diversidade das experiências das mulheres". A pluralidade de situações e experiências femininas estava a exigir uma *perspectiva multifacetada*. Quando se quer "contar toda a história", é preciso ir atrás das "interconexões entre os vários sistemas de poder que dão forma às vidas das mulheres" (DuBois & Ruiz, 1990).

Além do gênero, é imprescindível levar em conta na experiência dos diferentes grupos de mulheres pelo menos duas outras variáveis pesadas, a *raça* e a *classe*. Do enfoque binário de gênero, com os homens de um lado e as mulheres do outro, a legitimidade acadêmica ia-se deslocando para uma poderosa tríade: *gênero, classe* e *raça*. Começou a aparecer uma produção acadêmica que, interessada nas *relações de poder entre as mulheres*, fixou a atenção nas mulheres de diferentes raças e diferentes culturas de classe. Muita influência, neste momento, da perspectiva do historiador inglês E. P. Thompson. Animadas então por mais um espectro de Marx (cf. Derrida, 1994) e alavancadas por Foucault, as historiadoras de mulheres começaram a explorar em suas pesquisas historiográficas e em seus esforços de teorização a dinâmica das relações de poder através das quais *mulheres oprimiram outras mulheres*. Marx + Foucault = antagonismos de classe + relações microfísicas de poder "entre as mulheres". As feministas de esquerda puseram "mais classe" nos estudos sobre mulheres: mais classe trabalhadora, mais mulheres trabalhadoras, mais trabalho e divisão do trabalho, mais divisão *sexual* do trabalho, mais culturas e subculturas de classe trabalhadora, mais modos de vida das trabalhadoras, mais relações de produção (Saffioti,

1976; 1992; Pena, 1981; Lobo, 1991; 1992). E, óbvio, pediam mais autocrítica delas próprias, as feministas.[19]

Curioso, porém. Por maior que ainda fosse naquele tempo o prestígio intelectual do marxismo entre as historiadoras das mulheres, como aliás costumava ser entre os praticantes e teóricos da história social, tudo leva a crer que foi a consideração da variável *raça*[20] o fator de maior potência na explosão da ideia de uma irmandade universal das mulheres. Peso muito maior que o da classe. A afirmação do fator *raça* no miolo da diferença de gênero inseria-se no caudal de um movimento social específico e poderoso desde os anos 60, *o movimento negro*, que, nos anos 80, se entrecruzava com outro movimento social também de peso e impacto midiático, o movimento feminista, o que fez da recepção do fator *raça* no nicho intelectual das escritoras e pesquisadoras feministas um evento de efeitos muito mais salientes e consequentes na produção intelectual e na agenda política do movimento feminista do que a defesa filomarxista do fator *classe*. Talvez porque classe não se diga facilmente na língua da diferença, mas da desigualdade, a qual não tem lá, não tem mais, todo o charme e todo o brilho de que hoje goza a diferença (cf. Attali, 1978, 1979), toda essa "fascinação" (cf. Hall, 1995). Talvez porque, embalada na batida do *rap*, raça fosse a bola da vez nos idos

---

[19] Música incidental: "Feministas de *pedigree* como Harriet Taylor, Charlotte Perkins Gilman, Virginia Woolf, Simone de Beauvoir e Betty Friedan (em *A mística feminina*), parece que todas elas partiam do pressuposto de que as mulheres que elas estavam liberando contavam com o recurso das empregadas domésticas. Com a parcial exceção de Virginia Woolf, atenta de alguma forma à triste sorte das criadas, as outras não deram atenção às empregadas, que eram mulheres como elas, claro, e formavam a esmagadora maioria dos servidores domésticos" (Okin, 1994: 6).

[20] Para uma *mise au point* atualizada do conceito de *raça* e uma oportuna discussão da validade ou não do seu uso nas ciências sociais e nos movimentos sociais antirracistas, ver os trabalhos recentes de Antonio Sérgio Alfredo Guimarães (em especial, Guimarães, 1995).

de 80. Talvez porque, nos anos 80, as escritoras negras estivessem a publicar mais, a ministrar mais cursos, a ser mais lidas e discutidas, a ficar mais conhecidas e, *last but not the least*, reconhecidas (Gates Jr., 1986). O fato é que nos estudos feministas *raça* pesou mais do que *classe* na deslegitimação da exclusividade da categoria *gênero*. Deixou completamente de ter validade o pressuposto de que "há uma experiência de *womanhood* generalizável, bem recortada e identificável além de coletivamente compartilhada" (Benhabib & Cornell, 1987: 13). Os tempos agora eram outros e as experiências femininas consideradas teoricamente relevantes eram, também elas, outras. A diferença feminina avançava rapidamente "para além da *sisterhood*" (cf. Fox-Genovese, 1992). Ficava para trás, relegada, seduzida e abandonada, a Mulher Universal.

MULHERES NEGRAS: ESSE MIX DE RAÇA/GÊNERO

Mulheres negras: a raça, um outro fardo. Qualitativamente diferente do gênero. Mais de um fardo, portanto, em cima delas. Sujeição dúplice. "A opressão de uma mulher negra, numa sociedade que é tão racista quanto sexista, não pode ser pensada como se fosse um acréscimo de peso no fardo: na verdade, é um fardo diferente" (Spelman, 1988: 123). O contato com as vidas das mulheres negras através da pesquisa empírica e da literatura de autoria de mulheres negras levou nos anos 80 à descoberta, surpreendente de início aos olhos das feministas brancas, de que uma mulher negra nunca é simplesmente uma mulher (cf. McKay, 1993).

Nas mulheres negras, raça e gênero vêm juntos, inevitavelmente juntos. Parafraseando a velha ideia de Joseph de Maistre, o ultraconservador francês que no final do século XVIII dizia nunca ter visto o Homem abstrato andando pelas ruas e que, em vez do Homem, só tinha visto franceses, italianos, russos e assim por diante, eventualmente persas (De Maistre, 1980), ou seja, apenas homens concretos dotados de identidades etno-nacionais irredutíveis, pode-se dizer nos dias de hoje, pós-80, que não se encontra uma negra sem raça (des-racializada) nem tampouco sem gênero (*un-gendered*). Nas mulheres negras, raça e gênero são traços salientes, imediatamente visíveis e indisfarçáveis, marcas de identificação indeléveis — indeletáveis! — apresentando-se e re-presentando-se como figuras sempre-já imediatamente à vista, vistosas, sempre-já no proscênio e não no fundo da cena, não como pano de fundo. Raça/gênero, gênero/raça: experimentados conjuntamente num mesmo corpo, mutuamente constitutivos, mutuamente implicados, mutuamente imbricados. Inextricavelmente intricados. Sem serem contudo experiências idênticas, sem se deixarem fundir numa coisa só. Dois processos diferentes, perfeitamente individuáveis em seus efeitos, mas irredutíveis um ao outro, cada qual com sua própria lógica, em constante tensão e contínua transformação, não raro se enfrentando em conflitos insolúveis apesar de entrelaçados para sempre. Raça/gênero: condições inescapáveis, identificações inseparáveis. Descoberta do feminismo dos anos 80, logo que re-animado pela presença vibrante e a vigorosa produção literária de escritoras assumidamente mulheres e negras (ver Collins, 1989; DuCille, 1994).

A separação de gênero e raça tinha sido a norma no passado da ideologia. Foi possível, por isso, que nas fileiras feministas durante várias décadas as mulheres brancas de classe média, assim como desde sempre as da classe dominante, olhassem para as negras e enxergassem nelas apenas a raça, não o gênero, assim como, quando olhavam para si mesmas, só conseguiam ver o gênero, não a raça. Mulheres (brancas) *raceless*, de um lado, (mulheres) negras *genderless*, do outro. Era assim. A cegueira das brancas ao gênero das negras, patologia que acompanhava simetricamente a cegueira delas à sua própria condição racial de brancas, vigorou até a década de 1980. Foi aí que intelectuais negras nos Estados Unidos, percebendo o feminismo hegemônico como uma política de brancas sem lugar para as negras, um movimento etnocêntrico e eivado de práticas excludentes (ver Zinn *et al.*, 1986), passaram a perguntar em suas publicações: "Onde é que eu entro nisso? E quando?" (Giddings, 1984; ver tb. Lam, 1994; DuCille, 1994).

"E eu, não sou uma mulher?" — *Ain't I a woman?* — foi o grito de protesto antirracista proferido de dentro do "feminismo etnocêntrico" no início dos anos 80 pela escritora negra americana, bell hooks, que o cravou bem no título de um livro seu, de contestação do feminismo essencialista que, olhado do ângulo da experiência de raça, aparecia como racista aos olhos e ouvidos das feministas negras (hooks, 1981; Davis, 1981).[21] O título, forte acusação de racismo a um movimento que se dizia progressista, era a repetição, 130 anos depois, do título original de um extraordinário relato da experiência pessoal e coletivamente compartilhada de uma mulher negra que viveu explorada e marginalizada sob o racismo escravista. Um testemunho escrito datado de 1851. A autora, Sojourner Truth, uma negra americana que em pleno século XIX gostava de escrever. *Ain't I a woman?* (cf. hooks, 1981; White, 1985).

Observe-se a trajetória da variável *raça* dentro dos estudos feministas: um percurso em três fases, homólogo em quase tudo, exceto na duração, ao desenvolvimento do próprio feminismo. Vejamos rapidamente os três momentos que se desenharam nesse percurso-em-miniformato que a diferença feminina teve que fazer quando se viu atravessada pela negritude, perpassada pela *Blackness*, balançada de africanidade, na travessia do diferencialismo essencialista para uma "etapa superior" do diferencialismo, o diferencialismo disseminante e *"miscigenator"* da fase atual. O esquema básico do trajeto é o seguinte: de um modelo *uni-racial* ao enfoque *bi-racial* e, deste, ao *multicultural*. A sequência de fases

---

[21] O livro de bell hooks (nome grafado propositalmente em minúsculas) tornou-se referência obrigatória dos estudos de negritude e feminismo nos Estados Unidos (cf. hooks, 1981).

é simplesmente idêntica às três "etapas" (se é que neste caso se pode falar de etapas)[22] percorridas pelo pensamento feminista.

(1) *Modelo uni-racial*. Peguemos a história das mulheres. A maior parte dos primeiros produtos desta área de pesquisa, trabalhando com a suposição axiomática da existência de uma experiência feminina universal definida por contraste com a história do homem, deu pouca atenção, quase nenhuma, ao fator raça. Determinada a jogar luz sobre a diferença (binária) entre o passado masculino e o feminino, "o passado que a história das mulheres acabou explorando foi só o das mulheres brancas de classe média" (Dubois, & Ruiz, 1990). A propalada figura de uma enorme irmandade feminina não passava, no fim das contas, de uma grande reunião de mulheres da mesma raça, todas brancas. Ora, isto queria dizer que a primeira fase da história das mulheres havia sido dominada por um paradigma "uni-racial", onde só entrava mulher branca, um paradigma portanto racista no velho estilo assimilacionista *color blind*, quer dizer, "cego" para a cor da pele (cf. Parsons, 1993). As mulheres brancas apareciam na verdade como se não tivessem cor, destituídas de raça [*raceless*]. Eram retratadas do ponto de vista de suas "experiências históricas" como se determinadas unicamente pelo gênero. É isto basicamente o que as escritoras feministas negras vão começar a dizer no decorrer dos anos 80, como que "caindo na real", porquanto no outro lado da "casa grande", quando se buscava retratar as vidas das mulheres negras, suas "experiências históricas" de sujeição acabavam sendo creditadas unicamente à raça, não ao gênero. O arcabouço "uni-racial" não era capaz de trazer raça e gênero para o mesmo campo teórico, não conseguia contemplar raça e gênero num só enfo-

---

[22] Não tem nenhum sentido supor que os sucessivos deslocamentos observados sejam etapas de um processo evolutivo de desenvolvimento, nem tampouco pensar que uma nova fase *substitua* a anterior. É bem verdade que, à medida que o movimento anda, as diferentes posições que vão-se formando em seu interior se deslocam, se reorganizam e se rearticulam. Sem que uma tome o lugar da outra, fique claro.

que. De repente os meios acadêmicos de pesquisadores descobriam, alertados pelas escritoras negras, que o paradigma feminista uni--racial não tinha feito mais do que substituir, reproduzidos em outra escala, os mesmos equívocos teóricos do universalismo abstrato: trocara o homem universal por uma *mulher branca universal*.

(2) *Modelo bi-racial*. Depois de um período nebulosamente unitário, indiferenciado, *color blind*, a diferença se instala e, com ela, a cisão em dois [*Zweiung*]: dois gêneros lá, duas raças aqui. Bastava cruzar, dois pra lá e dois pra cá, as duas formas de divisão social em uma mesma coorte demográfica, as mulheres negras, para se perceber que a complexidade teórica seria doravante o destino inescapável do feminismo, o que, de quebra, iria dificultar enormemente o desempenho profissional do(a) pesquisador(a) com fome de realidade[23] e objetividade cognitiva. O novo enfoque nas experiências de opressão e exclusão com base na diferença de raça, embora dividindo artificialmente o mundo feminino em brancas e negras, mesmo assim fez explodir o enfoque exclusivo no gênero. O foco posto em cima da negritude deslocava, de um modo que até então parecia inimaginável, a centralidade da diferença de gênero, agora reflexivamente perpassada pela desigualdade racial. O nome bi-racial dado ao novo modelo pouco importa agora (cf. Skidmore, 1994). O que importa é que a nova abordagem veio permitir que as historiadoras feministas abandonassem a celebração da *womanhood* como *sisterhood*, e, da afirmação de uma "cultura feminina" unitária, coerente e solidária, dominada por valores de solidariedade, unidade na luta e irmandade, passava-se a levar em conta a existência de tensão, atrito e forte conflitualidade no seio igualitário daquele idílico congraçamento imaginário de todas as mulheres do mundo. No terreno irrequieto e efervescente da intelectualidade feminista nos anos 80, em meio

---

[23] *Wirklichkeitshunger* ou "fome de realidade", já se disse a respeito de Max Weber, é uma qualidade imprescindível de quem tem a ciência como vocação (cf. Santos, 1998).

a discussões teóricas e políticas envolvendo as mais diferentes filiações e correntes internas ao feminismo, estava-se cumprindo uma passagem explosiva: da exclusividade de gênero para o binômio *gênero/raça*, ambos os termos postulados como diferenças coletivas que exigiam ser equanimemente consideradas, e de modo articulado, nos estudos e nas lutas.

(3) *Modelo multicultural*. Dado, porém, que a diferença o que faz é *ir diferindo*, segundo reza a frase de Gabriel Tarde tão a gosto de Gilles Deleuze, ela continuou a proliferar. Embora a nova abordagem combinada *raça/gênero* tivesse nocauteado já nos primeiros assaltos o embelezado espectro de uma experiência feminina universal, ela não pareceu representar, entretanto, a chegada a um porto seguro na teoria. O ponto de partida tinha ficado definitivamente para trás, mas aquele ponto a que se chegara ainda não era o ponto de chegada. Tinha seus limites, suas sombras, mantinha velhos cacoetes dicotômicos. Era como se também o pensamento da raça exigisse uma estrutura que não tivesse mais que duas posições (Kaminsky, 1994). O arcabouço dicotômico usual nos estudos de relações raciais nos Estados Unidos (cf. Skidmore, 1994) levava agora as historiadoras de mulheres a centrarem o foco de suas narrativas e análises na relação, também ela redutora, entre as mulheres *brancas* e as mulheres *não brancas* tomadas em conjunto, "compactadas numa só voz", flagrante recaída no "achatamento do mundo" (cf. Duarte, 1986) típico da polarização binária simples, que não fazia mais do que manter na invisibilidade de sempre a grande diversidade de experiências de vida das mulheres não brancas de diferentes etnicidades. Eis aí. Mais uma vez, era como se assomasse, exibindo toda a sua legitimidade metateórica, a exigência intelectual de seguir as "diferenças dentro". Em vez de "multirracial", este último modelo vem sendo chamado de "multicultural", porquanto se trata de enfocar a interação e as interconexões de muitas *etnicidades*, figuras mais bem descritas como *culturas*.

O terceiro modelo, que coincide no tempo com o terceiro momento teórico dos estudos feministas e com ele articuladamente se constitui, é o efeito de um encontro político-cultural-teórico inédito, um encontro histórico no sentido de historicamente significativo, de fazedor de história, que é o encontro entre a política cultural de gênero e a política cultural negra, a "cultura *black*". Coisa de ontem este encontro, esta cruza. **Anos 80.** Recentemente.

DIFERENÇAS DENTRO, EMBAIXO, ENTRE

"Deixe que minha mão errante adentre atrás, à frente, em cima, embaixo, entre..."[24] Nem bem a teorização feminista feita em chave diferencialista chegava à sua segunda década, e já estava às voltas com um novo desafio, quase um novo empurrão, vindo com os ventos dum outro continente diferencialista — o diferencialismo disseminante. Vimos como os primeiros estudos de mulheres produzidos na "segunda onda" do feminismo representaram na verdade uma "primeira onda de diferencialismo" centrado na categoria gênero. Um diferencialismo essencialista. Todo um precioso esforço intelectual que, embora pioneiro na radicalidade política e teórica com que rejeitava o masculinismo inerente à episteme ocidental, deixara-se entretanto monopolizar pela busca obcecada do gênero, com solene desprezo por outras formas de divisão social e pertença cultural. Nem sequer a classe e a raça pareciam importar para a maior inteligibilidade das experiências das mulheres. Vimos que os primeiros trabalhos em história das mulheres supunham como realmente existente uma experiência feminina universal. Não demorou muito e a *womanhood/sisterhood* revelou-se uma quimera. Quimera e dissimulação. Formou-se então a rejeição, da entrada dos anos 80 em diante. Faz só vinte anos, pois, nem isto, que a atitude intelectual dominante no campo feminista mudou: é hoje de recusa cabal de toda forma de explicação

---

[24] Quem canta isto é Caetano Veloso, no álbum *Cinema Transcendental* (Polygram, 1989). A canção "Elegia", música de Péricles Cavalcanti e letra de Augusto de Campos, é baseada em poema de John Donne, século XVII.

transcultural da diferença de gênero nos termos di-mórficos de um par humano essencial e universal, masculino e feminino, enclausurado pelas tramas da ideologia *color blind* nas fronteiras estreitas da classe média branca e escolarizada dos países desenvolvidos.

A crítica, que além de contundente foi ficando volumosa em número de autores e páginas, deu no que deu. Nisso que hoje estamos vendo acontecer desde o dia em que a ótica de gênero se deixou contaminar — e a metáfora da contaminação é proposital[25] — pela consideração da raça: deu em proliferação das diferenças, desatou o nó da pluralização interna. E as mulheres negras ali, no olho do furacão, trazendo em seus corpos muita raça e muito gênero. "Este é sempre um encontro extremamente difícil, se não perigoso" (Hall, 1989a: 224). E eu acrescentaria: extremamente fecundo, ademais. Antes de mais nada, seu maior mérito foi ter determinado o que Stuart Hall chamou de "fim da inocência" (*ibid.*), quer dizer, o fim da visão inocente de uma feminilidade essencial. Muito bem. O estado atual é de pluralização radical. Hoje tem muita gente tentando pensar a ação "simultânea, divergente e desigual" das diferenças coletivas se cruzando, se recruzando, se entrecruzando, novas diferenças sendo interpeladas à

---

[25] Em certos círculos acadêmicos de pesquisa histórica e social praticantes dos "estudos culturais" com enfoque na pós-colonialidade (ver neste livro o capítulo 6), tem sido estimulado o uso de metáforas de mistura, mestiçagem, hibridação. Os termos hibridação (produção de híbridos) e hibridez (qualidade de híbrido) têm sido associados diretamente à obra de Homi K. Bhabha, cuja análise das relações colonizador/colonizado sublinha, com o uso desses vocábulos, a interdependência e a mútua construção de suas subjetividades (cf. Bhabha, 1994a e 1994b; ver tb. García Canclini, 1997). Paul Gilroy, em seu importantíssimo livro *The Black Atlantic*, sobre a cultura negra globalizada, persegue tanto a força expressiva das metáforas de mistura e ambiguidade, que chega a usar palavras como "contaminação" e "impureza", recodificadas com valor positivo, recuperadas como "contradiscurso", para referir-se favoravelmente à pós-colonial diluição de fronteiras entre as pertenças culturais, geográficas, nacionais, étnicas e raciais: *pollution and impurity* (Gilroy, 1993: 2).

existência política no discurso dos movimentos, querendo ser discursivamente representadas na sua pretensão de reconhecimento público, demandando portanto existência política, cidadania, alteridades outras sobrepondo-se umas às outras, para reforço ou achatamento de antigas identificações, todo um carnaval de diferenças encavalando-se e penetrando-se mutuamente num mesmo sujeito individual (Berger *et al.*, 1992; Hewitt, 1992): intersecções. Intersecções num mesmo indivíduo de pertencimentos múltiplos, múltiplas lealdades, múltiplas posições ou "posicionalidades", múltiplas identificações e identidades grupais, múltiplos "reposicionamentos" além do mais. E a identidade individual, não seria múltipla também ela? Não será? Não seremos, nós outros, identidades múltiplas em subjetividades múltiplas?

É a *diferença na diferença* que doravante importa buscar, para dar conta das experiências "reais" das mulheres "reais" trazidas à cena pela crescente produção de novas informações factuais (história, geografia, antropologia, sociologia) acompanhadas de novas conceptualidades e terminologias, no intuito de enterrar o mito essencialista. Ante tamanho elã diferencialista, claro que a diversificadíssima "vida real" das mulheres originárias ou habitantes das ex-colônias não poderia ficar fora do alcance dessa *Wirklichkeitshunger* [fome de realidade]. E em nome das mulheres do Terceiro Mundo, da Margem — sobretudo as da "Margem no Centro", *the Rest in the West*[26] —, surgem agora intérpretes e porta-vozes intelectuais trazendo mais lenha para a fogueira de um diferencialismo de novo formato, menos enrijecido e autocentrado que o da "segunda onda" feminista. Mesmo o enfoque combinado *raça/gênero*, que nos anos 80 se mostrara extremamente produtivo de novos enfoques e novos *insights*, principalmente no destaque que aí tiveram as mulheres negras, hoje costuma ser criticado por escantear *as diversas etnicidades* que compõem a negri-

---

[26] A respeito dessa "terceiromundização" do Primeiro Mundo nos tempos que correm, ver o capítulo 6 deste livro, "Amanhã, a diferença".

tude (cf. Appiah, 1997; Prandi, 1996), as velhas etnicidades e as novas, recentemente descobertas, redescobertas ou inventadas. Pois também o movimento negro se encontrava em sua "segunda onda", também ela de diferencialismo essencialista, por mais incrível que pareça tamanha sincronicidade de essencialismos. Entendido, pois, como sinônimo de negritude, e assim celebrado — *Black is beautiful* — o significante raça ignorava justamente o "mix multirracial/multiétnico" (Hebdige, 1987) que no mundo contemporâneo povoa o contexto imediato da *Lebenswelt*[27] dos habitantes de todos os cantos da terra. Especialmente no caso dos Estados Unidos, a diversificação da nomenclatura de autoidentificação das etnicidades colaborou muito para o aumento da produção autoconsciente de novos grupos sociais autonomeados, autoidentificando-se de forma *hifenizada* — nativo-americanos (Min'há, 1989), afro-americanos, asiático-americanos (Glenn, 1986), euro-americanos, latino-americanos ou hispânicos etc. E, dentro dos hispânicos, as diferentes origens nacionais e regionais, as diferentes gerações e experiências históricas, as diferenças de cor, de status jurídico etc., diferenças coletivas que acabam achatadas dentro da categoria simplificadora de *hispanidad* (cf. García, 1990; Oboler, 1995). A representação da diferença no *theatrum mundi* só é possível através de sua enunciação (Sennett, 1988).

No movimento feminista, no movimento negro, nos movimentos étnicos, nos movimentos nacionalistas e regionalistas, no movimento gay etc., o momento inicial da indistinção generalizante, da homogeneização autorreferida, da *indiferenciação* interna, hoje aparece ao observador como estando a anos-luz de distância da efervescência pluralizante que toma conta do estado atual dos movimentos e dos seus discursos, que por sinal hoje encontram vazão em excelentes e sempre mais numerosos veículos de

---

[27] O conceito fenomenológico husserliano de *Lebenswelt* tem pelo menos três traduções possíveis em português: mundo da vida, mundo vivido e mundo vital.

publicação e difusão específicos. O que aconteceu até agora com a teorização feminista — repito, ter deslocado o foco da relação dualista macho/fêmea, da oposição simples entre duas essências complementarmente sexuadas, Homem e Mulher, ampliando-o ao máximo para poder contemplar as experiências vitais das mulheres que as diferenças de raça, classe, etnicidade, religião, sexualidade, idade e geografia produziram para além da diferença de gênero — pode ser considerado efeito do próprio foco discursivo sobre a diferença de gênero enquanto diferença *socialmente construída*. Não vou poder agora desenvolver esta ideia, mas reconhecer que "mulher" é uma categoria socialmente construída — Salve, dona Simone de Beauvoir! — é começar a desconfiar para sempre de todas as garantias que se acreditam fixas na natureza. Tal descoberta tem os efeitos de uma revolução copernicana em nível de massa. Não há dúvida, portanto, que a noção de realidades "socialmente construídas", importada da teoria sociológica e antropológica, acelerou muito o ritmo da produção de novas diferenças dentro da diferença originalmente enfocada, a diferença de gênero.

"A categoria de gênero, usada primeiro para analisar as diferenças entre os sexos, foi estendida à questão das *diferenças dentro da diferença*" (Scott, 1992: 87, grifo meu). Diferenças "dentro". Nos estudos feministas escritos em inglês, que são seguramente a maioria, há duas boas formas preposicionais, duas modalidades muito enxutas e condensadas de nomear os desdobramentos em curso na diferença de gênero. A primeira fórmula, mais específica do universo feminino, é diferenças *among women*, para dar contraste com a diferença *between*, a diferença binária (cf. Gordon, 1991). A segunda é esta, de filiação pós-estruturalista, que acabo de usar ao citar mais uma vez a historiadora Joan Scott, a saber: *differences "within" difference*. A fórmula remete a um processo não localizado, dentro sem dizer dentro do quê, não circunscrito, contingente, posicional, ubíquo, conjuntural, disseminado, proliferante. E proliferante que é, assim como agiu sobre a diferença de gênero, pluralizando a categoria "mulher", também pode agir em cima de outras diferenças coletivas, conforme se pode perfeitamente constatar no caso da intervenção da diferença de raça dentro da teorização feminista da diferença de gênero. Hoje se fala em ter uma "atitude diferencialista". O que é uma atitude diferencialista? Do ponto de vista da pesquisa empírica, é a disposição mental de valorizar e levar a sério toda e qualquer diferença que se insinue no tecido social, no presente e no passado dos humanos. Do ponto de vista teórico/metateórico, atitude diferencialista é a que se pretende consequente com a lógica interna da *différance*[28] de que fala Derrida, um mergulho tão fundo quanto possível no "jogo da diferença" de que falam Deleuze e Derrida. No caso dos estudos feministas, significa seguir até às últimas consequências os rastros que a diferença deixa de si nas "diferenças entre as mulheres", nas diferenças "dentro". Isto, na medida do

---

[28] Ao escrever a palavra *différance* com um *a* no lugar do *e*, Jacques Derrida subverte silenciosamente a carga de significado do termo "diferença", tão caro ao pensamento dos "filósofos da diferença": Nietzsche, Heidegger, Saussure, Deleuze, Lyotard, Vattimo... Na língua francesa, a diferença que faz um *a* na escrita dessa palavra é inaudível. Imperceptível aos ouvidos, mas não aos olhos, uma vez que *différance* tem exatamente o mesmo som que *différence*. Ao fazer este jogo entre formas gráficas e sonoras delicadamente diferentes, mas indecidíveis, Derrida cria uma nova forma. Uma "forma deformada", cujo objetivo é chamar a atenção para a grande diferença que existe entre a escrita e a fala. Uma diferença interna ao próprio discurso, que difere o discurso escrito em relação ao discurso falado, do mesmo modo que difere o significante em relação ao significado, sem que disto nos demos conta, acostumados que estamos a pensar que a escrita é a correspondente representação da fala ausente, quando na verdade é algo totalmente diferente, um outro acontecer. O termo *différance*, que Derrida inventou, guarda em si os vestígios de uma transformação/deformação originária, de uma presença ausente que só está em vestígio e que revela que todo o texto é uma estrutura de referências infinitas, uma *mise en scène* em que "há apenas, por toda parte, diferenças e vestígios de vestígios". "*Différance* — diz ele — é o sistemático jogo de diferenças, de rastros de diferenças, do espaçamento pelo qual os elementos se relacionam uns aos outros" (Derrida, *Positions*, Paris, Minuit, 1972). Podemos dizer, então, que o *a* de *différance* funciona como um ato de diferenciação que produz diferenças. Uma diferença que faz diferença(s).

possível e na melhor das hipóteses, sem abrir mão da genérica peculiaridade de gênero da condição feminina, que é, afinal de contas, mas sem nenhuma instância final, o que as diferencia genericamente,[29] e genericamente as sujeita à dominação masculina. Para além, portanto, das "mulheres brancas de classe média dos países ocidentais desenvolvidos" (Spelman, 1988: 4), é preciso documentar as vidas das mulheres negras, das lésbicas, das operárias, das prostitutas, das muçulmanas, das imigrantes asiáticas, das latino-americanas ou hispânicas, das refugiadas de todas as procedências etc. "Hoje em dia", comenta Joan Scott, "dificilmente o termo 'mulheres' poderia ser usado sem nenhuma qualificação: mulheres de cor, mulheres judias, mulheres lésbicas, mulheres trabalhadoras pobres, mulheres mães solteiras, são apenas algumas das categorias introduzidas em cena. Todas vieram para desafiar a hegemonia heterossexual da classe média branca instalada no termo 'mulheres', argumentando que as diferenças fundamentais de experiência tornaram impossível reivindicar uma identidade isolada" (Scott, 1992: 88). É por isso que um *slogan* que se queira ajustado às demandas feministas, segundo Julia Kristeva, deve ser formulado sempre no plural: "mulheres", não "mulher" (Kristeva, 1980: 167).

Mas as nomenclaturas têm lá os seus mistérios. Por exemplo, mesmo no enfoque bi-racial dos estudos de relações raciais, quando se fala em raça é porque negros ou negras estão denotados ou referidos imediatamente naquele significante. A própria categoria raça parece trazer consigo uma conotação inerente de raça negra. Já existe mesmo quem se preocupe com isto, a saber, que a categoria raça seja aplicada somente aos negros e negras e não aos brancos e brancas (cf. Mohanty; 1991), do mesmo modo que gênero remete mais fortemente ao tema mulheres do que a homens. Fatos enigmáticos (cf. Gatens, 1986). Os nomes e seus mistérios.

---

[29] Aqui o advérbio "genericamente" vem com duplo sentido: o que vem de "gênero" e o que remete ao "geral", às mulheres em geral.

Nos estudos feministas da "segunda onda", não faz muito tempo, era como se as mulheres brancas só tivessem gênero e as negras, somente raça. Nancy Hewitt assegura que mesmo os pesquisadores e pesquisadoras mais convictos da necessidade de uma abordagem multifacetada acham difícil escapar da sensação de que a experiência de gênero é mais forte para as mulheres do que para os homens, assim como a experiência de raça é mais forte para os negros do que para os brancos (Hewitt, 1992). Eu tendo a achar que ela tem razão. Assim como também tem razão ao pensar que muitas das tentativas teóricas e metateóricas de sair desses quebra-cabeças e evitar as armadilhas práticas do diferencialismo acabam levando a becos sem saída (Hewitt, 1992; Varikas, 1994), que podem ser bem mais fundos do que se pensa, atordoantes e desorientadores feito labirintos. Certamente há muitos enigmas, quimeras e dificuldades teóricas cabeludas à espera daquele que embarca nas águas da diferença (que são, conforme tenho insistido ao longo deste livro, águas de afirmação das diferenças), especialmente se para isso o pobre do pesquisador tiver que carregar junto todo um cortejo de "experiências" de gênero, classe, raça, etnicidade, cultura, religião, região, sexualidade, idade e geração, como também parece haver muitos perigos concretos para quem se propõe a tarefa de representar politicamente as mulheres apoiando-se na base escorregadia de uma infinidade de vidas diferentes vividas pelas mulheres de carne e osso por toda a face da terra.

O mergulho na diferença pode nos arrastar traiçoeiramente numa espécie de rodamoinho, advertiu certa vez Annette Kolodny, citada por Karen Winkler em 1990 e por Nancy Hewitt em 1992, e agora por mim em 1999. Podemos nos ver de repente capturados no turbilhão diabólico da *"spiralling diversity"*,[30] onde o reconhecimento das múltiplas culturas, pertenças e experiências femininas, junto com a noção de identidade pessoal múltipla de

---

[30] A bela frase *"spiralling diversity"* é atribuída a Annette Kolodny por Karen Winkler (Winkler, 1990: p. A9).

cada ser humano, tensionam desde já de forma dilacerante e inconstante a categoria compósita e plural das "mulheres" divididas a um passo da fragmentação entre lealdades concorrentes impossíveis de conciliar, indecidíveis. A frase inglesa *spiralling diversity* é linda, a metáfora da espiral é boa, poético-sintética, marcante. Remete sugestivamente à sensação de vertigem. É como se filmasse a diferença às voltas com suas próprias forças centrífugas, a diferença diferindo. Que é só o que ela sabe fazer, afinal de contas: fazer diferença.

Retomando sinteticamente a história da produção teórica feminista, eis a *sinopse do enredo*: (1) da igualdade acima das diferenças passa-se à diferença de gênero; (2) da diferença de gênero, que representa a diferença feminina no singular em relação ao mundo masculino também no singular, (3) chega-se a uma nova descoberta empírica, a das diferenças "entre as mulheres", as diferenças "dentro". O momento atual é de tentativas, as mais diversas tentativas de elaborar, modificar ou combinar estruturas conceptuais que possam dar conta da "multiplicidade feminina" (Evans, 1992), que elucidem o trabalho paciente de inventariar a multiplicidade (Veyne, 1982) e as formas de multiplicação das diferenças "dentro". Trata-se de desenhar novas cartografias, não tanto para permitir novas viagens, mas para garantir a continuação da viagem apenas começada diferença adentro.

Esta é uma primeira série de fatos que me induzem a pensar em algo como a *produtividade social da diferença*, a série que descreve a trajetória do movimento feminista, moderno movimento social intelectualmente requintado que desde o início, no século XIX, realiza e profere, no desdobramento de suas "ondas", o desdobramento tríplice de suas teses — da **igualdade** (1) à **diferença** (2) e desta às **diferenças** (3) —, três momentos (históricos e teóricos) que representam não apenas a redefinição consecutiva de suas bandeiras de luta, mas também a diferenciação interna de suas correntes ideológicas, a contemporaneidade portanto de suas diferenças políticas, também elas cada vez mais veementes e difíceis de conciliar.

6.
AMANHÃ, A DIFERENÇA

> "Um espectro ronda a Europa — o espectro do comunismo."
>
> (Marx e Engels, *Manifesto do Partido Comunista*)

Um espectro ronda a humanidade — o espectro da diferença. Um espectro apenas, um só fantasma? Não, dado que a diferença jamais é uma só, nunca una, mas sempre-já plural, sempre sobrando, muitas; sem unidade e sem união alguma possível. Assim como a humanidade? Mais de uma, então? *"Mais de um*, isso pode significar uma multidão, quando não massas, a horda ou a sociedade, ou então uma população qualquer de fantasmas com ou sem povo..." Então menos de um? Talvez sim, "o *menos de um* da pura e simples dispersão. Sem reunião alguma possível", na frase de Derrida (1994: 17); dispersão pura para além, ou aquém, de toda junção, "*out of joint*", na frase de Hamlet, o mundo sem eixo de equivalência ou de conjunção, sem conjunto possível, sem programa comum generalizável, sem qualquer ilusão de harmonia futura. A humanidade desconjuntada. Na frase de Appadurai, "diferença e disjunção" (Appadurai, 1994: 311).

FANTASMAS DE HOMOGENEIDADE

Os inevitáveis futuros anunciados pelas macroteorias fundantes da modernidade tinham a ver com universalismo e igualdade (se risonho e franco o futuro anunciado, utopia de liberdade igualitária num lugar além da História, *dans les lendemains qui chantent!*), ou então, quando medonhas as profecias, elas acenavam com a homogeneização geral, a padronização sufocante, a uniformização totalitária, pintando de abominável o "admirável mundo novo". Basicamente dois dentre os principais *millenia* criados pelo pensamento moderno prometiam a equalização no amanhã (Nisbet, 1985; Habermas, 1988). Dois futuros ainda mais distantes entre si do que distantes de nós, de sinal trocado nas avaliações, de espectros mutuamente excludentes, de sentidos antinômicos. Mas similares, na medida em que "igualmente igualizantes", niveladores e uniformizantes, para o bem ou para o mal. *For better or worse*, para desfrute ou para desconsolo dos corações mais vibrantes e das mentes mais agudas da aurora dos tempos modernos, o ser humano se desfaria das tradições e o mundo dos homens ficaria sempre mais igual — apostaram as "grandes narrativas" do moderno enquanto pós-tradicional. Ora, quem diz tradição, diz passado e diz também costume, particularidade, saber local. Diz cultura. Diz *diferença cultural*: diferenças culturais fadadas a fenecer sob a crítica da razão soberana, pois junto se está dizendo, também e a um só tempo, limitação, pequenez, estreiteza, restrição, amarras e peias, "ciúme do todo contra o individual" (Simmel, 1967: 22), opressão, sufoco, despotismo. "O despotismo do costume", argumentava John Stuart Mill, "é em todos os lugares o obstáculo constante ao avanço humano" (Mill, 1974: 136).

O projeto da modernidade, tal como pensado por Descartes, Locke e John Stuart Mill, mas também por Rousseau, Voltaire, Condorcet, Kant e outros intelectos luminares que elaboraram o *design* político-social do moderno indivíduo/cidadão emancipado, autônomo, soberano de si, único senhor de seu corpo e sua mente, não podia deixar de se dar a tarefa de erradicar a cultura, desenraizar o indivíduo. A cultura como antagonista do indivíduo, como sua negação, sua impossibilidade, a cultura posta contra o indivíduo, postulada e denunciada como antinatureza: eis o outro lado da moeda das doutrinas modernas afirmativas das liberdades civis, dos "direitos do homem e do cidadão", dos direitos naturais. Foi nos termos dessa visada anticultural, de recusa da cultura enquanto negadora da natureza, que Rousseau, "o maior igualitário da história do pensamento político" (Nisbet, 1985: 248), sustentou sua bem conhecida posição segundo a qual o animal humano é naturalmente bom, até que as perversoras forças particularizantes da sociedade, da civilização, da cultura estabelecida o venham entortar, mutilar, estragar. "Tendo retraçado a progressão da cultura e tendo-a definido como negação da natureza", escreve Starobinski, "Rousseau opõe à cultura uma recusa, uma nova negação, que é a consequência de um juízo moral e que se vale de um absoluto ético. A indignação de Rousseau (ele próprio homem 'natural') contra a sociedade (criação histórica) é a expressão patética desse conflito. Ele toma a palavra para dizer não à antinatureza" (Starobinski, 1991: 36). A natureza do homem, originalmente boa, substancialmente nobre e comum a todos, deve poder vir à tona para desenvolver-se sem restrições, com plena liberdade de movimentos. Essa tomada de posição anticultural — melhor dizendo, *anticultura* — exarada em forma definitivamente condensada no *Cogito* cartesiano enunciado na primeira pessoa do singular, tem sido mostrada de modo insistente na reflexão etnológico-filosófica do antropólogo Ernest Gellner como a disposição de fundo fundadora do projeto cultural da modernidade jurídico-política (Gellner 1982; 1987; 1992). A modernidade como um projeto cultural *anticultura*. Nos meus termos, *antidiferença*.

A diluição das especificidades culturais, a subsunção das historicidades regionais/locais, o recalcamento das minorias provincianas, a assimilação das particularidades coletivamente compartilhadas num grande todo laico nacionalmente integrado estão deixando de ser imperativos neste nosso *fin de siècle* pós-moderno. Se mesmo a teoria do *nation building* (Bendix, 1996), nestes nossos tempos pós-coloniais, pós-comunismo, pós-guerra fria, pós-mundo bipolar etc., parece ter perdido sua atualidade, sua validade e seu valor, seu encanto progressista, com mais forte razão parecem ter ficado sem maiores atrativos todas as outras teorias e projetos radicalmente universalistas: o internacionalismo operário (Marx & Engels, 1978), a nova ordem mundial socialista (Wells, 1935; Mestrovic, 1994), os *droits de l'homme* (Arendt, 1966), a democracia como valor universal (Coutinho, 1980), a integração planetária (Bright & Geyer, 1987), em suma, todos aqueles universalismos teóricos e cosmopolitismos fraternos mais ou menos radicais (Heller & Feher, 1991) em cuja aura iluminista muitos de nós fomos formados até, pelo menos, os anos 1970 (Lipset & Jalali, 1993). Os socialistas de todos os matizes, científicos ou utópicos, os revolucionários de todas as permanências, os democratas de todos os graus e todas as linhas, os esclarecidos, progressistas, pacifistas, republicanistas, civilistas e "civilizadores" de todos os quadrantes do globo, de maneiras distintas sugeriram que a ligação ao local e ao particular daria gradualmente espaço a identificações e associações menos circunscritas, mais universais, cosmopolitas, inter-ou-trans-nacionais. As etnicidades protonacionais e as pertenças clânicas (e, em futuro mais remoto, até mesmo as identidades nacionais construídas com base nas inclusivas "comunidades imaginadas" das nacionalidades modernas) seriam, ou viriam a ser, formas arcaicas ou declinantes de conexão dos indivíduos, o tipo da coisa fadada a dissipar-se com o avanço da modernidade (cultural) ou, pelo menos, da modernização (socioeconômica), sendo modernidade e modernização termos com implicações muito diferentes, segundo o que aprendemos com a distinção de Habermas, já canônica nas ciências sociais (Habermas, 1981; 1988).

Nos dias de hoje, entretanto, a aumentada velocidade do fluxo mundial de pessoas e objetos, artefatos e utensílios, moedas e tecnologias, ideias políticas, verdades religiosas, vírus e terapêuticas, remédios, drogas, livros, jornais, revistas, imagens de mídia, estilos e *styling*, estilos de vida, marcas e *griffes*, gostos musicais e culinários, emissões de rádio e TV, vídeos, filmes, clipes, discos, fitas, megaconcertos e shows e *tournées* mundiais, *softwares* e *sites* etc. etc. etc., tem resultado em pluralização e heterogeneização de culturas, subculturas, contraculturas, multiculturas, *altro che* padronização cultural, assimilação, homogeneização ou coisa que o valha.

Pretendo argumentar neste ensaio que, também como efeito da globalização, a crescente desconjunção — ou disjunção — entre pertenças sociais de todo tipo e duração, nem sempre conciliáveis apesar (ou por causa) da experimentada inconsistência das "identidades" socioculturais, sejam elas antigas, novas ou mesmo novíssimas, sejam elas passadas, presentes ou emergentes, travejadas, mas não travadas, ao contrário, dinamizadas pela lógica da compressão de tempo-espaço (Harvey, 1992), exponenciadas pela simultaneidade dos processos de sincretismo global-local, parece não ter outro fim, outro desaguadouro, que o de produzir novas identificações por sua vez provocadoras de ulteriores diferenciações. Novas diferenças coletivas e individuais sendo assim possíveis a todo instante e em qualquer lugar. Novas e muitas, múltiplas e mutáveis diferenças. "Tudo em todos os lugares, mas, ainda assim, diferente em cada lugar", como reza a fórmula paradoxal de George Marcus, tão ao gosto do modernismo artístico-literário do início do século XX e tão fim de milênio (Marcus, 1991: 202; Marcus, s.d.). É o chamado "trabalho da diferença na diferença" (Scott, 1988; 1992), dotado de virtualidades inesgotáveis, sujeito a turbulências imprevisíveis em sua proliferante e incessante *produtividade*.

É a produtividade da diferença que motiva a escolha do título deste ensaio, *Amanhã, a diferença*, escrito com o mesmo espírito com que alguém já escreveu "amanhã, o capitalismo", "amanhã, a direita" (Ysmal, 1984) e outros mais com a mesma fôrma. Basta por ora, neste momento inicial do texto, voltar os olhos para as novas "identidades" que se têm posto em cena desde os anos 60 em torno do significante *Black*, para se ter uma ideia do que pretendo dizer quando, na tentativa de diagnosticar a atual experiência de uma policêntrica produção ampliada de diferenças coletivas e individuais, falo em *produtividade social da diferen-*

ça. Tendo sob os olhos o movimento negro (ou então o movimento feminista, o movimento regionalista, o movimento das minorias étnicas, o movimento GLS etc.), fica evidente que o quadro pessimista de uma irrefreável homogeneização geral ou, que seja, o cenário otimista de uma cultura moderna universal, enquanto (pre)visão do destino histórico das "identidades" coletivas, das diferenças culturais grupais, necessita ser melhor qualificado, mais cuidadosamente caracterizado e seriamente problematizado. Nesta direção, as análises de Stuart Hall podem ser de grande ajuda quando apontam *três contratendências principais* à homogeneização cultural, dentre as muitas apontadas pela literatura contemporânea de ciências sociais (Hall, 1995). Vamos a elas.

O FASCÍNIO DA DIFERENÇA

A primeira das contratendências ao fantasma de uma futura homogeneidade tem a ver diretamente com o nosso tema de pesquisa: a *fascinação da diferença*.

Stuart Hall vai buscá-la em Kevin Robins (1991), mas poderia perfeitamente ter recuado até ao final dos anos 70 e dar de cara com a famigerada referência do socialista francês Jacques Attali (1978; 1979) ao *brilho da diferença*. Já faz pelo menos duas décadas que o charme das consignas diferencialistas vem arrebatando quantidade cada vez maior de entusiastas do particular, do específico, do local, do próprio, do peculiar, do exclusivo, do singular, do puro, do irredutível. Por todos os lados, a diferença lampeja, brilha, pisca sedutoramente e os que são por ela seduzidos acabam por fazer, embevecidos, o *elogio da diferença*. "A diferença cintila" — é a conhecida frase de um dos mais influentes quadros do Partido Socialista francês quando ainda sob a liderança de Mitterrand, coisa do final dos anos 70 e anos 80 afora.[31] A

---

[31] Ver, neste livro, o capítulo 4, "Problemas com a igualdade".

frase era bem feita e realmente elucidativa de uma situação inusitada. Expressava uma nova realidade político-cultural, a saber, que os movimentos sociais, os partidos, os grupos e as pessoas de esquerda na França começavam, já então, a sentir-se atraídos com legitimidade pelo fascínio da diferença. Da diferença coletiva, bem entendido, da identidade compartilhada, comunitária, etno-nacional. A novidade estava aí, na valorização, à esquerda, das diferenças culturais coletivas, colocadas na agenda política francesa pela extrema direita aglutinada em torno da Frente Nacional de Jean-Marie Le Pen, a direita identitária discricionária, a direita diferencialista nacionalista, excludente dos imigrantes e estrangeiros em defesa da ameaçada "diferença dos franceses". *Vive la France, vive la différence!*

Em seu estudo *Tradition and Translation* (Robins, 1991), Robins argumenta que, ao lado da tendência em direção à homogeneização global, manifesta-se também o fascínio pela diferença alimentado pelo *marketing* da alteridade, da etnicidade, da localidade. Um novo interesse no "local" se forma em conjunção com o impacto do "global". Aliás, é justamente o *marketing* de "nichos", que explora a diferenciação local, um dos modos de efetivação da especialização flexível com que opera a globalização. Não se trata, portanto, de pensar regressivamente na substituição do global pelo local; o desafio está em pensar uma nova articulação entre o global e o local, ter sob a mira, ao mesmo tempo, a semelhança e a diferença entre o global e o local, colocando sob uma ótica nova o problema da história mundial (Bright e Geyer, 1987). Não aquele local de antigas (ou imaginadas) identidades sólidas e exclusivas, firmemente enraizadas em localidades bem delimitadas, mas um local que opera dentro da lógica da globalização, ou seja, que produz e elabora conjuntamente identificações globais com identificações locais novas (Hall, 1995: 61). Vale dizer, *identidades locais multilocalizadas*. "A identidade de alguém, ou de algum grupo" — escreve George Marcus em meio a sua preocupação com a os procedimentos metodológicos na antropologia — "produz-se simultaneamente em muitos locais de atividades diferentes, por muitos agentes diferentes, que têm em vista muitas finalidades diferentes. A identidade de alguém no local onde mora, entre vizinhos, parentes ou pessoas estranhas, é apenas um dos contextos sociais, e talvez nem seja o mais importante, na formação de uma identidade. Uma abordagem modernista (*sic*) da identidade requer que se apreenda este processo de dispersão da identidade em muitos lugares de natureza diversa. (...) Captar a formação da identidade (na realidade, *identidades múltiplas*) num momento específico da biografia de uma pessoa ou da história de um grupo de pessoas, através da configuração de locais ou contextos de atividade muito diferentes, significa reconhecer tanto os poderosos impulsos integradores (racionalizadores) do Estado e da economia na modernidade (e as inovações tecnológicas que atuam constantemente, dando força a tais impulsos), quanto as consequentes dispersões do sujeito — pessoa ou grupo — nos fragmentos múltiplos e sobrepostos de identidade" (Marcus, 1991: 204s; cf. Marcus, 1989).

Já foi dito que se pode encontrar um bom exemplo dessa profusão de identidades — no caso, identidades ressignificadas no interior de uma outra, ela mesma também retrabalhada em seu significado — nas diversas identificações que têm se formado, desde os anos 60, em torno do significante *Black*. "*Black*", traduzido no Brasil por "negro" em vez de "preto", passou a operar como novo foco de identificação para diferentes comunidades negras nos EUA, no Caribe, na América Latina, na África, ou seja, nesse "hiperespaço" (Jameson, 1984) que Paul Gilroy chamou de *Black Atlantic* (Gilroy, 1993). Mas também na Ásia. Ora bem, o que terão essas "comunidades" em comum? O que de idêntico, onde se pudesse fundamentar essa representação, essa apropriação de uma identidade negra genérica? É a mesma cor? Certamente não é o fato de remeter, a cor, a uma mesma etnicidade. As comunidades negras não são as mesmas, o mundo africano não é uniforme, ele é o mundo das diferentes culturas africanas, das diferentes tradições africanas, das diferentes etnias africanas, das diferentes línguas africanas (ver Appiah, 1997).

A exclusão social vivida é que é a mesma. "É a *carência* que define a coletividade possível, dentro da qual se constitui a coletividade efetiva dos participantes do movimento", sublinhou certa vez a antropóloga Eunice Durham, referindo-se aos movimentos sociais no Brasil dos anos 1970-80: "Podemos dizer que a construção dessa igualdade se dá através de uma negatividade específica. (...) Os indivíduos mais diversos tornam-se iguais na medida em que sofrem a mesma carência. A igualdade da carência recobre a heterogeneidade das positividades (dos bens, das capacidades, do trabalho, dos recursos culturais). No movimento social, face à mesma carência, todos se tornam iguais. E, agindo em conjunto, esses iguais vivem a experiência da comunidade. Os movimentos sociais se constituem, portanto, como um lugar privilegiado onde a noção abstrata da igualdade pode ser referida a uma experiência concreta de vida. A igualdade constitui-se, desta forma, como representação plena concretizada na comunidade" (Durham, 1984: 27-8). Para usar uma categoria cunhada por Ernesto Laclau (1985), o "eixo de equivalência" que instaura a possibilidade dessa identificação "negra" em nível planetário localiza-se na experiência da *mesma* negrofobia. Noutras palavras, a possibilidade de uma identificação comum está no fato de que as comunidades negras, por mais diferentes que se saibam em recursos culturais e em passado histórico, têm sido, não obstante, olhadas e tratadas pela cultura dominante do Ocidente como 'a mesma coisa'. Está na experiência da discriminação-com-exclusão. Discriminação racial com exclusão social.

É a carência que define uma coletividade possível das diversas coletividades. E no entanto, pontua Stuart Hall, "a despeito dos esforços feitos para dar a essa identidade *Black* um conteúdo singular ou unificado, ela continua a existir como *uma identidade ao lado de uma variação ampla de outras diferenças*" (Hall, 1995: 68). Grupos negros jamaicanos, cubanos, estadunidenses, indianos e brasileiros, e entre os brasileiros os negros baianos, paulistas, cariocas, maranhenses etc., e entre os baianos (apenas para falar dos mais estudados e documentados) os nagô e os bantos, continuam a manter tradições culturais diversas, memórias históricas originais e diversamente localizadas no mapa-múndi, ao mesmo tempo que incorporam elementos de um *ethnoscape* (Appadurai, 1994) mais vasto e abrangente, internacional, global, transcultural. Na verdade, as categorias *"Black"* e *"Blackness"*, conforme a feliz formulação de Livio Sansone, são "construções culturais que tanto refletem como distorcem a posição dos negros na sociedade e no sistema local de relações raciais" (Sansone, 1995: 65). Entre os fatores complexificadores da etnicidade negra, ao lado da crise das narrativas marxistas baseadas na classe social, Sansone enfatiza a relação mais estreita com a cultura jovem e a indústria do lazer e da moda. Apoiado em Paul Gilroy, ele aponta para o aumento do intercâmbio simbólico entre os negros dos dois lados do Atlântico (Gilroy, 1993) e vê aí um contexto precipitador da urgência de se pensar teoricamente em termos de heterogeneização global ao invés de homogeneização geral. "Por um lado, esse intercâmbio homogeneiza os estilos e a música dos negros jovens em países diferentes — o *reggae* e o *hip hop* sendo os novos propulsores de um processo que já começara com o *jazz* e o *blues*. O processo de criação desses novos estilos negros jovens, em parte como reação à falta de status e oportunidades, parece semelhante em diferentes países. Por outro lado, esse intercâmbio proporciona novas oportunidades para redefinir a *diferença negra* nas sociedades ocidentais, estetizando-se a negritude antes de mais nada através de estilos jovens de alta visibilidade e da música pop" (Sansone, 1995: 69). Ao lado do movimento feminista, portanto, o movimento negro constitui-se como lugar privilegiado do autorreflexivo e paradoxal "entrelaçamento de diversidade e homogeneidade" (Marcus, 1991: 203), que não permite, ou melhor, não admite o fácil desmembramento dos dois termos, exemplos conspícuos, ambos, da maneira pela qual "identidade e diferença estão inextricavelmente articuladas ou conectadas em identidades diversas, sem que jamais uma venha a obliterar totalmente a outra" (Hall, 1995).

    Escrevi acima, com suficiente ênfase, espero, que ao contrário do que previam e esperavam muitos cientistas sociais — se marxistas ou não marxistas tanto faz, pois o que importa para o meu argumento é que essa modalidade de certeza "crítica", negativa, em relação à modernização capitalista em escala mundial foi propugnada preferentemente por autores perfilados à esquerda, não necessariamente marxistas — o processo de modernização veio dar, isto sim, num incremento inesperado e altamente generalizado da consciência de pertença aos grupos que soam como "naturais", que são pensados como os mais imediatos na experiência vital dos indivíduos ao mesmo tempo que os mais longinquamente "primordiais" (Comaroff, 1993: 65). Mesmo quando esses laços de ancestralidade são apenas *imaginados* (Anderson, 1983), pertença ancorada no fundo sem fundo de um "puro passado", para usar uma expressão de Deleuze, "um passado que nunca foi presente" (Deleuze, 1968: 431), no caso específico dos negros tais pertenças culturais aparecem literalmente à *flor da pele*, fixadas na epiderme, visibilidade que permite e embasa a heteroidentificação imediata e estereotipada, estereotípica. "Onde quer que ele vá", desesperava-se Frantz Fanon já nos anos 1950, "o negro é sempre um negro — a sua raça se transforma no sinal inextirpável da diferença negativa no discurso colonial. O estereótipo impede a circulação e a articulação do significante 'raça' com qualquer outra coisa a não ser a sua permanência em forma de racismo. Já sabemos que os negros são devassos, os asiáticos, enganosos..." (Fanon, 1952). Homi K. Bhabha comenta o enunciado crítico de Fanon, de que um negro é sempre fixamente um negro, com uma "cena primitiva" tirada do livro de Fanon, *Pele negra, máscaras brancas*:

> *Em dada ocasião, uma menina branca fixa Fanon com o olhar e com a palavra, ao virar-se para se identificar com a mãe. Esta cena ecoa infindavelmente no ensaio 'O fato da negritude':*
>
> — *"Veja, um negro... mamãe, olha o negro! Estou com medo. Medo."*
>
> *"O que mais poderia ser pra mim"*, conclui Fanon, *"senão uma amputação, uma extirpação, uma*

hemorragia que me jorrou sangue negro pelo corpo inteiro?" (Bhabha, 1992: 193)

A discriminação positiva nos EUA de hoje, no caso das cotas de vagas para negros em empregos e universidades, está, curiosamente, obrigando ao reconhecimento das gradações de cor no seio da comunidade negra, ou, pelo menos, aumentando a sensibilidade aos semitons de pele, às diferentes tonalidades de marrom (cf. *Ebony*, março 1992: *Why Skin Color Suddenly Is a Big Issue Again?*). Beleza brau, teria que dizer Caetano Veloso também a respeito deles. Os negros americanos não são só negros, são também mulatos, mestiços. Mestiços situados na soleira do espectro de cor estão sendo produzidos agora, mas não como brancos nem como negros ou simplesmente não brancos. Estão questionando a bipolaridade racial, que permaneceu durante tanto tempo inquestionada como característica e caracterização das relações raciais na história dos Estados Unidos. Baste-nos este breve relato do brasilianista Thomas Skidmore: "Há sinais crescentes, por exemplo, de que os EUA, quaisquer que sejam suas clivagens raciais, estão deixando de ser uma sociedade racialmente bipolar. A administração de programas de ação afirmativa ilustra o problema. Qualquer tentativa formal (através da lei, da prática administrativa etc.) de impor a antidiscriminação requer uma identificação não ambígua da categoria de pessoas a serem protegidas. No caso da discriminação racial, as supostas vítimas devem ser identificadas pela raça. Mas o que constitui prova de identidade racial? Esta pode parecer uma estranha questão no contexto da história americana de segregação racial. Mas é uma questão séria. Mesmo a segregação legalmente sancionada foi sempre vulnerável, 'passando' por suficiente para indivíduos de pele clara usar suas características físicas para escapar do rastreamento da documentação legal que teria provado suas verdadeiras origens raciais (Davis, 1991; Spickard, 1989). Na era da ação afirmativa o problema se mostra invertido. As cortes norte-americanas enfrentam atualmente casos em que pessoas que alegavam ser membros de minorias raciais tiveram a prova de sua identidade questionada (Davis, 1991). Noutras palavras, seus acusadores afirmam serem tais indivíduos, na verdade, membros da maioria não protegida (pela legislação das cotas), que fabricaram evidências para substanciar uma reivindicação legal ao estatuto de minoria. Noutras palavras, se for concedida preferência às minorias, não se criará então um incentivo sistemático para diferentes coletividades reivindicarem o estatuto de minoria? (Terry & Bennett, 1991). E se, na margem do espectro de cor, nenhuma prova objetiva de categoria racial pode ser oferecida, como as cortes podem impor uma lei que depende da comprovação de participação na categoria protegida?" (Skidmore, 1994).

Diferenças sensíveis.[32] Há outras identificações cujos marcadores não são visíveis, não pertencem à ordem dos sentidos e por isso só podem ser autoidentificações. É o caso dessas memórias imemoriais que agora parece que estão virando moda na Europa. Não resisto ao impulso de contar o caso, a meu ver emblemático, quase uma anedota, do turista italiano que no começo dos anos 90 conhece casualmente, num país qualquer do Norte da Europa, Suécia ou Dinamarca, um casal de turistas também italianos, cujo sotaque *romanaccio* não deixa a menor dúvida quanto à sua identidade regional de romano. — *Siete romani, vero?*, pergunta só por perguntar, a certa altura da conversa, nosso turista solitário. E escuta de volta, surpreso, uma inesperada e inusitada identificação étnica "primordial", proferida com a maior naturalidade e sem a menor vacilação por um dos membros do casal: — *No! Siamo etruschi*. Eram etruscos! (Pano rápido, diria Millôr Fernandes).

A dar razão às metanarrativas da teoria sociológica, as forças da modernidade iriam forjar identidades mais racionais, mais genéricas ou mais essenciais, prospectivamente universais, as quais romperiam as amarras tradicionais, dissolveriam os vínculos ir-

---

[32] Ver neste livro, em especial, o capítulo 1, "Ciladas da diferença".

racionais ao local e ao particular, às raízes, ao passado, ao culturalmente circunscrito e geograficamente demarcado, para libertar em cada pessoa o Homem, o Indivíduo, sua Humanidade (Simmel, 1967; 1986; Dumont, 1977; 1983). *E invece no*. Não é o que anda acontecendo. Há hoje uma espécie de rebelião contra as formas abstratas e as regras gerais, ou seja, uma rejeição do Homem universal, da igualdade humana genérica, da cidadania cosmopolita e global (Kristeva, 1994). Sonho de transcendência hoje abandonado, mas acalentado um dia por muitos de nós, justamente quando ainda não se havia experimentado de modo tão intenso e tão extenso quanto hoje, nem prática nem teoricamente, a paradoxal globalização do mesmo com seus insuspeitados efeitos pluralizantes. Aquilo com que, mente aberta e vistas largas, antes se sonhava, hoje em dia ou se lamenta ou se menospreza. A globalização parece não ser capaz de produzir o triunfo do global, do cosmopolitismo plenamente humano outrora projetado. A globalização des-local-iza, desenraíza as "identidades" de indivíduos, grupos sociais, nações e culturas, mas não as globaliza por igual nem por inteiro.

Nem por isso, é bom lembrar, dão-se por sossegados os temerosos da homogeneização global, encontradiços mormente entre os nacionalistas e os localistas de coração, os comunitários. "Hábitos do coração", diria Robert Bellah ecoando Alexis de Tocqueville (Bellah, 1986). A fatalidade de uma lastimável homogeneização cultural do planeta reverbera ainda, e fortemente, na ansiedade incontida daqueles grupos, setores ou estratos, para não falar daqueles intelectuais desde sempre convencidos, por ideologia, de que a globalização ameaça enfraquecer sobremaneira a identidade nacional, a soberania nacional, a unidade (*sic*) da cultura nacional. De pouco adianta lembrar a eles que as comunidades nacionais modernas só puderam ser construídas num processo deliberado e árduo de produção dessa pertença a um corpo político supralocal em seguida pensado ou imaginado como originário e natural (Anderson, 1983), de pouco vale retrucar que a "cultura nacional", o que quer que isto signifique, só foi possível apenas e tão somente com a repressão ou a submissão de diferentes culturas étnicas e/ou locais, das pertenças culturais "parciais" na medida em que se tornam partes de um todo (Oliven, 1992), de um projeto *nationwide* de unificação política via assimilação cultural (Parsons, 1993; Bendix, 1996). Afinal de contas, *assimilação* quer dizer "assemelhação", tornar deliberadamente similares os organicamente dessemelhantes, sejam pessoas ou grupos. Trata-se duma operação essencialmente política, incompatível com as concepções fundadas na lógica orgânica, "natural", dos pertencimentos pré-ou-protonacionais, das fronteiras etnolinguísticas ancestrais. Assimilar pressupõe uma concepção política, e não etnocultural, da nacionalidade. Ora, que se proceda a esse tipo de "assemelhação" ou nivelamento jurídico-político de diferentes populações dentro das fronteiras de um Estado, tendo em vista a integração nacional sob o comando de um aparelho de poder centralizado, a muitos parece tudo bem. Os autênticos patriotas não têm como não aceitar esse processo jacobino de "desbaste", de "limpeza do terreno", como imperativo saudável da modernidade burguesa e da cidadania plena (Brubaker, 1991). A verdadeira ameaça nunca parece ter sido a unificação cultural e linguística nacional, mas a padronização mundial, esta sim, aos olhos dos xenófobos e ultranacionalistas de plantão, a grande perversão, o grande apocalipse. O fantasma? O "americanismo", o *american way of life*. Não me deixam mentir as direitas europeias, as esquerdas latino-americanas e os fundamentalistas islâmicos.[33]

PÓS-COLONIALIDADE E GEOMETRIA DE PODER

A segunda contratendência à homogeneização cultural geral também é obra da diferença. Mas da diferença pensada no

---

[33] Discuto longamente o fundamentalismo islâmico no capítulo 7 deste livro.

registro da desigualdade e da hierarquia, tratada ou do ponto de vista marxista das relações de dominação e exploração entre estados economicamente dominantes e dominados e entre classes dominantes e dominadas, ou da perspectiva foucaultiana das relações materiais e discursivas de poder/saber. Hall vai buscar esta segunda relativização da tese da homogeneização primeiro em Doreen Massey, com seu conceito de "geometria de poder", que antes de mais nada procura dar ênfase à desigual distribuição da própria globalização entre diferentes regiões e entre diferentes classes ou camadas no interior de cada região ou nação (Massey, 1991; ver tb. Massey, 1994). A mesma síndrome material-virtual de compressão tempo-espaço (cf. Harvey, 1992) afetando lugares e grupos não só *diferentemente*, mas também *desigualmente*, eis o que Massey chama de "geometria de poder" da globalização. "Gostaria de fazer aqui uma simples observação a respeito do que se poderia chamar de geometria de poder em tudo isso — a geometria de poder da compressão de tempo e espaço. Pois grupos sociais diferentes, e indivíduos diferentes, estão localizados de maneiras muito distintas em relação a estes fluxos e interconexões. Este ponto diz respeito não simplesmente à questão de quem se movimenta ou não, embora isto seja um ponto importante; diz respeito também ao poder em relação aos fluxos e aos movimentos. Grupos sociais distintos têm relações diversas com essa mobilidade de todo modo diferenciada: algumas pessoas estão mais no comando do que outras; algumas pessoas iniciam fluxos e movimentos, outras não; algumas são mais polos receptores que outras; algumas estão efetivamente aprisionadas por eles. Em certo sentido, no final de todos os espectros estão aqueles que não apenas executam o mover-se e o comunicar-se, mas que também estão de algum modo em posição de controle em relação a estes atos — os *jetsets*, os que mandam e recebem os faxes e os *e-mails*, os que fazem as convocações de congressos internacionais, os que distribuem os filmes, controlam as notícias, organizam os investimentos e as transações monetárias internacionais. Existem grupos que estão realmente, num certo sentido, no comando da compressão de espaço-tempo, que podem realmente usá-la e torná-la vantajosa para si, cujo poder e influência ela definitivamente aumenta. (...) Há diferenças no grau de movimento e comunicação, mas também no grau de controle e de iniciativa" (Massey, 1991: 25-6). Noutras palavras, os modos como as pessoas estão localizadas dentro da "compressão de tempo-espaço" são complicados, extremamente variados e intrincados.

Mesmo quando o enfoque das teorizações é enfaticamente *cultural*, é impossível deixar de tratar a globalização como um processo de produção e reprodução da desigualdade em escala mundial. A globalização é impensável se o olhar antropológico e a teoria sociológica elidirem, no tratamento das identidades e diferenças culturais (cf. Montero, 1997), a questão sociopolítica da desigualdade de poder (material e discursivo), da relação de exploração dominante/dominado, do confronto de sujeição colonizador/colonizado. Na área dos "estudos culturais", a abordagem que não abre mão desta forma de olhar crítico de inspiração sincopadamente igualitarista e diferencialista e de viés marcadamente terceiro-mundista[34] (ainda que evite tal nomenclatura),[35] foi batizada por seus promotores e portadores com o nome de

---

[34] "Quando exatamente [...] começa o pós-colonial?", pergunta Ella Shohat (1992: 103) em uma discussão recente sobre o assunto. Interpretando a questão de forma deliberadamente errônea, irei fornecer uma resposta aqui que é apenas parcialmente jocosa: quando os intelectuais do Terceiro Mundo chegaram ao mundo acadêmico do Primeiro Mundo" (Dirlik, 1997: 7).

[35] Cabe esclarecer que o uso da classificação "Primeiro" e "Terceiro" Mundo não é pacífico entre os autores que promovem a teoria pós-colonial. Autores há que repudiam explicitamente tal uso, como, por exemplo, os organizadores de um importante *reader* de estudos pós-coloniais, Bill Ashcroft, Gareth Griffiths e Hellen Tiffin: "Porque o processo imperial atua *através de* indivíduos e sociedades, tanto quanto *sobre eles*, a teoria 'pós-colonial' rejeita a famigerada classificação 'Primeiro' e 'Terceiro' Mundo e contesta a renitente falácia de que pós-colonial é de certa forma sinônimo de economicamente subdesenvolvido" (Ashcroft, Griffiths & Tiffin, 1995: 3).

teoria pós-colonial ou *estudos pós-coloniais* (cf. Ashcroft, Griffiths & Tiffin, 1995; Hall, 1996; Dirlik, 1997).

A *teoria pós-colonial* é uma vertente teórica de esquerda, politicamente empenhada em examinar como o colonialismo — o encontro colonial — vem sendo reconfigurado, mas não extinto, mesmo depois da assim chamada descolonização. Seu intuito intelectual é tornar inteligível, sem simplificações e reducionismos de qualquer espécie, a multiplicidade de maneiras pelas quais as relações coloniais são mantidas e reprocessadas enquanto relações materiais e discursivas de antagonismo e resistência, de penetração e distanciamento, e como isto afeta constitucionalmente as formas de vida e convivência humana em escala global. Os principais nomes de intelectuais envolvidos neste novo campo de "estudos culturais", os estudos pós-coloniais, são os de Edward Said (1990a; 1995) e Homi K. Bhabha (1990a; 1990b; 1991; 1992), autores no sentido forte da palavra, escritores de mão cheia, os quais têm orientado sistematicamente seus escritos para a análise crítica da permanência discursiva das relações coloniais de interpenetração cultural. A intencionalidade presente no emprego do conceito de "pós-colonial" parece ser a de abrir um espaço intelectual e acadêmico no qual a crítica do "imperialismo cultural" (Said, 1995) possa transformar de dentro os saberes ocidentais a respeito dos efeitos da proliferante diferença cultural dos povos do Terceiro Mundo sobre a própria identidade histórico-cultural dos colonizadores e sua incidência, ainda hoje marcante, ainda hoje eficiente, na vida social e cultural das antigas sedes da colonização. Com sua autoridade intelectual e a ampla difusão que sempre tiveram seus escritos, foram eles os principais responsáveis por fazer, dos *temas da diferença e da alteridade, temas pós-coloniais*. Com uma pequena, mas significativa, diferença entre ambos: Bhabha usa mais fartamente que Said o vocábulo "diferença" em seu texto.

A grande referência de *marketing* para esta área de estudos pós-coloniais ainda é, mais de vinte anos depois, o livro de Edward Said sobre o "orientalismo", publicado em 1978 (Said, 1990a; Turner, 1994). Desde então, os encontros entre as diferentes culturas do Oriente e do Ocidente ganharam, com mais esta referência literária obrigatória, mais um forte motivo para definitivamente deixarem de ser vistos como puro e simples diálogo entre diferentes-mas-iguais, confronto de diferenças de igual valor e potência. Trata-se na verdade de encontros e confrontações que se dão dramaticamente sob a forma de dominação de povos e exploração de populações, como modo de sujeição de uns a outros, melhor dizendo, de sujeição do "Outro". Mas não só. Eles são, na plena acepção das duas palavras que compõem o sintagma, *encontros coloniais*. E encontros coloniais envolvem não apenas diferença e alteridade, mas também opressão e luta, relações de poder e resistência, confronto e atrito, mas também entrelaçamento e amálgama, repulsa mútua, mas também mútua atração e penetração. Interpenetração e trespasse de alteridades, translação de fronteiras culturais (Robins, 1991; Frankenberg & Mani, 1993).

Em meio à extrema diversidade de discursos pós-modernistas bem como de discursos sobre o pós-moderno (cf. Featherstone, 1995; 1996), a teoria pós-colonial é hoje responsável por uma extraordinária produção de novas discursividades em torno da relação entre o Primeiro Mundo e o Terceiro. Tal como o termo pós-modernidade, no entanto, o termo pós-colonialidade também corre o risco de tornar-se excessivamente abrangente quando usado como um significante no qual se encaixa tudo "o que acontece depois da descolonização" (Davies, 1994). Carole Davies sugere que, assim entendida, "a pós-colonialidade representa um modo equivocado de nomear as realidades correntes, uma formulação demasiado prematura, demasiado totalizadora" (*ibid.*: 81). Com efeito, é sobretudo quando usado em sua dimensão cronológica, para se referir ao período histórico que vem "depois da descolonização", que o conceito de pós-colonial tem recebido as críticas mais procedentes, muitas delas convergindo na avaliação do risco principal emboscado no uso estritamente cronológico do prefixo "pós", qual seja: o de supor o fechamento final de uma época histórica, como se o colonialismo e seus efeitos tivessem terminado definitivamente (Shohat, 1992) e, desse modo, conferir ao termo e seu uso um ar comemorativo, de celebração do fim da dominação colonial, do colonialismo (Dirlik, 1997). Não obstante os riscos, a teoria pós-colonial vem-se mostrando da máxima utilidade e relevância para a crítica cultural contemporânea, mormente quando, de modo reflexivo, passa a levar em consideração as suas próprias condições de produção e disseminação na vida acadêmica do Primeiro Mundo. Os artigos de Arif Dirlik e Ella Shohat a este respeito são imperdíveis.

A *"TIERS-MONDISATION"* DO OCIDENTE

O terceiro ponto de refutação da tese da homogeneização cultural global tal como indicado por Stuart Hall traz à baila o fenômeno das crescentes migrações internacionais com seu impacto corrosivo sobre a velha tese esquerdista de que a globalização capitalista outra coisa não é que um processo cultural de ocidentalização. A globalização como expansão mundial da civilização ocidental capitalista e, por conseguinte, como ocidentalização do mundo: é assim que as correntes críticas do capitalismo que são tributárias do marxismo analisam o processo.[36] Dado que entre o Ocidente rico e o resto pobre do mundo persistem relações desiguais de poder econômico, mas também de dominação política e hegemonia cultural, e dado que o fluxo internacional de bens de consumo, bens de capital e força de trabalho obedece por isso mesmo a um direcionamento desigual, a globalização é pensada como sendo, essencialmente, um processo de ocidentalização de toda a terra mediante a ocidentalização capitalista do "resto" (Hall, 1995). Até aí, nada de novo.

Os estudos pós-coloniais vieram dar uma boa sacudida nesse estado das artes. No momento presente, quero crer que o ponto

---

[36] Ver, como exemplo conspícuo desta abordagem, Ianni, 1995, 1996a, 1996b.

de partida crítico efetivamente inovador para o tratamento desta complexa questão, uma perspectiva dotada de capacidade analítica e descortino teórico, está nos *estudos pós-coloniais*. Deste novo ponto de vista, que não precisa ser necessariamente antimarxista e nem se contenta em ser uma repetição do marxismo, como tantas, o que está ocorrendo na atual etapa da internacionalização do capital e da divisão internacional do trabalho são formas híbridas de colonização. Esta, encerrada apenas *de jure*, continua operando *de facto* através do processo, que nunca foi interrompido, de exportação de artefatos e capitais ocidentais, mas é também de ideias, signos, imagens, valores, estilos e modos de ser próprios da modernidade ocidental (Said, 1995). Situação "pós-colonial" é isto. Ela ainda é, em grande parte e sem solução de continuidade, neocolonial.

Mas não se trata apenas de relações de troca desigual ampliada entre economias desigualmente desenvolvidas. É preciso ver que agora estamos todos envolvidos em *encontros culturais* entre nações ricas e pobres, encontros ainda mais imediatos e intensos que as trocas econômicas. "A globalização, na medida em que dissolve as barreiras de distância, torna o encontro do centro colonial e da periferia colonizada imediato e intenso" (Robins, 1991: 25). Agora o Ocidente se defronta com seu "Outro cultural" em seu próprio território, dentro de suas próprias fronteiras geográficas, *chez soi*. O exemplo da culinária é perfeito. É o que sugere, saborosamente, Stuart Hall: "Se algum inglês deseja experimentar as culinárias exóticas de outras culturas nalgum lugar, será melhor fazê-lo em Manhattan, Paris ou Londres. Muito melhor do que em Calcutá ou em Délhi" (Hall, 1995: 63). Com um rasgo de ironia, nosso autor está a dizer que *o leque de diferenças culturais* à disposição do consumidor ocidental em território ocidental é cada vez mais amplo e variegado, muito mais exuberante em alternativas no centro do sistema global do que na periferia. A oferta gastronômica é, sem sombra de dúvida, um dos mais sensíveis e sensuais dentre os impactos pluralizantes da globalização, algo que no dia a dia se pode perfeitamente experimentar no sentido mais forte da palavra, algo que na atual "cultura de consumo" (Featherstone, 1995; 1996) pode ser legitimamente fruído como "consumo de cultura" alheia. Alheia? Alien? Contatos físicos imediatos com as (boas) diferenças culturais, com o lado agradável e delicioso do "Outro", sua gastronomia, nós podemos facilmente gozar em nossas hibridizadas megalópoles latino-americanas (García Canclini, 1997), como São Paulo, Rio, Buenos Aires, Cidade do México. O que dizer então das grandes cidades multiculturais dos países ricos, onde a oferta objetiva de "escolhas culturais" é praticamente inesgotável? Viva a diferença!

Isto significa que a globalização não apenas coloca o centro na periferia, o colonizador se deslocando até o território do colonizado, como também termina por levar a periferia para dentro do centro. Esta ambiguidade, evidentemente, não é nova, não é de agora. Já nos anos 70, em vários de seus pioneiros e, para a época, intrigantes estudos das relações coloniais, o historiador-antropólogo Sidney Mintz mostrava como as sociedades colonizadoras foram afetadas, em seus modos de ser e viver, pelos produtos nativos das colônias (Mintz, 1970; Mintz & Price, 1976). O açúcar, por exemplo, possibilitou a formação de diversos hábitos novos de sociabilidade nos estilos de vida dos cidadãos dos países colonizadores. O que mudou, portanto, depois da última safra de descolonização na segunda metade do século XX não foi o fato bruto da presença ativa das colônias na vida cotidiana das metrópoles. O fato bruto em si não sofreu solução de continuidade, mas mudaram enormemente suas dimensões e seu alcance, mudanças em extensão e quantidade, mas sobretudo em qualidade e intensidade.

É que hoje as ex-colônias se fazem presentes nas antigas metrópoles através sobretudo do fenômeno da imigração massiva de trabalhadores e trabalhadoras que vão do Terceiro para o Primeiro Mundo (Portes, 1995). São homens, mulheres e crianças que vão em busca de trabalho. Processo antes de mais nada econômico, a internacionalização da oferta de força de trabalho para os capitais sediados nos próprios países centrais, hoje, mais do que nunca, se mostra culturalmente sobredeterminada por um processo polivalente de desenraizamento-reenraizamento, que é territorial e cultural, de populações das mais diversas origens geográficas, nacionais, raciais, etnoculturais, religiosas, linguísticas. Ou seja, *"the Rest in the West"*, conforme reza um bordão dos estudos pós-coloniais. Vão para voltar? Não se sabe ao certo, varia muito (cf. Sales, 1999). O fato é que acabam ficando, se radicando e se reproduzindo por gerações, radicalizando desse modo sua incômoda presença de "novos pobres" em país rico. "Na era das comunicações globais, o Ocidente é uma passagem aérea só de ida" (Hall, 1995: 65).

Chegam com uma identidade genérica, abstrata. Na "abstrata nudez" de quem não deveria ser nada mais que mão de obra imigrante. Mas, não brancos de pele que são e por isto *diferentes*, eles e elas nem bem chegam e imediatamente passam a experimentar, em altas doses, o preconceito e a discriminação no mercado de trabalho, no local de moradia, na escola e nos serviços sociais, assim como no trato geral. A cor da pele como que bloqueia o trabalho da abstração econômica. Citando um exemplo inglês, Annie Phizacklea registra o fato de o vocábulo *immigrant* ter virado sinônimo de *Black person* na consciência popular britânica (Phizacklea, 1984: 201). Isto quer dizer que na fase mais contemporânea da globalização, ocidentalizar-se territorialmente pode vir a enredar o trabalhador pobre na experiência mais clássica do racismo (Sivanandan, 1976; 1982): *o racismo à flor da pele*, exatamente como naquele rápido e patético relato de Frantz Fanon que reproduzi páginas atrás. Mesmo em seu mais recente avatar, em seu atual formato de neorracismo (Barker, 1982; Taguieff, 1984; 1986a; 1990; Balibar, 1988; Stolcke, 1993), experimentar com a própria pele e às vezes na própria pele a estereotipificação racializante implica refazer com o próprio corpo a experiência muito antiga do racismo de todos os tempos: a experiência de ser discriminado e segregado, repelido quando não temido, pelo fato de ser fisicamente diferente sem o direito de sê-lo, de ter um corpo inapelavelmente diferente sem a menor possibilidade de deixar de tê-lo: um corpo pós-colonial, um corpo suspeito (Bennani, 1980).

Importante para o argumento central deste ensaio é o fato de que a formação de enclaves étnicos minoritários dentro de estados nacionais do Ocidente está levando a uma nova etapa de pluralização supranacional das culturas nacionais e identidades históricas dos países ricos. Com alguns efeitos inesperados. O primeiro deles tem sido a contestação prática dos contornos da identidade nacional, expondo o antigo estoque cultural às pressões cotidianas da "alteridade" intrusa, da diversidade e da mistura de culturas, em suma, da *diferença dentro*. Da parte dos imigrantes vindos do Terceiro Mundo, sua alteridade só se faz fortalecer como *diferença em feixe*: diferença antes de mais nada fenotípica e imediatamente epidérmica, étnica quando não racial, diferença de nacionalidade, diferença de status jurídico e de status social, diferença socioeconômica de renda e escolaridade, diferença histórica, diferença linguística, diferença religiosa, diferença comportamental e também ética ou moral, diferença de valores, diferença cultural. Numa palavra, *diferença total* — o imigrante não branco e pobre irrompendo em massa para permanecer no seio mesmo de uma velha identidade nacional, que por sua vez deixa de ser "a mesma de sempre" para vir a ser desde logo outra, nova, em presença dele, o "totalmente Outro" presente dentro e em volta, presença em ato no registro da intrusão "aqui", e não mais apenas "lá", presença experimentada no presente mais do que apenas pressentida ou apenas pensada com "o olhar distante", para citar Lévi-Strauss (Lévi-Strauss, 1962). Não me esqueço de uma observação feita uma vez, com certo exagero, pelo sociólogo Abdelmalek Sayad a propósito da imigração na França: se existe o tal do "fato social total", o atual fato migratório internacional, que bombeia caudalosas populações da periferia do mundo para os centros metropolitanos do sistema capitalista, parece ser seu exemplo mais acabado (Sayad, 1984: 227).

Além de deflagrar uma ampliação do campo das identidades e uma proliferação de novas posições de identificação cultural internamente às culturas nacionais ocidentais, um outro efeito da ocidentalização territorial de populações provenientes do Terceiro Mundo tem sido a incorporação do tema "imigrações" à velha polarização política entre *esquerda e direita*, trazendo novamente à tona o racismo, sob a forma, já se disse, de racismo cultural ou neorracismo, mas que, como todo racismo, associa sempre, ainda que de maneira variável, seus dois dispositivos básicos: o da diferença notada com os olhos fixos na pele e, no mesmo movimento, fixada na pessoa, essencializada, e o da inferioridade imaginada, deduzida, propagandeada (cf. Bhabha, 1992; Wieviorka, 1992).

Não se pode excluir desse processo de produção de novas diferenças coletivas, inerente à fase atual da globalização, o fortalecimento, a revalorização e a estratégica politização (*à direita*) das velhas identidades socioculturais próprias do Primeiro Mundo, referidas agora a um passado imaginário de pureza étnica e de unidade cultural, de tranquilidade e segurança, em mais um bom exemplo de invenção do passado (cf. Hobsbawm e Ranger, 1984).

Processo homólogo ocorre entre as próprias populações imigrantes. O neorracismo agressivo e regressivo das culturas hospedeiras defronta-se, então, do lado das comunidades estrangeiras minoritárias, com uma volta estratégica a identidades mais defensivas, monoculturais e, ao mesmo tempo, curiosamente transnacionais. É o que vem acontecendo por toda parte com as populações negras que se querem e se dizem "reafricanizadas" ou então "africanizadas" (Sansone, 1995; Appiah, 1997; Prandi, 1998), isto é, aglutinadas em torno da identificação simbólica com uma herança africana comum, o significante "África" sendo usado não apenas como "um banco de símbolos" que podem "ser sacados" por diferentes grupos de afro-descendentes "de forma criativa", conforme escreveu Livio Sansone, mas também como um grande útero primal: *Mamma Africa!* Eis que esta invocação cantada em ritmo jamaicano pelo compositor negro-brasileiro-nordestino-paraibano Chico César, condensa admiravelmente o espírito que infla as velas da reafricanização como instância de identificação coletiva supranacional e intercontinental (Gilroy, 1993), desbordando as fronteiras do centro e da periferia do sistema global, deslocando as referências identitárias.

Isto, para não falar da repolitização radical das tradições religiosas monoteístas, nomeadamente o islã xiita, o judaísmo ortodoxo e o protestantismo conservador, coletividades em que o tradicionalismo cultural se reconforta e se revigora nas obscuras águas da ortodoxia religiosa, fundindo fundamentalismos antimodernos com modernas tendências nacionalistas e imperialistas, cegas paixões políticas nutrindo-se da fé cega em decretos divinos insondáveis, amalgamando num mix altamente explosivo sectarismo e fanatismo, intolerância, caça às bruxas, *scapegoating*, antissemitismo, autoritarismo, patriarcalismo, sexismo, racismo, xenofobia, homofobia, mixofobia, provincianismo, inveja, paranoia, obscurantismo. Contra os diferentes querendo se afirmar, a diabolização da diferença também em escala global.

CONCLUSÃO

"Amanhã, a diferença" porque a identidade é de ontem e já pertence ao passado? "Ontem, a identidade?" A identidade perdida nas brumas do tempo? É isto o que o título deste ensaio quer dizer, insinuar? É assim então que as coisas haverão de se dar historicamente, no futuro, "amanhã a diferença"? Haverá essa passagem, esse *Pesach*, essa travessia, mesmo que a longo prazo, da identidade para a diferença e, seguindo o rastro de Derrida, da diferença para a *différance*? O futuro a Deus pertence, diz a sabedoria popular.

Por ora, apenas uma conclusão experimental provisória: os tempos pós-coloniais são "o tempo da diferença".[37] O nosso tempo, então, é o tempo da diferença fazendo o seu jogo, o tempo da diferença proliferante. Esse é "o destino do nosso tempo", como gostava de dizer Max Weber: *es ist das Schicksal unserer Zeit* (Weber, 1988: 612).

---

[37] "O tempo da diferença": aproveito aqui o título de um livro da filósofa feminista Luce Irigaray (cf. Irigaray, 1989).

Por ora, o que sabemos é que a globalização em sua fase atual tem tido um impacto contestador efetivamente pluralizante sobre as antigas identidades sociais essencializadas, seja a do colonizador, seja a do colonizado, produzindo uma variedade de possibilidades sempre novas e uma "multiplicidade de posicionalidades" (Shohat, 1992), diferenciais de identificação no espaço e no tempo assim como na compressão de espaço-tempo, fazendo com que as eventuais identidades coletivas em fase de construção ou reprocessamento, nas ex-colônias ao mesmo tempo que nas antigas metrópoles coloniais, ao mesmo tempo agora nos países ricos e em cada país do Terceiro Mundo, se tornem mais posicionais, mais políticas, mais plurais e mais diversas; menos fixas, menos definitivas, menos unificadas, cada vez menos trans-históricas e cada vez mais transculturais. Dizer que as "identidades" grupais estão cada vez mais sujeitas ao jogo da história, da política, das estratégias discursivas, da "tradução", conforme a proposta de Kevin Robins na esteira de Homi K. Bhabha, é dizer que elas se encontram sempre mais *trabalhadas pela diferença*, sujeitas ao *jogo da diferença* (Deleuze, 1968) e, por conseguinte, funcionando *cada vez menos* na órbita do idêntico, do mesmo, da permanência. É dizer que elas se põem e se mostram cada vez menos fixas e estruturadas, cada vez menos essenciais e mais posicionais, mais flexíveis, proteiformes, nômades, internamente plurais, heteróclitas, múltiplas, híbridas, proliferantes. Isto não impede, por outro lado, que diante de fenômenos sociais tão autoimpositivos quanto, por exemplo, o estridente ressurgimento da diferença étnica em chave exclusivista e a renitente afirmação da diferença de gênero em chave binário-essencialista, tenhamos também que dar razão àqueles que desconfiam de todas aquelas diferenças culturais que se pretendem diretamente representáveis na política porque irredutíveis, porque fundacionais.

7.
FUNDAMENTALISMO E INTEGRISMO: OS NOMES E A COISA

"A criança é um perverso polimorfo."

(Sigmund Freud)

A confusão terminológica veio à tona quando o aiatolá Khomeini derrubou o xá. Foi em 1979. Já se passaram vinte anos, como o tempo voa, desde aquela estrondosa guinada. Dez anos antes de cair o muro de Berlim, caía o xá da Pérsia. Só que, diferentemente da queda do comunismo no Leste europeu, as atenções em 1979 não se voltavam para o que desabava, mas para aquilo que, inaudito, subia.

A coisa: em nome de Alá e de Maomé, seu profeta, uma rebelião religiosa *desde abajo* acabava de botar abaixo, pela força, um regime político também de força, mas laico; autocrático e policial, porém laico. Laico e ocidentalizante (dá no mesmo?). E instaurava em seu lugar um regime no qual — dizia-se — do poder executivo se encarregaria o clero e, do legislativo, o próprio Alá. A coisa: um furacão religioso cujo ímpeto demolidor bombeado dos textos do Corão poderia, quem sabe por isto mesmo, extravasar as fronteiras do Irã e sabe Deus que outras nações do mundo islâmico não iria imediatamente arrebatar em sua mística vontade de potência política. A coisa: algo impensado, como se impróprio para esse fim de século secularizado, justamente num país do Oriente Médio que na época passava por modelo de Estado laico e modernizador em terras levantinas, onde a empreitada ocidentalizante, a "Revolução Branca" do xá Reza Pahlevi, parecia ir muito bem, obrigado. Justamente aí a coisa estava ocorrendo e sendo mostrada na TV. Olhos atônitos, era como se assistíssemos a um formidável anacronismo, um despropósito, um descabimento. Para desafio das classificações correntes na mídia e nas ciências sociais, o clero tomara o poder político central de um país estratégico do Oriente Médio e, além disto, para apertar ainda mais na peculiaridade, eram clérigos intransigentes (e obscurantistas, dizia-se). Mesmo depuradas dos preconceitos "orientalistas" (Said, 1990a), as categorias ocidentais correntes no comentário político não conseguiam dizer bem o que era aquilo que a muitos de nós parecia um enorme retrocesso. Mas retrocesso em relação a quê? A impressão de alteridade e diferença era total. A sensação de estranhamento diante do escancaradamente híbrido, imensa. Foi mais ou menos como quando descobriram na Austrália o ornitorrinco. A coisa esquisita existia, estava lá, toda real. E o nome da coisa? Um inspirado sociólogo chegou a propor que fosse chamada de modo paradoxal, com um nome que apontasse em direções opostas. Como as faces de Jano. Como numa definição aporética. E ousou: "tradicionalismo revolucionário" (Arjomand, 1984a).

Quase nada nos diziam todos aqueles nomes próprios e correlatos que do Irã nos chegavam com a coisa, quer para nominá-la, quer para contextualizá-la. Denotavam conteúdos histórico-culturais muito distantes de nós, específicos demais do universo islâmico, este grande "outro cultural": khomeinismo, xiismo, xiismo imamita, sunismo, shariatismo, salafismo e por aí afora, só fazendo multiplicarem-se em nossas cabeças aturdidas os pontos de interrogação. O jeito foi recorrer às pressas ao baú de ismos das igrejas ocidentais. Donde: fundamentalismo, integrismo, teocracia, clericalismo, intransigentismo, neofundamentalismo... Ou então, no intuito de entender e fazer-se entender pelos leitores e telespectadores, contentavam-se alguns em recorrer ao repertório vocabular menos preciso porém mais flexível da língua política usual, acrescentando-se-lhe os devidos adjetivos: ativismo político-religioso, populismo clerical, radicalismo islâmico, extremismo xiita, tradicionalismo muçulmano. Não raro, apelativos carga pesada pretendiam isolar e saber dizer a coisa: fanatismo e obscurantismo; passadismo e arcaísmo; mais um avatar do recorrente despotismo oriental... Nomes os mais diversos passaram, na década de 80, a associar o desconhecido ao conhecido, na tentativa de designar o novo fenômeno, essa coisa estranha que uma espécie de obsessão essencialista até hoje não se cansa de farejar, por trás justamente da diversidade de designações, como uma unidade de fundo, se não organizacional e institucional, pelo menos atitudinal.

Era como se mais uma vez estivesse demonstrada a existência ameaçadora de um *"islã profundo"*, essencial. Quando o xá foi deposto pelas multidões em fúria corânica, parecia bem plausível supor que um mesmo rastilho de pólvora e de subversivas ideias religiosas fosse se estender, sorrateiro e bem-sucedido como aqueles lençóis de petróleo, pelos mais diversos países da vasta porção muçulmana do globo. No dia seguinte à vitória da rebelião contra a truculenta (porém laica) tirania Pahlevi, pareceu que se descobria, espalhado um pouco por toda parte naquela zona do planeta, um único movimento político-religioso inspirado no islã. Uma espécie de "Internacional Islâmica", que agora exibia, na fachada de sua sede imaginária, o retrato de um velho de barba e turbante em tulipa. Só que, desta feita e além de tudo, o "turco" do retrato era um padre, um nunca antes imaginado aiatolá. O antigo estereótipo iconográfico do árabe libidinoso, — *the lustful turk!* — corpulento, glutão, indolente, bonachão (Turner, 1984), cedia lugar ao rosto ascético e severo do imã Khomeini com seu interminável olhar escrutador. Seu retrato, multiplicado ao infinito em massivas manifestações de rua, parecia doravante sinalizar a existência de um mesmo movimento político-religioso incrivelmente mobilizador, ambíguo em suas direções históricas, diverso em suas filiações ideológicas e linhagens místico-teológicas, tendo entretanto cada uma de suas expressões os mesmos objetivos culturais — *o Islã Total* — e as mesmas ambições políticas: não só a pressão sobre o poder político, à moda do clero católico latino-americano, mas a participação direta nele; não só a participação no poder central, mas o pleno exercício dele.

Que nome dar a isto?

A diversidade dos nomes de que se valeram os ocidentais para designar a coisa, primeiro os jornalistas encarregados de cobrir os fatos, depois os comentaristas, finalmente os estudiosos e especialistas, era em si mesma sintoma dos efeitos perturbadores que a Revolução iraniana teria sobre o imaginário ocidental durante as duas últimas décadas. Para início de conversa, foi logo mexendo no vocabulário. A língua política do dia a dia passou a dizer nomes que, tirante meia dúzia de especialistas, ninguém sabia bem o que queriam dizer: fundamentalismo, integrismo, intransigentismo..., para não falar de um dos termos que na década de 80 o léxico de cada cidadão ocidental mais ou menos informado acolheu para uso cotidiano, o depreciativo "xiita". Mesmo quando empregado como substantivo — "xiismo" — o termo desde então vem sendo usado para designar, com ironia, distanciamento, ares de denúncia e reprovação, toda e qualquer espécie de radicalismo político e apego ideológico estrito, de militantismo extremado, muçulmano ou não, religioso ou não. Aquele no entanto que conhece um pouco da história do islã sabe que nem todo xiita foi ou é "xiita" com esta conotação, assim como houve e há sunitas mais "xiitas" (neste sentido recém-banalizado) do que os próprios xiitas (Arjomand, 1984b; Keddie, 1980). "É um erro ficar repetindo com a mídia e os 'politólogos' sumariamente islamizantes e orientalizantes que o xiismo é extremista e integrista por definição e por essência" (Carré, 1991: 188). O xiismo, ao contrário do que se supunha e até hoje correntemente se supõe, foi politicamente quietista na maior parte de sua história (Arjomand, 1984b).

O que ocorreu com xiita e xiismo, a saber, a repentina generalização que o uso comum imprimiu ao termo desde a vitória política do khomeinismo, ocorreu também com as noções de integrismo, intransigentismo e fundamentalismo. As duas primeiras, forjadas num contexto católico de embate entre correntes internas à igreja romana nos países latinos da Europa no final do século XIX e começo do XX (Poulat, 1969), e a terceira, nascida mais ou menos na mesma época, no contexto do protestantismo anglo-saxônico, particularmente norte-americano (Niebuhr, 1931; Marsden, 1986), ganharam também novo uso a partir dos acontecimentos de 1979 no Irã. Passaram a designar analogicamente fenômenos situados em qualquer zona geográfica do planeta, em qualquer cultura complexa, em qualquer esfera da vida social. Mas não só. Na imprensa escrita sobretudo, mas também no rádio e na TV, e desta conduta não escaparam os círculos intelectuais, faz bem uma década que as denominações oscilam, intercambiáveis, quando se trata de nomear e, no mesmo ato, classificar e desqualificar esses remoinhos político-religiosos que no fim deste milênio começaram a se formar em terras levantinas com repercussões diretas na correlação de forças internacional.

Ocorre porém que, no mesmo movimento em que vocábulos oriundos do campo religioso são apropriados pelo noticiário e comentário político, e até mesmo por cientistas políticos, que os transplantam de um contexto histórico-cultural para outro, seu sentido original se obtunde e se oblitera, em detrimento muitas vezes da clareza, da distinção, da precisão. Por outro lado, o novo e ampliado uso desses nomes pode ser considerado uma prática social significativa em si mesma (Ladrière, 1985). A generalização espacial e transcultural do emprego de tais nomes, com sentido descontextualizado e generalizado a ponto de os tornar aplicáveis a correntes do catolicismo, do protestantismo, do judaísmo, do islã e até mesmo a síndromes político-ideológicas formalmente não religiosas, constitui hoje uma prática discursiva cuja significação não se pode menosprezar, sobretudo por seu efeito discursivo de multiplicação e disseminação de fenômenos até bem pouco tempo circunscritos culturalmente, particulares ao cristianismo ocidental.

É assim que, do islã atual, se diz que é fundamentalista e integrista. Nada mais paradoxal. Para que o paradoxo deixe de ser um equívoco cometido por descuido ou por abuso, é preciso que efetivamente se queira descrever e capturar com este uso um paradoxo, é preciso querer dizer uma contradição. Não é o que ocorre no noticiário. Na verdade, juntar integrismo e fundamentalismo na mesma realidade é tão legitimamente paradoxal, guardadas as proporções, quanto juntar revolução e tradicionalismo, modernismo e reação, pois um fundamentalista que se preze abomina aquilo a que mais se apega um integrista: a tradição clerical. E vice--versa. O uso simultâneo dos diversos nomes precisa pois ser assumido na riqueza de suas possibilidades e antinomias. O argumento de fundo deste ensaio é que, sendo de fato a coisa paradoxal e desencontrada em suas dimensões, nada mais justo e ajustado do que tentar dar conta de suas facetas contraditórias lançando mão de termos que possibilitem mais de um ponto de vista sobre suas disparatadas frontes de Jano. Esta proposta é em tudo diferente da prática corrente, a sinonimização geral dos diferentes termos como se dissessem o mesmo, como se equivalentes. Cito só um exemplo recente deste persistente equívoco midiático. Em junho de 1991, quando as manchetes dos jornais voltaram a estampar as palavras "fundamentalismo" e "fundamentalistas" ao noticiarem os embates de rua na Argélia entre a FIS (Frente Islâmica de Salvação, organização que defendia a transformação da Argélia numa República islâmica) e as forças da polícia e do exército por ocasião das eleições parlamentares, no jornal O *Estado de S. Paulo* o correspondente Gilles Lapouge assinava pequeno artigo que trazia no título a palavra "integrismo" e, no texto, o uso inconsequente e achatado dessa suposta sinonímia entre os termos fundamentalismo e integrismo, referidos a uma realidade presente "em todos os continentes", em "todos os pontos cardeais". Vale a pena ler alguns trechos:

O título: "Integrismo ocupa espaço vazio".

Sobre a Argélia: "A Argélia enfrenta três perigos: a continuidade do regime atual, mistura de autoritarismo e democracia, o *fundamentalismo islâmico* e a tomada do poder pelo Exército. Quem vai ganhar? A questão é complicada. Uma coisa, porém, é certa: se os *integristas* da FIS optam pela força, lançando seus fanáticos adeptos contra a polícia, é porque eles têm medo das próximas eleições legislativas. Para evitar a derrota eleitoral, escolheram a batalha na rua".

Sobre o mundo: "O *integrismo* funciona em todos os continentes, nos países cristãos, judeus ou muçulmanos e até numa nação como a Índia. Primeira questão: como compreender que o movimento atinja todos os pontos cardeais num mesmo instante? Pode-se intuir que o *fundamentalismo* tenha sido antecipado por outro fator: a volta do sentimento religioso".

Sobre o Irã: "A volta à religião conhece algumas correntes... Foi a segunda corrente que gerou as pregações *integristas ou fundamentalistas* — movimento que conheceu no imã Khomeini seu expoente mais ilustre. O foco cristão desenvolveu-se na Europa, com o movimento do cardeal Marcel Lefèbvre" (*O Estado de S. Paulo*, 6/6/1991: 7).

Difícil achar exemplo mais acabado da confusão terminológica que tomou conta deste assunto na mídia. Instalada nesta "dificuldade de nomear" (Burgat, 1988), percebe-se claramente a dificuldade de compreender cada um dos movimentos em sua especificidade, mas também as várias componentes que desenham a diversidade interna de sua diferença (Ahmed, 1992). Mesmo considerando apenas o caso do radicalismo islâmico, é claro que não se trata de um movimento único nem unitário, centralmente organizado à moda de uma *Internacional Islâmica*. São bem diversas entre si as ramificações das também diversas linhagens religiosas, diversos os movimentos institucionalizados e as lideranças, diversos os seus centros irradiadores, as organizações políticas e os partidos (legalizados ou ilegais) atuantes nos diferentes países do mundo islâmico, essa nebulosa de fronteiras movediças ao longo da larga fileira de países que vai da Mauritânia à Indonésia. O radicalismo islâmico, já aprendemos em vinte anos de frequência ao noticiário internacional, além de múltiplo é polimorfo.

Por outro lado, a persistência em querer encontrar *o mesmo* no heterogêneo dos movimentos islâmicos atuais resulta da observação comparativo-cumulativa que nos faz ver que (cf. Carré, 1985): ou por *pressão* (como na Turquia, no Egito, em Mali, na Argélia, na Tunísia e no Marrocos), ou por *rebelião* (Síria, Líbano, Irã pré-79 e Afeganistão), ou por *participação* (Jordânia, Kuwait,

Catar e Sudão), ou já pelo *exercício* do poder, como ocorre no Irã desde 1980 e no Paquistão (Carré, 1985), lideranças e grupos estritamente religiosos reivindicam, e ensinam às massas, que *o bom governo só pode ser o das leis religiosas reveladas*. Reveladas, além do mais, por um Deus único. O ativismo dos diferentes movimentos religiosos islâmicos emana da ideia de uma vocação explícita e irrecusável de intervir no campo político, sem mediações. O que, por sinal, implica um acréscimo paroxístico de atividade, a par e em função da indistinção teórico-prática entre religião e política, entre Estado e igreja, entre a Lei divina e o direito, entre o islã e a vida. Ou seja, há diferentes versões, mas são diferentes versões de um mesmo projeto político radical, holístico, de exigente e direta politização do islã. Reivindica-se um islã político. Um islã ativamente político. Melhor dizendo, ativistamente político. Como o das origens, já que, segundo o famoso enunciado de Maxime Rodinson, "o islã é por origem religião e Estado" (Rodinson, 1980). Max Weber, ao enumerar as camadas portadoras das diferentes religiões mundiais, anota que durante seu primeiro período o islã foi "uma religião de guerreiros que queriam conquistar o mundo, uma ordem cavalheiresca de cruzados disciplinados". Seu profeta fundador, Maomé, não foi um asceta extramundano, mas líder guerreiro e chefe político (Weber, 1976: 311). Isto faz toda a diferença.

TRADICIONALISMO?

Se assim era no princípio, está dito que não são recentes sob os céus maometanos atitudes e práticas, episódios e discursos em que religião e política se interpenetram e mutuamente se reforçam. Tampouco data de agora o radicalismo místico que incita ao assassinato político, à guerra santa (*Jihad*) e, por conseguinte, ao martírio dos jovens. É pela guerra que se alcança o martírio e é por meio deste que se alcança um lugar seguro no paraíso das delícias dos guerreiros obedientes. Não data de agora o ativismo extremista, pois todo mundo sabe que, tomado ao pé da letra, o Corão manda matar caso o fiel se creia em estado de defesa contra um poder infiel, renegado, pagão e, por isto mesmo, na lógica islâmica, tirânico (Badie, 1986; Carré, 1985; 1991). Bastaria lembrar o importante papel que tiveram na resistência ao colonialismo as confrarias de místicos sufis e eremitas marabus, ao entrarem em choque com os "infiéis", os quais, desde logo, não eram apenas os estrangeiros. Os próprios ocupantes do poder central, regional ou local podem ser, e não raro o foram, acusados de infidelidade ou impiedade por lideranças religiosas em diversos países. Atitudes semelhantes presidiram ao pan-islamismo na virada para o século XX e ao movimento do Califado nos anos 1920-30 (Badie, 1986; Burgat, 1988).

Mas os nomes listados no início do ensaio referem-se apenas ao mais recente (e em vários sentidos mais radical) produto do cruzamento do político e do religioso em terra muçulmana, a saber, o ativismo político que se reclama do islã não só como milenar acervo cultural-religioso de fundo, mas como *cultura total* (Carré, 1985). Para chegar lá é preciso voltar às origens, e isto significa beber nas fontes dos dois primeiros séculos do islã; ou seja, *muito além das tradições*. O líder e teólogo tunisino Rached el-Ghannouchi definiu certa vez seu movimento como parte da "ação que visa a renovar a compreensão do islã"... "a ação que começou com os anos 70 e que conclama ao retorno do islã às suas fontes, longe dos mitos herdados e da fixação nas tradições" (Ghannouchi, 1981).

Não é tradicionalismo, então. Observe-se a autodefinição do movimento tunisino. Além de datá-lo da década de 1970, ou seja, de demarcar para si uma *diferença temporal* recente, enuncia ao mesmo tempo, como pretensão legítima de uma *diferença significativa de conteúdo* no contexto do mundo muçulmano, a reivindicação de uma autenticidade primeira, original e originante, anterior mesmo a toda tradição. Anterior principalmente à grande tradição que a partir do terceiro século do islã passou a justificar teoricamente uma prática na qual o poder político não coincidia com o poder religioso, e para a qual, portanto, todo poder político estabelecido era considerado puramente temporal e humano (Carré, 1991). A ortodoxia radical atual é muito heterodoxa em face dessa tradição. Ela se constituiu por oposição à *velha ortodoxia apolítica* pós-século II do islã, por contraste com a longa tradição não monista de separação entre Estado e igreja, de distinção de fato e de direito entre o político e o religioso, entre o temporal e o espiritual. A atual ortodoxia, condensada de modo típico-ideal no khomeinismo vitorioso, quando interpreta como autoridade e poder *políticos* a autoridade e o poder dos chefes religiosos, realiza uma revolução em nível doutrinário no seio até mesmo da tradição xiita (Keddie, 1980; Abrahamian, 1991). Noutras palavras, a nova legitimidade cultural das *raízes* míticas, das *fontes* escriturísticas e das *bases* populares, legitimidade que os movimentos islâmicos restituíram e a vitoriosa Revolução iraniana sancionou, institui a novidade do islã atual, "refontizado" para além da grande tradição de absenteísmo da política e de cumplicidade com o Ocidente. Tal como nos fascismos ocidentais, o movimento de volta às fontes, de renovação politizante em nome das raízes, não é e não quer ser tradicionalismo. Ao contrário, o entulho da tradição quietista deve ser removido para dar lugar à pureza do momento miraculoso fundador, o momento inicial, ao mesmo tempo histórico e atemporal, da experiência profética coletiva, da teocracia direta, da violência subversiva, da contestação total. A volta às fontes do islã não significa nem de longe fixação nas tradições produzidas tardiamente e acumuladas com o tempo. Muito pelo contrário, este islã "tradicional", também chamado de "islã herdado" e "arcaico", representa aos olhos dos ativistas radicais de hoje um obstáculo ao desenvolvimento de seu pensamento e de sua militância (Ghannouchi, 1981).

> *Nós trabalhamos para reconectar esta sociedade com suas raízes profundas e fazer florescer uma cultura islâmica. Se transformarmos a base social, quer dizer, os jovens de ambos os sexos de nossa sociedade, se neles disseminarmos o islã do modo mais amplo a fim de*

fundarmos uma sociedade islâmica, a política e a economia deslancharão em seguida. (Slaheddine Jourchi, editor do jornal *El Maarifa*, Tunísia, *apud* Alexander, 1985: 387)

Chamar então de tradicionalistas *tout court* movimentos que em sua autopercepção, no recorte mesmo de sua identidade reflexiva, pretendem-se adversários do tradicionalismo no interior de sua própria herança cultural, mais confunde que esclarece, mais desencontra que acha, mais ofende que define. Há, nesses movimentos político-religiosos islâmicos, uma bifrontalidade em relação à mudança e à modernização, uma tensão muito aguda entre temporalidades sociais que definitivamente não é aquela de que são portadores os movimentos de tipo tradicionalista.

INTEGRISMO?

De todos os termos empregados no Ocidente para nomear o radicalismo islâmico atual, integrismo é, de longe, o mais carregado negativamente (Clément, 1983). Talvez por isto mesmo seja o apelativo preferido de certos comentaristas de política internacional e, em parte pelas mesmas razões, o mais rejeitado pelos próprios ativistas (Burgat, 1988). Seria de espantar que assim não fosse. Mesmo porque, criado no início do século XX pelos adversários para designar polemicamente o movimento antimodernista (e antimoderno) interno ao catolicismo dos países latinos da Europa, o termo permaneceu por décadas com um sentido muito contextualizado e muito restrito. Basta dizer que é intraduzível para o inglês e para o alemão, onde se torna, respectivamente, *Integralism* e *Integralismus* (cf. *New Catholic Encyclopaedia*, 1967, e *Lexicon fur Theologie und Kirche*, 1933), e, com estas vozes, acaba dizendo outra coisa. A propósito, há uma curiosa observação de Yann Richard segundo a qual o termo integrismo é problemático para os pesquisadores de fala inglesa, um vocábulo tão estranho ao seu léxico, que "eles não conseguem perceber nele uma descrição de comportamento social típico" (Richard, 1985: 427).

O integrismo católico nasceu da crise interna que conheceu o *catolicismo intransigente* quando, nas últimas décadas do século XIX, o papa Leão XIII (1878-1903) arquitetou para o catolicismo uma política pragmática de *ralliement* ao regime republicano e estimulou, com a primeira encíclica social (a *Rerum Novarum*, de 1891), o envolvimento dos católicos com a questão operária. Mas o movimento não levou o nome logo ao nascer. O nome foi criado no século XX, durante o pontificado de Pio X (1903-1914), o "papa integrista". A pesquisa lexicográfica de Francesco Siccardo demonstra que o vocábulo é francês. Apareceu na França no inicio dos anos 1910, no bojo da querela entre católicos intransigentes e modernistas (Siccardo, 1979). A facção que posteriormente seria chamada de integrista surgiu como uma diferenciação interna ao catolicismo intransigente, movimento que passou o século XIX opondo-se a todas as tentativas de conciliação entre a igreja católica e a sociedade saída da Revolução Francesa. Seu lema: "não se pode transigir nos princípios". Em lugar do compromisso, a intransigência como dever; porquanto entre a igreja católica e a sociedade moderna, diziam, há contradição essencial (Poulat, 1969; 1977; 1985).

O catolicismo intransigente coincidia, na França, com o ultracismo (Rémond, 1982). Os ultras foram na verdade a primeira direita a surgir na História, para a defesa do Antigo Regime. E já como primeira, extrema. Convém lembrar este fato porque ele nos diz que o intransigentismo, depois integrismo, é, do começo do século XIX até aos dias de hoje, a ultradireita católica. Os intransigentes, braço clerical do ultracismo contrarrevolucionário e filoclerical, pautavam-se por visceral oposição à República, e isto não só por serem partidários da monarquia, da soberania temporal do papa e da manutenção dos Estados Pontifícios, mas também e principalmente por não admitirem em hipótese alguma o princípio republicano elementar da liberdade de consciência e de culto, considerado insulto à verdade única do dogma católico, assalto à religião enquanto elemento estruturante básico da sociedade (Antoine, 1980; Poulat, 1969).

A publicação da *Rerum Novarum* (1891) acelerou mudanças no catolicismo e, com isto, reacendeu na última década do século XIX a chama do espírito integrista (ainda sem o nome), que a partir de então passou a vocalizar a pretensão de interpretação literal do texto em latim do ensinamento do papa. *Remember* o jornalista Lenildo Tabosa Pessoa no Brasil dos anos 60 e a tradução da *Mater et Magistra* de João XXIII (Antoine, 1980). A *Rerum Novarum* foi recebida por eles como condenação da moderna sociedade burguesa e conclamação à restauração da velha ordem social, pré-burguesa e confessionalmente cristã. Em torno da interpretação do texto papal veio a se estabelecer "um verdadeiro cisma interno, extremamente duro, extremamente violento, entre, de um lado, aqueles que se chamarão 'os católicos sociais' e, de outro, aqueles a quem os católicos sociais vão chamar 'os integristas'. É a partir desta fratura do campo intransigente católico que nasceu o que foi chamado de integrismo" (Poulat, 1985: 345).

Alguns pontos aqui merecem destaque para uma caracterização mínima do que seja integrismo: (1) a autoridade sacra para a qual se pretende a inerrância literal é o texto papal (melhor dizendo, certos textos de certos papas) e não a Sagrada Escritura; (2) a motivação do zelo militante é a defesa de valores religiosos ameaçados de decomposição pelos efeitos da modernidade; (3) a modernidade, por conseguinte, é pensada como síndrome antagônica à tradição (inventada, cf. Hobsbawm & Ranger, 1984) que se quer a todo custo preservar; (4) numa sociedade condenada a se desagregar pelos próprios erros, o único e legítimo portador da boa ordem sociopolítica a restaurar é a igreja católica hierárquica, o alto clero; (5) para a restauração de uma sociedade integralmente cristã, quer dizer, confessional em seu conjunto, é indispensável a manipulação ou o exercício do poder político. Tendo em vista a perpetuação de uma tradição declarada imutável, o integrismo opera uma recuperação do político para fins religiosos (Azria, 1985: 431). A tradição que os interessa e motiva é uma tradição totalizante, infensa à separação das esferas religiosa e política.

O integrismo atingiu o apogeu no início do século XX, quando passou a influir diretamente na elaboração da política do pontificado de Pio X (1903-1914), determinado a reocupar com a verdadeira religião os espaços perdidos no processo de secularização e de desordem desencadeado, a seu ver, pela Reforma protestante. Desde então o integrismo tornou-se uma estrutura de acolhida para tradicionalistas, ultraconservadores, ultraortodoxos e antimodernos recalcitrantes de proveniências e inspirações diversas, uma espécie de associação de católicos reacionários de carteirinha, resvalando não raro para a constituição de organizações secretas e conventículos conspiratórios (Gramsci, 1976), dispostos a intensificar e assessorar a ofensiva contra os inimigos internos, atentos *ad intra* à trajetória das lideranças e pensadores católicos progressistas, na urgência menos de construir coisas do que de denunciar, perseguir, infamar os *deviant insiders* (Kurtz, 1983); na tentativa de impedir toda e qualquer mudança que ameace, de dentro, *a integridade da religião católica*. Sua batalha se torna obsessivamente interna, autorreferida; sua vigilância está voltada primeiro para dentro, mesmo que o preço a pagar por isto seja a marginalização interna, ou até a excomunhão (como aconteceu com o arcebispo francês Marcel Lefebvre e com o ex-bispo de Campos, RJ, dom Castro Mayer, excomungado em 1988, líder da TFP e do autodenominado "clero tradicionalista" no Brasil).

Por um lado, parece ter toda a razão quem avalia o integrismo como uma figura histórica demasiadamente específica ao catolicismo para ser assimilada a qualquer outra formação político-religiosa desenvolvida num outro terreno que não o da tradição católica. Outros autores ainda mais estritos consideram que mesmo no interior do catolicismo só tem sentido falar de integrismo dentro dos limites da Europa ocidental de língua latina (Ladrière, 1985: 338). Por outro lado, o integrismo formou-se enquanto tal como fruto da crise interior que, no enfrentamento com a sociedade urbano-industrial, o regime democrático e a ciência moderna, fez embarcar em duas direções divergentes o catolicismo romano. Uma a favor e querendo avançar ainda mais (os católicos sociais e modernistas) e a outra contra: contra a vontade de modernização que com o pontificado de Leão XIII tomou conta do movimento católico e da própria igreja, sobretudo contra a suposta insanidade de acomodar-se a igreja à definição republicana e secular do espaço público; contra o *ralliement* à república, mas também contra o *ralliement* à ciência e à crítica histórica, ao empenho "modernista" de conciliar as exigências do intelecto com os dados da fé; contra, portanto, uma reforma intelectual da igreja; contra toda forma de laxismo, de liberalismo, de oportunismo, de esquerdismo, mas também de centrismo na ação política e social dos católicos. Em suma, contra a sociedade moderna, laica, aconfessional. Mas a favor do ativismo político dos católicos, desde que alinhados à direita. Se seu polo adversário interno foi o modernismo católico, favorável genericamente a uma mudança de atitude intelectual perante o "dogma" (Gramsci, 1976), o polo antagonista preliminar (Richard, 1985), do qual o integrismo resultou como radicalização religiosa por *reação*, foi o moderno secularismo. É basicamente por isto que o uso analógico (ainda que pouco crítico) da palavra integrismo para designar o extremismo islâmico dos dias atuais não parece de todo descabido: porque o integrismo é uma *reação* no sentido mais forte do termo (Ladrière, 1985: 341) à modernidade cultural: social, mental e comportamental. No caso pois dos países de cultura islâmica, modernização acaba sendo sinônimo de ocidentalização, o que confere à modernidade lá o status de inimigo estrangeiro e, ao enfrentamento, um acréscimo de agressividade.

Deste ângulo, o vocábulo integrismo, por ofensivo que possa ser, lança luz sobre aspectos importantes da efervescência político-religiosa no seio do islã, a qual tematiza em termos de resistência identitária a questão da modernização-ocidentalização-laicização do mundo muçulmano. Não há por que negar, por exemplo, a coincidência empírica entre o khomeinismo e o integrismo católico na recusa da forma moderna de Estado enquanto Estado laico, "inimigo da religião", ainda que o integrismo católico seja monarquista e o khomeinismo, republicano. O Estado moderno é visto como inimigo da religião, note bem, não por haver-se emancipado da tutela religiosa, nem tampouco por uma eventual hostilidade à religião; mas sim, de maneira muito mais funda e decisiva, porque faz da religião um assunto privado, mesmo quando assegura positivamente a liberdade religiosa como liberdade de consciência (Poulat, 1977; Ladrière, 1985). Integrista é aquele que pretende abolir a separação entre religião e Estado, entre a revelação e o direito.

Não é demais sublinhar que "integrista" foi sempre um rótulo aplicado pelos outros. De início, por seus adversários "modernistas". Tem sido uma acusação até hoje, na boca dos "progressistas". Desde a primeira geração ninguém se chama integrista de bom grado, preferindo todo integrista, em vez disto, apresentar-se como "tradicionalista". É fácil constatar, entretanto, que a tradição que reivindicam é uma invenção. Remonta, no essencial, a certos aspectos do catolicismo do período imediatamente anterior ao tempo presente, aos quais eles atribuem caráter imutável: a autenticidade intangível da liturgia em latim, do catecismo de São Pio X, do rito da missa de São Pio V, das decisões doutrinais e litúrgicas do Concílio de Trento. Sua diferença em relação aos fundamentalistas protestantes e aos islamitas radicais está em que eles não recorrem às fontes primeiríssimas. Silenciam sobre os primórdios. Noutras palavras, o integrismo é antes de tudo católico. É característico dele fixar como imutáveis e intocáveis, como elementos definitivos da integridade do catolicismo, tradições não muito remotas. Não de dois milênios. Um de seus mais caros emblemas é a Contrarreforma. Nisto, ao declarar a Reforma protestante como o nascedouro de todos os males e desordens do mundo moderno, o integrismo nitidamente recorta como seu antagonista no campo religioso, fora do catolicismo, o fundamentalismo.

FUNDAMENTALISMO?

Integrismo e fundamentalismo são ambos cristãos. E ambos emergiram na entrada do século XX, num momento particular e muito forte da história ocidental. Mas nem por isto eles são farinha do mesmo saco. Estritamente falando, têm pouco a ver um com o outro. O integrismo é católico de berço e constituição e o fundamentalismo, protestante. Duas mentalidades diferentes e dissonantes. Não se pode, portanto, identificar sem mais nem menos aquilo que se aloja no termo integrismo com aquilo que o termo fundamentalismo recobre. "Mesmo que haja semelhanças, parentescos, proximidades, até mesmo identidades", adverte Poulat, "é preciso ver que estamos às voltas com duas estruturas de pensamento que são profundamente diferentes, na medida em que, afinal de contas, não se pode desde logo identificar uma mentalidade protestante e uma mentalidade católica. Caso contrário, há muito tempo que o ecumenismo se teria consumado" (Poulat, 1985: 347). Como figura histórica concreta, o integrismo é europeu ocidental, latino e católico; o fundamentalismo é protestante e anglo-americano. *Diferenças* de marca cultural tão decisivas, que se acham inscritas na própria lexicografia; intraduzível, como vimos.

As diferenças de nome trazem, além disso, diferenças de atitude em relação ao próprio nome. Contrariamente a integrismo, fundamentalismo foi de início um nome orgulhosamente autoconferido por seus portadores; uma autodesignação, uma autoexpressão, não uma acusação ou um insulto, como no caso dos integristas. Quando o reverendo Curtis Lee Laws, editor do jornal batista *Watchman Examiner*, inventou o termo "fundamentalismo" em 1920, o nome foi honrosamente assumido por seus colegas batistas e presbiterianos como algo que denotava seu empenho de ir à luta "pelos pontos fundamentais da fé". Tais *fundamentals of faith* estavam contidos em doze livretos de teologia, escritos entre 1910 e 1915, momento coincidente com o clímax do integrismo católico na Europa latina.

Fundamentalismo, portanto, é o nome autoaplicado de uma vertente do movimento protestante conservador, antiliberal, que se formou nos Estados Unidos a partir de 1870, nas principais denominações protestantes norte-americanas (Marsden, 1980: 159, 168-9; Alexander, 1985: 375; Mendonça, 1990: 139). Seu objetivo básico era defender o princípio da *plena inspiração divina* da Bíblia, sua inerrância, portanto, a autoridade absoluta da *letra* da Bíblia na vida do cristão. O adversário interno ao campo protestante, contra o qual ele se constituiu e se mobilizou, eram os partidários da teologia liberal e dos métodos de crítica histórica e literária para interpretação da Sagrada Escritura cujo ensino passava a se propagar não só pelos cursos de teologia, mas pelas escolas de modo geral, denominacionais e públicas. O adversário externo principal: a mentalidade científica moderna, representada emblematicamente pelo darwinismo.

Dos "cinco pontos fundamentais" contidos na declaração adotada pela igreja presbiteriana em 1910, considerada como a profissão de fé fundamentalista — a saber: a inerrância da Bíblia, o nascimento virginal de Jesus, a ressurreição física de Jesus, a expiação dos pecados por Jesus e a autenticidade dos milagres de Jesus (Alexander, 1985: 382; Marsden, 1980: 117) —, foi o primeiro deles que ganhou destaque máximo no ativismo dos fundamentalistas. E acabou fazendo da narrativa bíblica da criação do homem no livro do Gênesis uma espécie de obsessão permanente. Por quê? Porque a seus olhos a difusão do evolucionismo biológico nas escolas condensava o alto grau de decadência a que havia chegado a sociedade americana: a descristianização da cultura e da educação, a secularização radical dos modos de pensar. Daí o medo fundamentalista do futuro, de um futuro sem Deus, seu aguçado sentido de urgência, sua indignação moral embebida de catastrofismo. "Penso que a Terra vai piorar cada vez mais", dizia o pastor D. L. Woody, *I find that the Earth is to grow worse and worse.* "Só há um remédio: a nação deve retornar a seu padrão, a Palavra de Deus. Deve crer, amar e viver a sua Bíblia. (...) A Bíblia e o Deus da Bíblia são nossa única esperança. A América está reduzida a uma escolha: ou restaura a Bíblia em seu lugar histórico na família, na escola diária, no *college* e na universidade, na igreja e na escola sabática, na vida cotidiana e no pensamento, e assim reaviva e soergue sua vida moral e de fé, ou então poderá sucumbir e o mundo acabar nesta época crucial..." (*The Presbyterian* n° 90, 8/1/1920, *apud* Marsden, 1980: 159).

Este pequeno texto basta para mostrar que há certo empuxo de "religião integral" também no fundamentalismo protestante, só que em teores bem mais baixos do que no integrismo católico, já que a matriz milenarista do fundamentalismo norte-americano o faz pender para um certo afastamento da esfera política, a uma falta de interesse pelas instituições políticas e pelos assuntos públicos. *Sua ideia fixa é com a escola e os livros didáticos.* Ou seja, seu zelo é doutrinário. Sua preocupação primeira é com "a verdade", e só então, em círculos concêntricos, com a moral privada, a moralidade pública e por fim, nunca em primeiro lugar, com a política. (Não custa recordar, por seu efeito de contraste ou ao menos de assimetria "A política em primeiro lugar" [*Politique d'abord*] era a consigna da integrista e ultranacionalista *Action Française* de Charles Maurras.)

A oposição à teoria da evolução biológica veio a se tornar a questão central da controvérsia fundamentalista (Niebuhr, 1931). Seu drama, sua febre, o mal que por ironia da História acabou por contaminar o próprio nome, carregando-o de conotações negativas. Depois do famoso julgamento de John Scopes no tribunal de Dayton, Tennessee, em 1925, o nome "fundamentalismo" iria passar de lisonja a ofensa. Uma pecha, um rótulo desagradável de levar. É que, catapultada pelos jornalistas a uma audiência em nível nacional na América dos anos 20, a querela antievolucionista logo assumiu as dimensões de uma luta cultural entre "Deus e o macaco". Entre a Bíblia e Darwin, a ortodoxia e a evolução, a superstição e a biologia, a religião e a ciência, os mitos e os fatos, o obscurantismo e o esclarecimento, o fanatismo e a lucidez, a ignorância e a inteligência, a imbecilidade simiesca e o símio da ciência, os simples e os intelectuais, o campo e a cidade, o pré-moderno e o moderno, o fundamentalismo e o modernismo, o segundo termo destas oposições binárias arrebatando, numa interessante reviravolta mediada pela mídia, o sinal positivo. E foi assim que se produziu como perdedor de fato quem, no entanto, de direito, havia ganho a causa no tribunal (Harding, 1991). A constitucionalidade da lei de inspiração fundamentalista do Estado do Tennessee, promulgada em 1925, que declarava ilegal o ensino nas escolas públicas de "qualquer teoria que nega a história da criação divina do homem tal como ensinada na Bíblia, e em vez disto ensina que o homem descendeu de uma ordem inferior de animais", foi testada, reconhecida e reafirmada no julgamento de John Scopes e, a partir de então, outras leis e resoluções no mesmo sentido passaram a vigorar em outros estados (Niebuhr, 1931). Consequência não intencionada da agressiva militância fundamentalista durante os anos 20, o nome maculou-se desde então. Sujou. E em razão desse efeito bumerangue, atualmente "é muito difícil que o fundamentalista se autoidentifique por este termo. Regra geral ele se diz simplesmente 'evangélico-conservador', fato que confunde um pouco as coisas, uma vez que há muitos conservadores que não são fundamentalistas" (Mendonça, 1990: 139-40).

Não há escapatória, portanto; para denominar os radicalismos islâmicos, os ocidentais só dispõem de termos pejorativos e ofensivos. Ao invés de tradicionalistas e de integristas, dizer que são fundamentalistas implica de certo modo aludir a seu fanatismo e obscurantismo. Implica apontar para a sua rejeição à ciência, à história, ao esclarecimento. Seu repúdio à modernidade, enfim.

De todo modo, se fundamentalista é quem se apega à letra da palavra revelada como sendo a única verdade, quem nutre a convicção de que o texto escriturístico está livre de erros humanos e só a interpretação literal tem cabimento e validade, isto significa que só pode ser fundamentalista quem erige na centralidade de sua fé o texto de uma Escritura Sagrada divinamente inspirada por um Deus único. A verdade é uma só, como Deus é um só. Antes de ser fundamentalista é preciso ser monoteísta. O muçulmano pode ser fundamentalista, o judeu, o protestante. Já o católico, dificilmente.

O fundamentalismo implica, por outro lado, que o crente seja capaz de captar o sentido verdadeiro de sua religião indo beber diretamente no texto sagrado, escanteando o clero como intermediário competente desta leitura (Abrahamian, 1991). Se assim é, o khomeinismo e todos os outros movimentos islâmicos liderados por clérigos, que reservam para si a compreensão da essência mais íntima do Corão (os ulemás), estão longe de ser fundamentalistas. Não obstante, há fundamentalismo, sim, no fato de os ulemás se proclamarem guardiães da pureza da herança religiosa original e insistirem em que os preceitos do Corão permanecem relevantes em um meio sociocultural que passou e passa por transformações radicais de toda ordem.

Se há fundamentalismo na ideia de que é necessário um retorno absoluto e estrito à Escritura, esta volta às fontes escritas, por sua vez, pode fundamentar críticas ao *status quo* que subvertam a ordem, solapem tradições não originárias e alimentem propostas de renovação mais ou menos radicais. As coisas não são simples, diria Freud. Sem dúvida, pela força das coisas, trata-se de uma volta ao passado, advindo daí, muitas vezes, uma imprópria e injusta assimilação dos movimentos islâmicos atuais ao tradicionalismo. Esta volta, na verdade muito mais fundamentalista que integrista em seu objetivo, em seu sentido visado, só se justifica na medida em que é portadora da "pureza original". Assim sendo, o inimigo do fundamentalismo islâmico não é apenas a modernidade, mas pode ser, também e mais ainda, a tradição. Eis por que, no caso do islã, estamos diante de radicalismos tão explosivos, de movimentos tão radicais. Porque aí se trata de lutar, a um só tempo, contra a modernidade e contra a tradição. Olivier Carré acertou na mosca ao diagnosticar as razões da radicalidade acrescida dos ativismos islâmicos atuais: "Este neofundamentalismo nasce para preencher um vazio muito grave deixado pelo desmoronamento das estruturas tradicionais e pelo fracasso dos modelos importados do Ocidente. Dois desabamentos, duas catástrofes, na verdade, servem de berço à utopia do radicalismo islâmico" (Carré, 1985: 417). Junte-se a isto o monismo que traveja e caracteriza a cultura religiosa islâmica, e que recorrentemente faz da unidade dos crentes uma exigência de unanimidade, a qual, ou extingue, ou exacerba a contestação até ao paroxismo (Salamé, 1991: 313), e compreenderemos por que o fundamentalismo islâmico é tão contraditório, tão ambíguo, tão incoerente. E tão explosivo.

Regra geral esta receita de um *blend* de religião e política tendia a se exprimir menos em demandas do que em tumultos, mas, à medida que passou a produzir militantes portadores de um projeto de transformação que é de preservação, não só mostrou seu potencial revolucionário, como fez uma revolução, a Revolução islâmica. Claro que, nas sociedades ainda amplamente reguladas pelas prescrições da Lei muçulmana (*Châria*), o Afeganistão por exemplo (Roy, 1985), e de modo geral nas franjas rurais das sociedades árabes, o fundamentalismo não comete ruptura significativa alguma ao preconizar o retorno à *Suna* do Profeta; pelo contrário, reforça práticas e relações sociais vigentes, tingindo-se assim de tradicionalismo. Já nos meios urbanos mais ocidentalizados, ou seja, na maioria das metrópoles árabes, a mesma mensagem, portadora de desconfiança em relação às elites nacionalistas que assumiram a modernização ocidentalizante e, por conseguinte, em relação ao consenso social baseado no nacionalismo de Estado que passou a vigorar no período pós-colonial, produz efeitos nitidamente contestatários. Não é à toa que, em termos de grupos sociais, o radicalismo islâmico se alastrou antes de tudo entre os jovens urbanos fortemente ocidentalizados. Foram os filhos dos regimes laicos ocidentalizantes que empunharam a bandeira da Revolução islâmica e do Estado confessional, contestando a tradição quietista e a prudência de certos ulemás, ao dizerem sem rodeios: "Nós reivindicamos o poder. É permitido pela democracia, é o que nós queremos" (*apud* Burgat, 1988).

Não há dúvida, os diferentes ativismos islâmicos atuais são todos partidários de um retorno ao texto corânico para aí, na fonte, beber os referenciais religiosos, morais, sociais e políticos do renascimento da "era muçulmana", do *islã como cultura total*". Convergentes no que concerne aos fins, que formulam de maneira mais ou menos idêntica, convergem também quanto à conquista do poder político como ferramenta *sine qua non*. Eis aí uma outra dimensão na qual o ativismo islâmico, cujo coração se revigora justamente nesta *passagem ao político*, nesta escolha da conquista do poder, neste reconhecimento do Estado como ponto de passagem obrigatório para a realização de um projeto civilizador total, partilha características próprias da ambição integral-integrista: a de implementar a verdadeira religião "em todas as esferas da vida, a esfera material e a espiritual" (Khomeini, "Speech", *Iran Times*, 4/12/1982, *apud* Abrahamian, 1991: 103). Nesta ponta o fundamentalismo islâmico encontra seu lado inevitavelmente integrista.

É que o ímpeto caracteristicamente fundamentalista de ir em busca das origens primeiríssimas, de revalorizar a letra do Corão e aí reencontrar a inspiração original, termina por jogá-lo de volta à idade de ouro de Medina, à Meca de Maomé. E aí, então, o que se descobre para reavivar e reviver é um islã inseparavelmente religião-e-política, inseparavelmente revelação-e-política, uma teocracia integral e monista, holista. Uma "nomocracia divina", no dizer de Gellner (1981: 54). O que de mais *integrista* poderia haver nos *fundamentos* de uma religião?

CONCLUSÃO

Não há, como se vê, encaixe perfeito da coisa nos nomes. Eles dizem de menos, por um lado, e dizem demais, por outro. A coisa surge como um conjunto de significações que inverte seu sentido conforme, na troca de nomes, se muda de ângulo ou se vira o objeto. Cada nomenclatura revela um aspecto, projeta uma face, deforma de um jeito. Mesmo quando a intenção não é desqualificar, o que enrijece o uso é o sistemático descuido em tomar a parte pelo todo e supor que os termos são intercambiáveis, sinônimos. Não são. Eles se cruzam, se entrelaçam, mas não se recobrem perfeitamente. Nem recobrem por inteiro a coisa, que continua indomável. E no entanto, sem o jogo desses nomes, sem o jogo com esses nomes, os ativismos político-religiosos em ebulição sob os céus maometanos, que se produzem a si mesmos através de suas próprias práticas sociais, culturais, políticas, religiosas — *político-religiosas* —, através de práticas discursivas próprias, não se produzem entretanto a seu bel-prazer. Porque não se produzem por inteiro sem as práticas discursivas dos observadores *ocidentais* (Said, 1990a; Harding, 1991; Turner, 1994), sem nossas vozes modernas de especialistas ou simples comentaristas, as quais, de sua parte, por prazer ou a contragosto, só têm feito consignar a eles, dentre os ismos ocidentais, aqueles que os descrevem como anacrônicos, atrasados, estagnados, irracionais, circunscrevendo-os desse modo como pré-modernos, deportando-os para o passado. Quando não chegam a encapsulá-los na antítese mesma da modernidade como incapazes de progresso — e de democracia (Salamé, 1991; Hermet, 1989) — e assim, pelo fato mesmo de anunciá-los com tais nomes nos jornais, denunciá-los e infamá-los.

Consideremos isto: uma cena mostrada na tevê dos Estados Unidos quando da derrubada do xá do Irã. Um repórter americano pergunta a um revolucionário muçulmano nas ruas de Teerã: "O que vocês ganharam, afinal, trocando um regime antiparticipante por outro? Sob os mulás, as oportunidades de participação democrática serão sem dúvida ainda mais raras para o cidadão comum do que sob o xá". Visivelmente surpreso com a pergunta do americano, depois duma pequena pausa o iraniano responde em excelente inglês: "Como posso explicar a você o quanto este momento é feliz para mim? Depois de todos esses anos sob o xá, finalmente posso participar de uma Revolução islâmica e de um Estado islâmico!". Quem fica perplexo agora é o repórter. Gagueja, baixa os olhos, toma nota e muda de assunto (Schwartz, 1984: 1.128).

BIBLIOGRAFIA

ABRAHAMIAN, Ervand (1991). Khomeini: Fundamentalist or Populist? *New Left Review*, n° 186, March/April: 102-19.

ADAMS, Parveen (1979). A Note on the Distincion between Sexual Division and Sexual Difference. *M/F* n° 3: 52-7.

AHMED, Akbar S. (1992). *Postmodernism and Islam*. London, Routledge.

AHMED, Sara (1996). Moving Spaces: Black Feminism and Post-Colonial Theory. *Theory, Culture & Society*, vol. 13, n° 1, February: 139-46.

ALEXANDER, Daniel (1985). Is Fundamentalism an Integrism? *Social Compass*, vol. 32, n° 4: 373-92.

ANDERSON, Benedict (1983). *Imagined Communities. Reflections on the Origins and Spread of Nationalism*. London, Verso.

ANGENOT, Marc (1982). *La parole pamphlétaire*. Paris, Payot.

ANTOINE, Charles (1980). *O integrismo brasileiro*. Rio de Janeiro, Civilização Brasileira.

APPADURAI, Arjun (1994). Disjunção e diferença na economia cultural global. In: FEATHERSTONE, Mike (org.). *Cultura global. Nacionalismo, globalização e modernidade*. Petrópolis, Vozes: 311-27.

APPIAH, Kwane Anthony (1997). *Na casa de meu pai: A África na filosofia da cultura*. São Paulo, Companhia das Letras.

ARENDT, Hannah (1966). *The Origins of Totalitarianism*. New York, Meridian [Trad. port.: (1978). *O sistema totalitário*. Lisboa, Publicações Dom Quixote.]

ARJOMAND, S. A. (1984a). Traditionalism in Twentieth-century Islam. In: *Idem* (org.). *From Nationalism to Revolutionary Iran*. London/Basingstoke, Macmillan, 1984: 195-232.

ARJOMAND, S. A. (1984b). *The Shadow of God and the Hidden Imam*. Chicago, Chicago University Press.

ARRUDA, Angela (1997). A diferença não é mais aquela. *Revista de Estudos Feministas* vol. 5, n° 2: 255-74.

ASHCROFT, Bill; GRIFFITHS, Gareth & TIFFIN, Helen (orgs.) (1995). *The Post-colonial Studies Reader*. London/New York, Routledge.

ATTALI, Jacques (1978). Il n'y a de gauche que de la liberté, donc de la différence. *In*: HARRIS, André e SEDOUY, Alain de (orgs.). *Qui n'est pas de droite?* Paris, Le Seuil: 356-72.

ATTALI, Jacques (1979). Pour une "nouvelle gauche" messagère de diversité. In: BRUNN, Julien (org.). *La Nouvelle Droite. Le dossier du "procès"*. Paris, Nouvelles Editions Oswald.

AZRIA, Régine (1985). "Intégrisme juif?" ou la norme impossible. *Social Compass*, vol. 32, n° 4: 429-47.

BADIE, Bertrand (1986). *Les deux États: pouvoir et société en Occident et en terre d'Islam*. Paris, Fayard, 1986.

BADINTER, Elizabeth (1986a). *L'un est l'autre*. Paris, Jacob.

BADINTER, Elizabeth (1986b). Entre a rejeição e a androginia. *Mulherio* ano VI, n° 24: 11.

BALIBAR, Etienne (1988). Y a-t-il un "néo-racisme"? In: BALIBAR, E. & WALLERSTEIN, I. (orgs.). *Race, nation, classe. Les identités ambiguës*. Paris, La Découverte: 27-41.

BALIBAR, Etienne e WALLERSTEIN, Immanuel (1988). *Race, nation, classe. Les identités ambiguës*. Paris, La Découverte.

BARKER, Martin (1982). *The New Racism*. London, Junction Books.

BAUBEROT, Jean & WILLAIME, Jean-Paul (1985). Le courant évangélique français: un "intégrisme" protestant? *Social Compass*, vol. 32, n° 4: 429-47.

BAUMAN, Zygmunt (1994). Modernidade e ambivalência. In: FEATHERSTONE, Mike (org.). *Cultura global. Nacionalismo, globalização e modernidade*. Petrópolis, Vozes: 155-82.

BEAUVOIR, Simone de (1949). *Le deuxième sexe*. Paris Gallimard. [Trad. br. de Sérgio Milliet (1980). *O segundo sexo*. Rio de Janeiro, Nova Fronteira.]

BELLAH, Robert N. *et alii* (1986). *Habits of the Heart: Individualism and Commitment in American Life*. New York, Harper & Row.

BENDIX, Reinhard (1996). *Construção nacional e cidadania*. São Paulo, Edusp.

BENHABIB, Seyla & CORNELL, Drucilla (1987) (orgs.). *Feminism as Critique*. Minneapolis, University of Minesota Press. [Trad. bras.: (1991). *Feminismo como crítica da modernidade*. Rio de Janeiro, Rosa dos Tempos.]

BENNANI, Jalil (1980). *Le corps suspect*. Paris, Édition Galilée.

BENOIST, Alain de (1979). Différents, mais inégaux. *Eléments*, hiver 1979. In: BRUNN, Julien (org.). *La Nouvelle Droite. Le dossier du "procès"*. Paris, Nouvelles Editions Oswald.

BENSAÏD, Norbert (1984-85). La double connivence. *Le Genre Humain* n° 11, automne-hiver: 251-75.

BENTLEY, G. Carter (1987). Ethnicity as Practice. *Comparative Studies in Society and History* vol. 29, n° 1, January: 24-55.

BERGER, Iris (1992). Categories and Contexts: Reflections on the Politics of Identity in South Africa. *Feminist Studies* vol. 18, n° 2, Summer: 284-94.

BERGER, Iris; BROWN, Elsa & HEWITT, Nancy (1992). Intersections and Collision Courses: Women, Blacks, and Workers Confront Gender, Race, and Class. *Feminist Studies* vol. 18, n° 2, Summer: 283-94.

BHABHA, Homi K. (1990a). DissemiNation: Time, Narrative, and the Margins of the Modern Nation. In: *Idem* (org.). *Narrating the Nation*. London/New York, Routledge: 291-322.

BHABHA, Homi K. (1990b). The Third Space. In: RUTHERFORD, Jonathan (org.). *Identity: Community, Culture, Difference*. London, Lawrence.

BHABHA, Homi K. (1991). The Postcolonial Critic. *Arena*, 96: 61-3.

BHABHA, Homi K. (1992). A questão do "Outro": diferença, discriminação e o discurso do colonialismo. In: BUARQUE DE HOLANDA, Heloísa (org.). *Pós-modernismo e política*. Rio de Janeiro, Rocco: 177-203.

BHABHA, Homi K. (1994a). Frontlines/Borderposts. In: BAMMER, Angelika (org.). *Displacements: Cultural Identities in Question*. Bloomington, Indiana University Press: 269-82.

BHABHA, Homi K. (1994b). *The Location of Culture*. London/New York, Routledge.

BOBBIO, Norberto (1984). *Direito e Estado no pensamento de Emanuel Kant*. Brasília, Editora Universidade de Brasília.

BOBBIO, Norberto (1994). *Destra e sinistra: Ragioni e significati di una distinzione politica*. Torino, Donzelli Editore.

BOCK, Gisela (1987). *History, Women's History, Gender History*. San Domenico, EUI Working Papers, European University Institute.

BOURDIEU, Pierre (1979). *La distinction*. Paris, Minuit.

BOURDIEU, Pierre (1980). Les sciences sociales et la philosophie. *Actes de la Recherche en Sciences Sociales* n° 47-48, juin: 45-52.

BOURDIEU, Pierre (1990a). Espaço social e poder simbólico. In: Idem. *Coisas ditas*. São Paulo, Brasiliense: 149-68.

BOURDIEU, Pierre (1990b). La domination masculine. *Actes de la Recherche en Sciences Sociales* n° 84, septembre: 2-31.

BOURGOIS, Philippe (1993). La mobilisation ethnique. *Actes de la Recherche en Sciences Sociales* n° 99, septembre: 53-64.

BRAIDOTTI, Rosi (1991). *Patterns of Dissonance. A Study of Women in Contemporary Philosophy*. Cambridge, Polity Press.

BROWN, Elsa Barkley (1992). What Has Happened Here: The Politics of Difference in Women's History and Feminist Politics. *Feminist Studies* vol. 18, n° 2, Summer: 295-312.

BRUBAKER, William R. (1991). Immigration, citoyenneté et état-nation en France et en Allemagne: une analyse historique comparative. *Les Temps Modernes* n° 540-541, juillet-aout: 293-332.

BRUCE, Steve (1990). Modernity and Fundamentalism: the New Christian Right in America. *The British Journal of Sociology*, vol. 41, n° 4, December: 477-96.

BURGAT, François (1988). De la difficulté de nommer. Intégrisme, fondamentalisme, islamisme. *Les Temps Modernes*, n° 500, mars: 119-39.

BURKE, Edmund (1989). *Réflexions sur la Révolution de France*. Paris, Hachette/"Pluriel".

CARRÉ, Olivier (1985). Intégrisme islamique? *Social Compass*, vol. 32, n° 4: 413-20.

CARRÉ, Olivier (1991). Khomeinisme libanais: Qutb, Fadlallah, même combat. *Social Compass*, vol. 38, n° 2: 187-200.

CLÉMENT, J. F. (1983). Les théoriciens des Sciences Sociales face aux mouvements islamistes. *Archives de Sciences Sociales des Religions*, vol. 55, n° 1: 85-104.

COLLIN, Françoise (1993). *Práxis da diferença: notas sobre o trágico do sujeito*. Recife, SOS Corpo, 2ª edição.

COLLINS, Patricia Hill (1989). The Social Construction of Black Feminist Thought. *Signs* vol. 14, n° 4: 745-73.

COMAROFF, John (1993). Humanidade, etnia, nacionalidade: perspectivas conceituais e comparativas sobre a URSS. *Revista Brasileira de Ciências Sociais* n° 22, ano 8, junho: 62-80

COSTA, Cláudia de Lima (1996). *Feminismos transnacionais e hegemonias dispersas: revisitando a teoria do lugar na crítica cultural feminista*. Texto apresentado no XX Encontro Anual da ANPOCS, GT 18, Caxambu, MG, outubro.

COUTINHO, Carlos Nelson (1980). *A democracia como valor universal*. São Paulo, Livraria Editora Ciências Humanas.

DAHRENDORF, Ralph (1968). *Essays in Theory of Society*. London, Routledge & Kegan Paul.

DAVIES, Carole Boyce (1994). *Black Women, Writing and Identity: Migration of the Subject*. London, Routledge.

DAVIS, Angela Y. (1981). *Women, Race & Class*. New York, Random House.

DAVIS, F. James (1991). *Who's Black? One Nation Definition*. University Park, Penn., Pennsylvania State University Press.

DE LAURETIS, Teresa (1987). *Technologies of Gender*. Bloomington/Indianapolis, Indiana University Press.

DE LAURETIS, Teresa (1994). A tecnologia do gênero. In: BUARQUE DE HOLANDA, Heloísa (org.). *Tendências e impasses: o feminismo como crítica da cultura*. Rio de Janeiro, Rocco: 206-42.

DE MAISTRE, Joseph (1980). *Les considérations sur la France* (1ª ed. 1797). Paris, Garnier.

DE RUDDER, Véronique (1985). L'obstacle culturel: la différence et la distance. *L'Homme et la Société* n° 77-78, jul.-dez.: 23-49.

DELACAMPAGNE, Christian (1977). *Figures de l'oppression*. Paris, PUF.

DELEUZE, Gilles (1968). *Différence et répétition*. Paris, PUF. [Tr. bras. de Luiz Orlandi e Roberto Machado, (1988). *Diferença e repetição*. Rio de Janeiro, Graal.]

DELIVOYATSIS, Socratis (1990). Le pouvoir de la différence. *Revue Internationale de Philosophie* vol. 44, n° 173: 179-97.

DERRIDA, Jacques (1967). *L'écriture et la différence*. Paris, Editions du Seuil. [Tr. ingl. A. Bassi (1978). *Writing and Difference*. Chicago, Chicago University Press. Tr. bras. de Maria Beatriz Nizza da Silva (1995). *A escritura e a diferença*. São Paulo, Perspectiva.]

DERRIDA, Jacques (1972). *Marges — de la philosophie*. Paris, Éditions de Minuit. Tr. ingl. (1982). *Margins of Philosophy*. Chicago, University of Chicago Press. Tr. bras. (1991). *Margens da filosofia*. Campinas, Papirus.

DERRIDA, Jacques (1994). *Espectros de Marx. O estado da dívida, o trabalho do luto e a nova Internacional*. Rio de Janeiro, Relume Dumará.

DILL, Bonnie Thornton (1987). The Dialectics of Black Womanhood. In: HARDING, Sandra (org.). *Feminism and Methodology*. Bloomington, Indiana University Press: 97-108.

DIRLIK, Arif (1997). A aura pós-colonial: a crítica terceiro-mundista na era do capitalismo global. *Novos Estudos Cebrap* n° 49, novembro: 7-32.

DI STEFANO, Christine (1987). Dilemmas of Difference: Feminism, Modernity and Postmodernity. *Women & Politics* vol. 8, n° 3-4: 1-24.

DUARTE, Luis Fernando (1986). Classificação e valor na reflexão sobre identidade social. In: CARDOSO, Ruth (org.). *A aventura antropológica*. Rio de Janeiro, Paz e Terra: 69-92.

DuBOIS, Ellen Carol & RUIZ, Vicki L. (orgs.) (1990). *Unequal Sisters: A Multicultural Reader in U.S. Women's History*. New York/London, Routledge.

DuCILLE, Ann (1994). The Occult of True Womanhood: Critical Demeanor and Black Feminist Studies. *Signs* vol. 19, n° 3, Spring: 591-629.

DUMONT, Louis (1977). *Homo aequalis*. Paris, Gallimard.

DUMONT, Louis (1979). Vers une théorie de la hiérarchie. Postface. In: *Idem. Homo hierarchicus*. Paris, Gallimard: 396-406.

DUMONT, Louis (1983). *Essais sur l'individualisme*. Paris, Le Seuil.

DUPUY, Jean-Pierre (1987). Natureza e diferenças. *Filosofia Política* n° 4: 13-27.

DURANDO, Dario (1993). The Rediscovery of Ethnic Identity. *Telos* n° 97, Fall: 21-31.

DURHAM, Eunice Ribeiro (1984). Movimentos sociais, a construção da cidadania. *Novos Estudos Cebrap* n° 10, outubro: 24-30.

ELSHTAIN, Jean Bethke (1981). Against Androgyny. *Telos* n° 47, Spring: 5-21.

EPSTEIN, Cynthia Fuchs (1988). *Deceptive Distinctions: Sex, Gender, and the Social Order*. New Haven/New York, Yale University Press/Russell Sage Foundation.

EYSENCK, Hans J. (1950). Social Attitude and Social Class. *British Journal of Sociology* vol. 1, n° 1, março: 56-66.

FALUDI, Susan (1992). *Backlash: The Undeclared War against American Women*. New York, Anchor Books.

FANON, Frantz (1952). *Black Skin, White Masks*. New York, Grove Press.

FEATHERSTONE, Mike (1995). *Cultura de consumo e pós-modernismo*. São Paulo, Studio Nobel.

FEATHERSTONE, Mike (1996). A globalização da complexidade: pós-modernismo e cultura de consumo. *Revista Brasileira de Ciências Sociais* n° 32, ano 11, outubro: 105-24.

FLAHERTY, Peter (1986). (Con)textual Contest: Derrida and Foucault and the Cartesian Subject. *Philosophy of the Social Sciences* vol. 16, n° 2, June: 157-75.

FLAX, Jane (1995). Race/Gender and the Ethics of Difference. A Reply to Okin's "Gender Inequality and Cultural Differences". *Political Theory* vol. 23, n° 3, August: 500-10.

FOX-GENOVESE, Elizabeth (1992). Para além da irmandade. *Revista Estudos Feministas*, n° zero: 31-56.

FRANKENBERG, R. & MANI, L. (1993). Crosscurrents, Crosstalk: Race, "Postcoloniality" and the Politics of Location. *Cultural Studies* vol. 7, n° 2.

FRASER, Nancy (1992). The Uses and Abuses of French Discourse Theories for Feminist Politics. *Theory, Culture & Society* vol. 9: 51-71.

FRIEDMAN, Marilyn (1996). The Unholy Alliance of Sex and Gender. *Metaphilosophy* vol. 27, n° 1-2, January-April: 78-91.

GABEL, Joseph. Racisme et aliénation (1983). *Praxis International* n° 13, jan.: 430-39.

GARCÍA CANCLINI, Néstor (1997). *Culturas híbridas: estratégias para entrar e sair da modernidade.* São Paulo, Edusp.

GARCÍA, Alma M. (1990). The Development of Chicana Feminist Discourse, 1970-1980. In: DuBOIS, Ellen Carol & RUIZ, Vicki L. (orgs.). *Unequal Sisters: A Multicultural Reader in U.S. Women's History.* New York/London, Routledge.

GASPARD, Françoise & KHOSROKHAVAR, Farhad (1994). *Le foulard et la République.* Paris, La Découverte.

GATENS, Moira (1986). Feminism, Philosophy and Riddles without Answers. In: PATEMAN, Carole & GROSS, Elizabeth (orgs.). *Feminist Challenges.* Boston, Northeastern University Press: 13-29.

GATES, Jr., Louis (1986). Writing "Race" and the Difference it Makes. In: Idem (org.). *"Race", Writing, and Difference.* Chicago, University of Chicago Press.

GAUCHET, Marcel (1985). *Le désenchantement du monde. Une histoire politique de la religion.* Paris, Gallimard.

GELLNER, Ernest (1981). *Muslim Society.* Cambridge, Cambridge University Press.

GELLNER, Ernest (1982). Relativism and Universals. In: HOLLIS, Martin & LUKES, Steven (orgs.). *Rationality and Relativism.* Cambridge, Mass., The MIT Press: 181-200.

GELLNER, Ernest (1987). *Culture, Identity, and Politics.* Cambridge/London, Cambridge University Press.

GELLNER, Ernest (1992). *Reason and Culture.* Oxford, Basil Blackwell.

GHANNOUCHI, Rached (1981). Entrevista dada a C. Souriou, *Le Maghreb musulman en 1979.* Paris, CNRS, 1981: 379. Apud Burgat, 1988.

GIDDINGS, Paula (1984). *When and Where I Enter: The Impact of Black Women on Race and Sex in America.* New York, Bantam.

GILROY, Paul (1993). *The Black Atlantic: Modernity and Double Consciousness.* London, Verso.

GIORDAN, Henri (1985). Le droit à la différence: pour un nouveau dynamisme en France. *Nouvelle Revue Socialiste* n° 74, mars-avril: 17-27.

GLENN, E. Nakano (1986). *Issei, Nissei, War Bride: Three Generations of Japanese American Women in Domestic Service.* Philadelphia, Temple University Press.

GOLDING, Gordon (1985). L'évangélisme: un intégrisme protestant américain? *Social Compass*, vol. 32, n° 4, 1985: 363-71.

GORDON, Linda (1991). On "Difference". *Genders* n° 10, Spring: 91-111.

GRAMSCI, Antonio (1976). Católicos integrais, jesuítas e modernistas. In: *Idem, Maquiavel, a política e o Estado moderno.* Rio de Janeiro, Civilização Brasileira: 317-44.

GUILLAUMIN, Colette (1972). *L'idéologie raciste. Genèse et langage.* Paris, Mouton.

GUILLAUMIN, Colette (1984-85). Avec ou sans race? *Le Genre Humain* n° 11, automne-hiver: 215-22.

GUIMARÃES, Antonio Sérgio Alfredo (1995). "Raça", racismo e grupos de cor no Brasil. *Estudos Afro-Asiáticos* n° 27, abril: 45-63.

GUPTA, Akhil & FERGUSON, James (1992). Beyond "Culture": Space, Identity and the Politics of Difference. *Cultural Anthropology* vol. 7, n° 1, February: 6-23.

HABERMAS, Jürgen (1981). Modernity versus Postmodernity. *New German Critique* n° 22: 3-14.

HABERMAS, Jürgen (1988). *Le discours philosophique de la modernité.* Paris, Gallimard.

HABERMAS, Jürgen (1988a). *Nachmetaphysisches Denken.* Frankfurt am Main, Suhrkamp Verlag.

HABERMAS, Jürgen (1988b). *Le discours philosophique de la modernité.* Paris, Gallimard.

HALL, J.A. (1989b). They Do Things Differently Here. *British Journal of Sociology* vol. 40, n° 4: 544-64.

HALL, Stuart (1989a). New Ethnicities. In: *Idem. Black Film, British Cinema.* ICA Documents 7. London, Institute of Contemporary Arts, 1989.

HALL, Stuart (1990). The Local and the Global: Globalization and Ethnicity. In: KING, Anthony D. (org.). *Culture, Globalization, and the World-System.* London, MacMillan Education.

HALL, Stuart (1995). *A questão da identidade cultural*. Série Textos Didáticos. São Paulo, IFCH/Unicamp.

HALL, Stuart (1996). When Was the Post-colonial? Thinking at the Limit. In: CHAMBERS, Iain & CURTI, Lidia (orgs.). *The Post-colonial Question: Commom Skies, Divided Horizons*. London/New York, Routledge: 242-60.

HAMES, Constant (1980). Deux aspects du fondamentalisme islamique. *Archives de Sciences Sociales des Religions*, vol. 50, n° 2: 177-90.

HARDING, Sandra (1993). A instabilidade das categorias analíticas na teoria feminista. *Revista Estudos Feministas* vol. 1, n° 1: 7-32.

HARDING, Susan (1991). Representing Fundamentalism: The Problem of the Repugnant Cultural Other. *Social Research*, vol. 58, n° 2, Summer: 373-93.

HART, Nicky (1989). Gender and the Rise and Fall of Class Politics. *New Left Review* n° 175, May-June: 19-47.

HARVEY, David (1992). *A condição pós-moderna*. São Paulo, Loyola.

HEBDIGE, Dick (1987). *Cut'n'Mix: Culture, Identity and Caribbean Music*. London, Methuen.

HEILBORN, Maria Luiza (1993). Gênero e hieraquia: a costela de Adão revisitada. *Revista Estudos Feministas* vol. 1, n° 1: 50-82.

HELLER, Agnes (1991). *Grandeur and Twilight of Radical Universalism*. New Brunswick, NJ, Transaction Books.

HERMET, Guy (1989). *Le peuple contre la démocratie*. Paris, Fayard.

HEWITT, Nancy A. (1990). Beyond the Search for Sisterhooh: American Women's History in the 1980's. In: DuBOIS, Ellen Carol & RUIZ, Vicki L. (orgs.). *Unequal Sisters: A Multicultural Reader in U.S. Women's History*. New York/London, Routledge: 1-14.

HEWITT, Nancy A. (1992). Compounding Differences. *Feminist Studies* vol. 18, n° 2, Summer: 313-24.

HIGGINBOTHAM, Evelyn Brooks (1989). Beyond the Sound of Silence: Afro-American Women in History. *Gender and History* vol. 1, n° 1, Spring: 55-66.

HOBSBAWM, Eric & RANGER, Terence (1984). *A invenção das tradições*. Rio de Janeiro, Paz e Terra.

HOBSBAWM, Eric J. (1991). *Nações e nacionalismo desde 1780. Programa, mito e realidade.* Rio de Janeiro, Paz e Terra.

hooks, bell (1981). *Ain't I a Woman? Black Women and Feminism.* Boston, South End Press.

IANNI, Octavio (1995). *Teorias da globalização.* Rio de Janeiro, Civlização Brasileira.

IANNI, Octavio (1996a). *A era do globalismo.* Rio de Janeiro, Civilização Brasileira.

IANNI, Octavio (1996b). *Ocidente Oriente.* Trabalho apresentado no GT21 Sociologia da cutura brasileira, XX Encontro Anual da ANPOCS, Caxambu, MG, 22-26 de outubro.

IRIGARAY, Luce (1989). *Le temps de la différence: pour une révolution pacifique.* Paris, Librairie Générale Française.

JACOB, François (1979). La diversité, sel de la vie. In: BRUNN, Julien (org.) *La Nouvelle Droite. Le dossier du "procès".* Paris, Nouvelles Éditions Oswald: 339-40.

JACQUARD, Albert (1978). *Éloge de la différence. La génétique et les hommes.* Paris, Seuil.

JAMESON, Fredric (1984). Postmodernism, or The Cultural Logic of Late Capitalism. *New Left Review* n° 146: 53-92.

JAMESON, Fredric (1990). *Late Marxism, or Adorno and the Persistence of the Dialectic.* New York, Verso.

JARDINE, Alice A. (1986). Opaque Texts and Transparent Contexts: The Political Difference of Julia Kristeva. In: MILLER, Nancy K. (org.). *The Poetics of Gender.* New York, Columbia University Press.

JENSON, Jane (1990). Representations of Difference: The Varieties of French Feminism. *New Left Review* n° 180, March-April: 128-60.

JOHNSON, Barbara (1980). *The Critical Difference: Essays in the Contemporary Rethoric of Reading.* Baltimore, Johns Hopkins University Press.

JONES, Jacqueline (1985). *Labor of Love, Labor of Sorrow: Black Women, Work and the Family from Slavery to the Present.* New York, Basic Books.

JONES, W. T. (1992). Deconstructing Derrida: Below the Surface of *Différance. Metaphilosophy* vol. 23, n° 3, July: 230-50.

KAMINSKY, Amy (1994). Gender, Race, *Raza*. *Feminist Studies* vol. 20, n° 1, Spring: 3-31.

KAPLAN, Morris B. (1994). Philosophy, Sexuality and Gender: Mutual Interrogations. *Metaphilosophy* vol. 25, n° 4, October: 293-303.

KEDDIE, N. K. (1980). L'Ayatollah est-il un intégriste? *Le Monde*, 22/8/1980: 2.

KELLER, Evelyn Fox (1987). The Gender/Science System: or, Is Sex to Gender as Nature is to Science? *Hypatia* vol. 2, n° 3, Fall: 33-45.

KOFES, Suely (1993). Categorias analítica e empírica, gênero e mulher: disjunção, conjunção e mediações. *Cadernos Pagu* n° 1: 19-30.

KÖKER, Levent (1996). Political Toleration or Politics of Recognition: The Headscarves Affair Revisited. *Political Theory* vol. 24, n° 2, May: 315-20

KOLAKOWSKI, Leszek (1972). *L'esprit révolutionnaire*. Paris, Denoël.

KRISTEVA, Julia (1980). Oscillation between Power and Denial. In: MARKS, Elaine & COURTIVRON, Isabelle de (orgs.). *New French Feminisms: An Anthology*. Amherst, University of Massachusetts Press: 165-7.

KRISTEVA, Julia (1994). *Estrangeiros para nós mesmos*. Rio de Janeiro, Rocco.

KURTZ, L. R. (1983). The Politics of Heresy. *American Journal of Sociology*, vol. 88, n° 6: 1085-115.

LACLAU, Ernesto & MOUFFE, Chantal (1985). *Hegemony and Socialist Strategy*. London, Verso.

LADRIÈRE, Paul (1985). L'intégrisme, essai comparatif. *Social Compass*, vol. 32, n° 4: 337-42.

LALANDE, André (1951). "Différence". In: *Idem, Vocabulaire technique et critique de la philosophie*. Paris, PUF.

LAM, Maivan Clech (1994). Feeling Foreign in Feminism. *Signs* vol. 19, n° 4, Summer: 4: 865-93.

LÉVI-STRAUSS, Claude (1962). *Le regard éloigné*. Paris, Plon.

LIPSET, Seymor Martin & JALALI, Rita (1993). Racial and Ethnic Conflicts: A Global Perspective. *Political Science Quarterly* vol. 107, n° 4, Winter: 585-606.

LOBO, Elisabeth Souza (1991) (org.). *A classe operária tem dois sexos: trabalho, dominação e resistência.* São Paulo, Brasiliense.

LOBO, Elisabeth Souza (1992). O trabalho como linguagem: o gênero do trabalho. In: COSTA, Albertina de Oliveira & BRUSCHINI, Cristina (orgs.). *Uma questão de gênero.* Rio de Janeiro, Rosa dos Tempos/ Fundação Carlos Chagas: 252-65.

MACPHERSON, C. B. (1980). *Burke.* Madrid, Alianza Editorial.

MANDEL, Ruth (1989). Turkish Headscarves and the "Foreigner Problem": Constructing Difference through Emblems of Identity. *New German Critique* n° 46, Winter: 27-46.

MANNHEIM, Karl (1968). *Ideologia e utopia.* Rio de Janeiro, Zahar Editores.

MANNHEIM, Karl (1981). O pensamento conservador. In: MARTINS, José de Souza (org.). *Introdução crítica à Sociologia Rural.* São Paulo, Hucitec: 77-131.

MARCUS, George E. (1989). The Problem of the Unseen World of Wealth for the Rich: Toward an Ethnography of Complex Connections. *Ethos*, 17: 110-9.

MARCUS, George E. (1991). Identidades passadas, presentes e emergentes: requisitos para etnografias sobre a modernidade no final do século XX ao nível mundial. *Revista de Antropologia*, USP, vol. 34: 197-221.

MARCUS, George E. (s.d.). Imagining the Whole: Etnographic's Contemporary Effort to Situate Itself (*copy*).

MARSDEN, George (1980). *Fundamentalism and American Culture: The Shaping of Twentieth-century Evangelism, 1870-1925.* Oxford, Oxford University Press.

MARX, Karl & ENGELS, Friedrich (1975). Manifesto do Partido Comunista. In: *Idem. Textos.* São Paulo, Edições Sociais.

MASSEY, Doreen (1991). A Global Sense of Place. *Marxism Today*, June: 23-34.

MASSEY, Doreen (1994). *Space, Place and Gender.* Cambridge, Polity Press.

McKAY, Nellie Y. (1993). Acknowledging Differences: Can Women Find Unity through Diversity? In: JAMES, Stanlie M. & BUSA, Abena P.A. (orgs.). *Theorizing Black Feminisms: The Visionary Pragmatism of Black Women.* New York/London, Routledge.

MELUCCI, Alberto (1982). *L'invenzione del presente. Movimenti, identità, bisogni colletivi*. Bologna, Il Mulino.

MEMMI, Albert. *Le racisme*. Paris, Gallimard, 1982.

MENDONÇA, Antonio G. (1990). Vocação ao fundamentalismo: introdução ao espírito do protestantismo de missão no Brasil. In: MENDONÇA, A. G. & VELASQUES FILHO, P. (orgs.). *Introdução ao protestantismo no Brasil*. São Paulo, Loyola: 133-70.

MENGUE, Phillippe (1994). *Gilles Deleuze ou le système du multiple*. Paris, Éditions Kimê.

MESTROVIC, Stjepan G. (1994). *The Balkanization of the West: The Confluence of Postmodernism and Postcommunism*. London/New York, Routledge.

MICHEL, Patrick (1985). Institution catholique et intégrisme en Pologne. *Social Compass*, vol. 32, n° 4: 353-61.

MILKMAN, Ruth (1986). Women's History and the Sears Case. *Feminist Studies* vol. 12, n° 2, Summer: 375-400.

MILL, John Stuart (1974). *On Liberty*. London, Penguin.

MINH-HA, Trinh T. (1989). *Woman, Native, Other: Writing Postcoloniality and Feminism*. Bloomington, Indiana University Press.

MINOW, Martha (1984). Learning to Live with the Dilemma of Difference: Bilingual Education and Special Education. *Law and Contemporary Problems* n° 48.

MINOW, Martha (1990). *Making All the Difference: Inclusion, Exclusion, and American Law*. Ithaca and London, Cornell University Press.

MINOW, Martha & SPELMAN, Elizabeth V. (1990) In Context. *Southern California Law Review* vol. 63, n° 6: 1597-652.

MINTZ, Sidney & PRICE, R. (1976). *An Anthropological Approach of the Afro-American Past: A Caribbean Perspective*. Filadélfia, Institute for the Study of Human Issues.

MOHANTY, Chandra Talpade (1991). Cartographies of Struggle: Third World Women and the Politics of Feminism. In: MOHANTY, Chandra Talpade; RUSSO, Ann & TORRES, Lourdes (orgs.). *Third World Women and the Politics of Feminism*. Bloomington/Indianapolis, Indiana University Press.

MONTERO, Paula (1997). Globalização, identidade e diferença. *Novos Estudos Cebrap* nº 49, novembro: 47-64.

MORUZZI, Norma Claire (1994). A Problem with Headscarves: Contemporary Complexities of Political and Social Identity. *Political Theory* vol. 22, nº 4: November: 653-72.

NICHOLSON, Linda (1994). Interpreting Gender. *Signs* vol. 20, nº 1: 79-105.

NIEBUHR, H. Richard (1931). Fundamentalism. *Encyclopaedia of the Social Sciences*, vol. 6. New York, Macmillan: 526-7.

NISBET, Robert (1985). *História da ideia de progresso*. Brasília, Editora Universidade de Brasília.

OAKLEY, Anne (1972). *Sex, Gender and Society*. London, Temple Smith.

OBOLER, Suzanne (1995). "Etnicidades no exílio", identidades cindidas: a literatura latina dos Estados Unidos. *Revista Brasileira de Ciências Sociais* nº 29, ano 10, outubro: 85-101.

OKIN, Susan Moller (1991). Sexual Difference, Feminism and the Law. *Law and Social Inquiry*, vol. 16, nº 3, Summer: 553-73.

OKIN, Susan Moller (1994). Gender Inequality and Cultural Differences. *Political Theory* vol. 22, nº 1, February: 5-24.

OLIVEIRA, Francisco de (1986). E agora, PT? *Novos Estudos Cebrap* nº 15, julho: 32-43.

OLIVEIRA, Rosiska Darcy de (1991). *Elogio da diferença: o feminino emergente*. São Paulo, Brasiliense.

ORTNER, Sherry (1974). Is Female to Male as Nature Is to Culture? In: ROSALDO, Michele & LAMPHERE, Louise (orgs.). *Woman, Culture, and Society*. Stanford, Stanford University Press: 67-87.

PARSONS, Talcott (1993). Cidadania plena para o americano negro? Um problema sociológico. *Revista Brasileira de Ciências Sociais* nº 22, ano 8, junho: 32-61

PATEMAN, Carole (1993). *O contrato sexual*. Rio de Janeiro, Paz e Terra.

PENA, Maria Valéria Junho (1981). *Mulheres e trabalhadoras: presença feminina na constituição do sistema fabril*. Rio de Janeiro, Paz e Terra.

PHIZACKLEA, Annie (1984). A Sociology of Migration or "Race Relations"? A View from Britain. *Current Sociology* vol. 32, nº 3, Winter: 199-218.

PIERUCCI, Antônio Flávio (1989). A direita mora do outro lado da cidade. *Revista Brasileira de Ciências Sociais* vol. 4, n° 10, julho: 44-64.

PIERUCCI, Antônio Flávio (1990). A velha recém-nascida. *Novos Estudos Cebrap* n° 26, março: 211-9.

PLATT, A. (1991). *Defending the Canon*. Birghamton, Fernand Braudel Centre/State University of New York.

PORTES, Alejandro (org.) (1995). *The Economic Sociology of Immigration: Essays on Networks, Ethnicity, and Entrepreneurship*. New York, Russell Sage Foundation.

POULAT, Émile (1969). *Intégrisme et catholicisme intégral*. Paris, Casterman.

POULAT, Émile (1977). *Église contre Bourgeoisie*. Paris, Casterman.

POULAT, Émile (1985). La querelle de l'intégrisme en France. *Social Compass*, vol. 32, n° 4: 343-51.

PRANDI, Reginaldo (1996). *Herdeiras do Axé: sociologia das religiões afro-brasileiras*. São Paulo, Hucitec.

PRANDI, Reginaldo (1998). Referências sociais das religiões afro-brasileiras: sincretismo, branqueamento, africanização. *Horizontes Antropológicos*, UFRGS, vol. 4, n° 8, junho: 151-67.

PROSPERO, Michele (1990). Renoncer à l'égalité? *Actuel Marx* n° 8, 2° semestre: 113-7.

RÉMOND, René (1982). *Les droites en France*. Paris, Aubier Montaigne.

RICHARD, Yann (1985). L'intégrisme islamique en Iran. *Social Compass*, vol. 32, n° 4: 421-8.

ROBINS, Kevin (1991). Tradition and Translation: National Culture in its Global Context. In: CORNER, J. & HARVEY, S. (orgs.). *Enterprise and Heritage: Crosscurrents of National Culture*. London, Routledge.

RODINSON, Maxime (1980). *Muhammad*. New York, Pantheon Books.

RODRIGUES, Leôncio Martins (1987). *Quem é quem na Constituinte: uma análise sociopolítica dos partidos e deputados*. São Paulo; Maltese.

ROUANET, Sérgio Paulo (1994). Identidade e diferença: uma tipologia. *Revista Sociedade e Estado* vol. 9, n° 1-2, janeiro-dezembro: 79-84.

ROY, Olivier (1985). *L'Afghanistan, Islam et modernité politique*. Paris, Seuil.

RUBIN, Gayle (1975). The Traffic in Women: Notes on the "Political Economy" of Sex. In: REITER, Rayna (org.). *Toward an Anthropology of Women*. New York, Monthly Review Press: 157-210.

SAFFIOTI, Heleieth I. B. (1976). *A mulher na sociedade de classes*. Petrópolis, Vozes.

SAFFIOTI, Heleieth I. B. (1992). Rearticulando gênero e classe social. In: COSTA, Albertina de Oliveira & BRUSCHINI, Cristina (orgs.). *Uma questão de gênero*. Rio de Janeiro, Rosa dos Tempos/Fundação Carlos Chagas: 183-215.

SAFFIOTI, Heleieth I. B. (1995). Diferença ou indiferença: gênero, raça/etnia, classe social. In: ADORNO, Sérgio (org.). *A Sociologia entre a modernidade e a contemporaneidade*. Porto Alegre, Editora da Universidade/SBS: 159-66.

SAID, Edward W. (1989). Representing the Colonized: Anthropology's Interlocutors. *Critical Inquiry* vol. 15, nº 2: 205-26.

SAID, Edward W. (1990a). *Orientalismo: O Oriente como invenção do Ocidente*. São Paulo, Companhia das Letras. [Original inglês: (1978). *Orientalism*. London, Routledge & Kegan Paul.]

SAID, Edward W. (1990b). Narrative and Geography. *New Left Review* nº 180, March/April: 81-100.

SAID, Edward W. (1995). *Cultura e imperialismo*. São Paulo, Companhia das Letras.

SALAMÉ, Ghassan (1991). Sur la causalité d'un manque: pourquoi le monde arabe n'est-il donc pas démocratique? *Revue Française de Science Politique*, vol. 41, nº 3, juin: 307-41.

SALES, Teresa (1999). *Brasileiros longe de casa*. São Paulo, Cortez Editora.

SANSONE, Livio (1995). O local e o global na Afro-Bahia contemporânea. *Revista Brasileira de Ciências Sociais* nº 29, ano 10, outubro: 65-84.

SANTOS, Eurico Gonzales Cursino dos (1998). No espírito de Max Weber: passado, presente e futuro da magia no desenvolvimento religioso do Brasil. "VIII Jornadas sobre Alternativas Religiosas na América Latina", São Paulo, 22-25 de setembro. *Site na Internet*: www.sociologiausp.br/jornadas/papers

SAYAD, Abdelmalek (1984). Tendances et courants des publications en Sciences Sociales sur l'immigration en France depuis 1960. *Current Sociology* vol. 32, nº 3, Winter: 219-304.

SCHOR, Naomi (1987). Dreaming Dissymetry: Barthes, Foucault, and Sexual Difference. In: JARDINE, Alice A. & SMITH, Paul (orgs.). *Men in Feminism: The Materiality of Discourse*. New York, Methuen: 98-110.

SCHWARTZ, Joel D. (1984). Participation and Multisubjective Understanding: An Interpretivist Approach to the Study of Political Participation. *The Journal of Politics* vol. 46, n° 4, November: 1.117-41.

SCOTT, Joan (1988). Deconstructing Equality-versus-Difference: Or the Uses of Poststructuralist Theory for Feminism. *Feminist Studies*, vol. 14, n° 1, Spring: 33-50.

SCOTT, Joan W. (1988b). *Gender and Politics of History*. New York, Columbia University Press.

SCOTT, Joan W. (1992). História das mulheres. In: BURKE, Peter (org.). *A escrita da história: novas perspectivas*. São Paulo, Editora da UNESP: 63-95.

SCRUTON, Roger (org.) (1991). *Conservative Texts: An Anthology*. London, MacMillan.

SENNET, Richard (1988). *O declínio do homem público: as tiranias da intimidade*. São Paulo, Companhia das Letras.

SHOHAT, Ella (1992). Notes on the Postcolonial. *Social Text* n° 31-32.

SICCARDO, Francesco (1979). *"Intégriste" e "intégrisme". Stratigrafia di due vocaboli francesi*. Genova, Università di Genova.

SIMMEL, Georg (1967). A metrópole e a vida mental. *In*: VELHO, Otávio Guilherme (org.). *O fenômeno urbano*. Rio de Janeiro, Zahar: 13-28.

SIMMEL, Georg (1986). El individuo y la libertad. In: *Idem. El indivíduo y la libertad: ensayos de crítica de la cultura*. Barcelona, Ediciones Península: 271-9.

SIVANANDAN, A. (1976). Race, Class and the State: The Black Experience in Britain. *Race and Class* vol. 17, n° 4: 347-68.

SIVANANDAN, A. (1982). *A Different Hunger*. London, Pluto.

SKIDMORE, Thomas (1994). EUA birracial X Brasil multirracial: o contraste ainda é válido? In: *Idem. O Brasil visto de fora*. Rio de Janeiro, Paz e Terra: 177-99.

SPELMAN, Elizabeth V. (1988). *Inessential Woman: Problems of Exclusion in Feminist Thought*. Boston, Beacon Press.

SPICKARD, Paul R. (1989). *Mixed Blood: Intermarriage and Ethnic Identity in Twentieth Century America*. Madison, University of Wisconsin Press.

SPINGBOARD, Patricia (1987). The Contractual State: Reflections on Orientalism and Despotism. *History of Political Thought*, vol. 8, n° 3, hiver.

STAROBINSKI, Jean (1991). *Jean-Jacques Rousseau: a transparência e o obstáculo*. São Paulo, Companhia das Letras.

STERNHELL, Zeev (1978). *La droite révolutionnaire (1885-1914). Les origines françaises du fascisme*. Paris, Seuil.

STOLCKE, Verena (1993). Cultura europeia: uma nova retórica da exclusão. *Revista Brasileira de Ciências Sociais* n° 22, ano 8, junho: 20-31.

TAGUIEFF, Pierre-André (1984). Les présuppositions définitionelles d'un indéfinissable: le racisme. *Mots* n° 8, mars.

TAGUIEFF, Pierre-André (1986a). Racisme et anti-racisme: modèles et paradoxes. In: BEJIN, André e FREUND, Julien (orgs.). *Racismes, antiracismes*. Paris, Librairie des Méridiens.

TAGUIEFF, Pierre-André (1986b). L'identité nationale saisie par les logiques de racisation. Aspects, figures et problèmes du racisme différentialiste. *Mots* vol. 12, mars: 91-128.

TAGUIEFF, Pierre-André (1987). *La force du préjugé: essai sur le racisme et ses doubles*. Paris, Gallimard.

TAGUIEFF, Pierre-André (1990). The New Cultural Racism in France. *Telos* n° 83, Spring: 109-22.

TAGUIEFF, Pierre-André (1994). O paradigma tradicionalista: horror da modernidade e antiliberalismo. Nietzsche na retórica reacionária. In: Vários Autores, *Por que não somos nietzscheanos*. São Paulo, Editora Ensaio: 213-94.

TAYLOR, Charles (1992). *Multiculturalism and "The Politics of Recognition"*. Princeton, NJ, Princeton University Press.

TERRY, Eastland & BENNETT, William J. (1991). *Counting by Race: Equality from the Founding Fathers to Bakke and Weber*. New York, Basic Books.

TILLY, Louise A. (1990). Genre, histoire des femmes et histoire sociale. *Géneses* n° 2: 148-66.

TOCQUEVILLE, Alexis de (1945). *Democracy in America*. New York, Random House.

TURNER, Bryan S. (1974). *Weber and Islam: a Critical Study.* London, Routledge & Kegan Paul.

TURNER, Bryan S. (1984). Une interprétation des représentations occidentales de l'Islam. *Social Compass,* vol. 31, n° 1: 91-104.

TURNER, Bryan S. (1994). *Orientalism, Postmodernism and Globalism.* London/New York, Routledge.

VARIKAS, Eleni (1994). Gênero, experiência e subjetividade: a propósito do desacordo Tilly-Scott. *Cadernos Pagu* n° 3: 63-84.

VATTIMO, Gianni (1980). *Le avventure della differenza: che cosa significa pensare dopo Nietzsche e Heidegger.* Milano, Garzanti.

VATTIMO, Gianni (1996). *O fim da modernidade.* São Paulo, Martins Fontes.

VEYNE, Paul (1982). The Inventory of Differences. *Economy and Society* vol. 11, n° 2, May: 173-98.

WEBER, Max (1967). *A ética protestante e o espírito do capitalismo.* São Paulo, Livraria Pioneira Editora.

WEBER, Max (1969). Comunidades étnicas. In: *Idem, Economía y Sociedad,* vol. I. México, Fondo de Cultura Económica: 315-27.

WEBER, Max (1988). Wissenschaft als Beruf. In: *Gesammelte Aufsätze zur Wissenschaftslehre.* Tübingen, Mohr: 582-613.

WEBER, Max. (1976), A psicologia social das religiões mundiais. In: GERTH, H. & MILLS, C. W. (orgs.). *Ensaios de Sociologia (From Max Weber).* Rio de Janeiro, Zahar: 309-46.

WELLS, H. G. (1935). *The New America: the New World.* London, Cresset.

WHITE, Debora Gray (1985). *Ain't I a Woman? Female Slaves in the Plantation South.* New York, W. W. Norton.

WIEVIORKA, Michel (1992). *La France raciste.* Paris, Seuil.

WINKLER, Karen (1990). Proponents of 'Multicultural' Humanities Research Call for a Critical Look at Its Achievements. *Chronicle of Higher Education,* 28, November.

YSMAL, Colette (1984). *Demain, la droite.* Paris, Grasset.

ZINN, Maxine Baca; CANNON, Lynn Weber; HIGGINBOTHAM, Elizabeth & DILL, Bonnie Thornton (1986). The Costs of Exclusionary Practices in Women's Studies. *Signs* vol. 11, n° 2, Winter: 290-303.

FONTES DOS CAPÍTULOS

Ciladas da diferença. Versão ampliada do artigo publicado em *Tempo Social, Revista de Sociologia da USP*, São Paulo, vol. 2, n° 2, 2° sem. 1990: 7-34.

As bases sociais da direita: seus medos, seu dedo. Artigo publicado sob o título *As bases da nova direita* na revista *Novos Estudos Cebrap*, São Paulo, n° 19, dez. 1987: 26-45.

Linguagens autoritárias, voto popular. Conferência proferida no II Simpósio Anual de Ciência Política do IFCH/Unicamp, em novembro de 1993, publicada como capítulo do livro organizado por Evelina Dagnino (1994). *Os anos 90: política e sociedade no Brasil*. São Paulo, Brasiliense: 137-49.

Problemas com a igualdade. Exposição em Mesa Redonda no VI Congresso Brasileiro de Sociologia, promovido pela Sociedade Brasileira de Sociologia (SBS), realizado em Recife, PE, de 11 a 16 de julho de 1993. *In*: Adorno, Sérgio (org.) (1995). *A sociologia entre a modernidade e a contemporaneidade*. Porto Alegre, Editora da Universidade/SBS: 149-58.

Amanhã, a diferença. Conferência proferida na 48ª Reunião Anual da SBPC, São Paulo, SP, 10 de julho de 1996.

A diferença faz diferença. Ensaio inédito, cujo embrião foi a conferência proferida no VII Encontro Norte-Nordeste de Ciências Sociais, João Pessoa, PB, 25 de maio de 1995.

Fundamentalismo e integrismo: os nomes e a coisa. Artigo publicado na *Revista USP*, São Paulo, n° 13, mar.-maio 1992: 144-56.

> "As raposas têm tocas e as aves do céu, ninhos. O Filho do Homem não tem onde reclinar a cabeça."
>
> (Mateus 8, 20; Lucas 9, 58)

SOBRE O AUTOR

Antônio Flávio Pierucci nasceu em Altinópolis, interior de São Paulo, em 1945.

Foi professor do Departamento de Sociologia da Faculdade de Ciências Sociais da PUC-SP de 1978 a 1986, especializando-se em Sociologia da Religião e Estudos Culturais da Diferença. Em 1986 passou a lecionar do Departamento de Sociologia da Faculdade de Filosofia, Letras e Ciências Humanas da USP, onde realizou seu doutorado (1985) e livre-docência (2001). Ocupou, por dois mandatos consecutivos, de 1992 a 1996, o cargo de secretário-executivo da Associação Nacional de Pós-Graduação e Pesquisa em Ciências Sociais (ANPOCS) e, de 2001 a 2003, o de secretário-geral da Sociedade Brasileira para o Progresso da Ciência (SBPC). Ainda em 2001 assumiu o cargo de editor da revista *Novos Estudos Cebrap*, onde permaneceu até 2004.

Publicou numerosos artigos em revistas científicas e, além da participação em coletâneas, é autor de diversos livros, entre os quais *A realidade social das religiões no Brasil* (em coautoria com Reginaldo Prandi, Hucitec, 1996), *Ciladas da diferença* (Editora 34, 2000), *A magia* (Publifolha, 2001) e *O desencantamento do mundo* (Editora 34, 2003). Coordenou a edição crítica de *A ética protestante e o "espírito" do capitalismo*, de Max Weber (Companhia das Letras, 2004), comemorativa do centenário da primeira publicação da obra.

Faleceu em São Paulo, em 8 de junho de 2012.

Este livro foi composto em Sabon, pela Bracher & Malta, com CTP da New Print e impressão da Graphium em papel Pólen Soft 80 g/m² da Cia. Suzano de Papel e Celulose para a Editora 34, em setembro de 2013.